新时期高校辅导员职业化发展的创新研究

池源 著

北京
冶金工业出版社
2020

内 容 提 要

本书通过对辅导员岗位特征和职责的理论剖析，探索辅导员职业化标准模型及其协同开发机制，建立由高校外部协同和内部协同构成的立体化辅导员职业化协同开发模型及其协调运行机制；有利于深化对辅导员的职业化认识、细化辅导员的学科分类，丰富和促进辅导员队伍建设的理论发展；在实践中能够为国家推进辅导员制度建设提供理论支持，为高校完成辅导员的招聘、使用、培养、考核等管理体系提供指导，推动辅导员队伍建设的职业化、专业化，促进高校人才培养质量的提升。

本书可供高校老师及相关管理人员阅读参考。

图书在版编目(CIP)数据

新时期高校辅导员职业化发展的创新研究/池源著.
—北京:冶金工业出版社，2020.6
ISBN 978-7-5024-8481-1

Ⅰ.①新… Ⅱ.①池… Ⅲ.①高等学校—辅导员—师资队伍建设—研究—中国 Ⅳ.①G645.1

中国版本图书馆 CIP 数据核字(2020)第 063572 号

出 版 人 陈玉千
地　　址 北京市东城区嵩祝院北巷 39 号 邮编 100009 电话 (010)64027926
网　　址 www.cnmip.com.cn 电子信箱 yjcbs@cnmip.com.cn
责任编辑 杜婷婷 刘林烨 美术编辑 郑小利 版式设计 禹 蕊
责任校对 王永欣 责任印制 李玉山
ISBN 978-7-5024-8481-1
冶金工业出版社出版发行；各地新华书店经销；北京建宏印刷有限公司印刷
2020 年 6 月第 1 版，2020 年 6 月第 1 次印刷
169mm×239mm；12.25 印张；235 千字；187 页
68.00 元

冶金工业出版社 投稿电话 (010)64027932 投稿信箱 tougao@cnmip.com.cn
冶金工业出版社营销中心 电话 (010)64044283 传真 (010)64027893
冶金工业出版社天猫旗舰店 yjgycbs.tmall.com

前　言

2017年2月，中共中央、国务院印发《关于加强和改进新形势下高校思想政治工作的意见》，强调指出高校思想政治工作队伍和党务工作队伍具有教师和管理人员双重身份，要纳入高校人才队伍建设总体规划，形成一支专职为主、专兼结合、数量充足、素质优良的工作力量。作为高校思想政治工作队伍的骨干力量，辅导员的职业化发展任重道远。然而，辅导员队伍建设的现状并不乐观，辅导员工作压力大、职业地位模糊、发展路径不明确等因素也使辅导员岗位经常成为过渡性岗位，很难形成稳定的职业队伍。辅导员队伍建设不仅是辅导员个人和群体的发展需要，更是大学生全面发展的需要，是贯彻落实社会主义强国人才战略的基础保障。辅导员职业化作为时代的新命题，具有重大的意义。

辅导员职业化既指向高校专职辅导员在个人职业素养、职业技能方面不断提升专业化水平的过程，也指向高校辅导员队伍建设的体制、机制和制度不断完善的过程。回顾辅导员职业发展的历史过程，可以从中总结辅导员职业发展的特点和规律。辅导员职业发展的特点体现在：辅导员职业形态从兼职向专职的转变，辅导员职业来源从单一化、多元化向规范化的转变，辅导员职业支持从平面向立体的转变，以及辅导员职责内容从单一向综合的转变。

辅导员职业化的科学发展需要抓住主要问题，并采取有效措施解决这些问题。在学科建设方面，思想政治教育学科需要形成科学共识，增进学科的组织活力和层级交流，发展同行评价制度，加强高校辅导员培养的学科组织建设。在行业组织建设方面，需要加强行业组织的行政领导，加强基础建设，制订职业标准。在高校系统方面，需要将辅导员队伍建设工作纳入学校统一规划中，在高校质量评估标准中增加辅导员工作建设权重，建立全员育人机制，提高辅导员专业服务水平。在管理体制和运行机制方面，根据具体问题提出针对性的路径建议。

本书观点明确，论据充分，阐述清晰，深入浅出，具有理论性与现实性，也具有操作性与指导性。既是对日常扎实工作的梳理，也是对自身理论修养的提升。

本书在编撰过程中，参考了相关书籍和文献资料，在此对有关作者表示诚挚的谢意。

由于作者水平所限，书中不妥之处，恳请广大读者批评指正。

作　者

2020 年 1 月

目　录

第一章　绪　论

第一节　高校辅导员职业化的概念解析

辅导员职业化是作为时代和社会发展提出的新命题，在学术研究领域和政策研究领域都是前沿的课题。然而由于辅导员概念本身具有丰富的历史性内涵，职业化概念也具有鲜明的情境适用性，因此在辅导员职业化概念的理解上存在着诸多解释。辅导员职业化发展研究的主语是辅导员职业化，只有在纷繁复杂的相关概念和相近概念中理清本节所要讨论的辅导员职业化，才能够进一步地开展研究工作。

一、辅导员职业化相关概念的解析

（一）辅导员

辅导员是中共中央、国务院 2004 年颁布的《关于进一步加强和改进大学生思想政治教育的意见》（以下简称“中共中央 16 号文件”）中首次提出的概念。文件明确指出，学校党政干部和共青团干部，思想政治理论课和哲学社会科学课教师，辅导员和班主任是大学生思想政治教育工作队伍的主体。

为深入贯彻上述文件精神，教育部针对辅导员队伍建设颁发相关配套文件，主要包括 2005 年 1 月颁布的《关于加强和改进高等学校辅导员、班主任队伍建设的意见》，2006 年颁布的《普通高等学校辅导员队伍建设规定》和《2006—2010 年普通高等学校辅导员培训计划》。

其中，《关于加强和改进高等学校辅导员、班主任队伍建设的意见》明确提出要支持骨干辅导员攻读学位和进修学习，从而推动骨干辅导员持续从事辅导员工作。《普通高等学校辅导员队伍建设规定》则从辅导员的隶属关系、工作性质定位以及工作目标三个方面对辅导员的概念进行了界定。辅导员既是教师队伍的重要组成部分，同时也是管理队伍的重要组成部分；辅导员是开展高校基层思想政治教育的重要力量，负责组织实施具体的基层思想政治教育管理活动。辅导员应当指导和扶持学生的全面成长成才。

（二）班主任

班主任制度和政治辅导员制度的产生具有相同的历史背景。新中国成立以后，为了进一步加强高校的思想政治教育工作，政治辅导员和班主任的队伍建设陆续开展。1961 年 9 月《教育部直属高等学校暂行工作条例（草案）》提出："在一、二年级设政治辅导员或班主任，从专职的党政干部、政治理论课教师和其他青年教师中挑选有一定政治工作经验的人担任。"这一段时间，班主任的工作职责和政治辅导员相似，主要是结合社会政治运动（如学雷锋教育活动等），开展大学生的思想政治工作，维护高校的安全稳定。

进入 20 世纪 90 年代，伴随着高等教育事业的蓬勃发展，以及高校思想政治教育工作的现实需要，作为大学生思想政治教育工作队伍的主体，班主任和辅导员的工作既有联系，又有区别。在工作职责和任务分工上各有侧重，形成了共同教育、互相补充的工作格局。班主任更多是从专业课教师中选聘的带班教师，班主任负责的学生人数比较少，一般是 20~30 人，在工作重点上侧重于对学生学业上的指导，帮助大学生提高专业素质。班主任作为班集体教学管理方面的直接负责人，在学风建设、学习指导、专业学习和实践、科研创新等方面承担主要任务。特别是班主任负责联系的大学生人数较少，便于班主任进行精细化的管理，针对个体出现的学习问题和其他方面的问题，能够给予及时有效的指导和信息通报。班主任制度和辅导员制度的有效配合，是实施"全员育人、全方位育人、全过程育人"的重要保证。

（三）专职辅导员和兼职辅导员

在全面深刻解析辅导员概念的时候，有必要厘清专职辅导员和兼职辅导员的演变。在高校辅导员职业的发展过程中，专职辅导员和兼职辅导员不仅是简单的分类，也是一种队伍的建设模式，从深层次来说更是代表思想政治教育工作在高等教育中的地位以及辅导员队伍建设的方向。这从国家教育部门颁布的相关规章制度中就可以发现端倪。1953 年清华大学首先设立"双肩挑"式的辅导员，这在全国范围内产生了广泛的示范效应，兼职辅导员工作模式成为当时辅导员队伍建设的主要模式。1961 年 9 月，教育部颁发《直属高等学校暂行工作条例》，提出要逐渐培养专职的政治辅导员。专职的政治辅导员队伍建设逐渐起步，但是步伐较慢。直到教育部《关于进一步加强高等学校学生思想政治工作队伍建设的若干意见》（简称 21 号文件）出台，才对专职思想政治工作人员的配备提出了明确要求："原则上可按 1 :（120~150）的比例配备专职学生思想政治工作人员。"2004 年颁布的中共中央 16 号文件更是明确指出："要统筹规划专职辅导员的发展，鼓励和支持一批骨干攻读相关学位和业务进修，长期从事辅导员工作，向职业化、专家化方向发展。”这对于专职辅导员的地位和作用给予了充分的肯定。从上述专职辅导员和兼职辅导员的演变中，能够清晰地辨识出辅导员队伍从兼职的队伍建设模式、专兼职结合且以兼职为主的队伍建设模式到专兼职结合且以专职为主的队伍建设模式的转化过程。

（四）职业

职业是人类社会发展和社会分工不断深化的产物。《中华人民共和国职业分类大典》将“职业”一词定义为：“从业人员为获取主要生活来源所从事的社会工作类别，它应具备目的性、社会性、稳定性、规范性和群体性等特征。”职业的目的性体现在从业人员可以通过职业获取主要生活来源，可以安身立命；职业社会性体现在职业是社会分工的产物，以一定的社会需求为基础；职业的稳定性蕴含着人们可以长期甚至终生从事此项工作，职业对象和工作职责相对稳定；职业的规范性体现于职业标准的建设，涉及职业素养、职业伦理等职业规范；职业的群体性在于要有相当数量的人员从事该项工作，在社会上具有一定的认可度和影响力。从职业社会学的视角出发，根据职业所需的专业知识和技能，可以分为非专业性职业、准专业性职业和专业性职业。在职业与专业之间辩证发展的动态关系中，专业性职业可以获取更丰厚的职业收入，享有更高的职业地位，成为各类职业追求的目标。

（五）职业化

社会学理论认为，职业化是衡量专业成熟度的重要标志，也是社会职业发展的必然趋势。如果从广义的职业化角度出发，职业化有三层含义：一是从业人员可以立足于社会，成为终身从事的工作；二是从业人员应该体现一种职业素养，而不是依凭个人兴趣自行其是，应该掌握相当程度的专业技能；三是职业化应该有其本行业特定的行为规范或行业标准的要求。如果从狭义的职业化角度出发，职业化更多指向行业规范、行业制度和标准，是对岗位的外在性的制度规范和管理要求。

二、辅导员职业化相近概念的解析

（一）辅导员专家化

辅导员专家化必须放在辅导员职业化和专业化的语境中，才能够全面准确地掌握其实质和内涵要求。广义的职业化是要求从业人员掌握相当程度的专业技能，专业化是要求必要的科学知识体系和知识获取系统，而两者在知识技能方面的终极表现就是专家化。辅导员专家化，是辅导员职业化和职业化发展追求的重要目标，也是辅导员职业化、专业化不断向成熟阶段演变的关键标志和主要动力。如果说，核心竞争力是职业发展的重要资源，那么辅导员专家化的过程，就是辅导员职业核心竞争力充分凝练的过程。只有在辅导员职业发展过程中不断涌现引领大学生全面发展的多领域的专家，只有不断涌现学科理论和实践研究的领军式人物，辅导员专业化才能够在知识论的基础上具有强有力的智力保障，辅导员职业化的发展才能够如鱼得水。

（二）辅导员职员化

《高等教育法》第四十九条指出："高等学校的管理人员，实行教育职员制度。"推行职员制度的目标是在高校建设一支专业化的管理队伍。我国高校职员一般包括从事党务和行政管理的管理人员、教辅和后勤服务人员。教育部从2000年起在武汉大学、厦门大学等五所高校，2003年增加中国农业大学共六所高校进行教育职员制的试点工作。辅导员是高等学校教师队伍和管理队伍的重要组成部分，具有教师和干部的双重身份。辅导员职员化主要是从辅导员的管理干部的角色入手分析辅导员的职业发展方向。但由于教育职员制在实施过程中出现了较多问题和障碍，迄今为止未在全国高校普遍实施，因此辅导员职员化不具备普遍的意义。

第二节 高校辅导员的角色定位与岗位特点

一、高校辅导员角色定位

角色原来指的是在戏剧中的某个人物，后来逐渐被引入社会学领域，角色代表着一套有关行为的社会准则，这些社会准则规定了个人在充当某一特定角色时所应有的行为和活动方式。角色是理解社会成员的社会活动的一个重要单位，每个社会成员或者群体在社会活动中都要扮演某种社会角色。

随着我国高等教育的快速发展，尤其20世纪末高校扩招以来，我国高等教育已经进入大众化时代。高等学校在校生的快速增长，对高校辅导员的工作产生了巨大的影响，辅导员的社会角色也日益引起人们的关注。但是实际工作中，很多人包括辅导员自身对辅导员角色还存在种种偏见，这些偏见导致辅导员工作中角色定位模糊，角色认同度低，甚至产生角色偏移等问题，使得辅导员在工作中受到束缚，影响了工作的积极性和主动性，也影响了辅导员工作的实际效果。解决这一问题，关键在于首先要厘清辅导员工作角色定位的理论问题，只有理论得以厘清，才能扫清辅导员工作上的心灵束缚，才能让辅导员工作有的放矢。

通过回顾我国高校辅导员制度的产生与发展过程，可以看出高校辅导员的角色是一个与历史发展相适应的不断变化完善的过程，也是从单一角色到多种角色逐渐演变的过程。根据中共中央16号文件、教育部《普通高等学校辅导员队伍建设规定》(以下简称教育部“24 号令”),以及《誓词》和《核心价值取向》等的有关精神,对高校辅导员的角色定位进行了理论梳理。当前高校的辅导员大致要扮演教育者、管理者、服务者、领航者和奠基者的复合角色。

(一) 教育者

教育部“24 号令”中明确写道:“辅导员是高等学校教师队伍和管理队伍的重要组成部分,具有教师和干部的双重身份。辅导员是开展大学生思想政治教育的骨干力量,是大学生日常思想政治教育和管理工作的组织者、实施者和指导者。辅导员应当努力成为学生的人生导师和健康成长的知心朋友。”

从文件中可以看到,高校辅导员是高校教师队伍的重要组成部分是不容置疑的。因此,教育者是高校辅导员的一个重要角色。

1. 思想政治教育者

除了明确高校辅导员是高校思想政治教育工作队伍中的一员外,思想政治教育也是高校辅导员最重要的一项工作任务。为此教育部“24 号令”对辅导员的工作曾做出明确要求:“认真做好学生日常思想政治教育及服务育人工作,加强学生班级建设和管理;遵循大学生思想政治教育规律,坚持继承与创新相结合,创造性地开展工作,促进学生健康成长与成才;主动学习和掌握大学生思想政治教育方面的理论和方法,不断提高工作技能水平;定期开展相关工作调查和研究,分析工作对象和工作条件的变化,及时调整工作思路和方法;注重运用各种新的工作载体,特别是网络等现代科学技术和手段,努力拓展工作途径,贴近实际、贴近生活、贴近学生,提高工作的针对性和实效性,增强工作的吸引力和感染力。”另外在工作职责上也作出明确指示:“帮助大学生树立正确的世界观、人生观、价值观,确立在中国共产党领导下走中国特色社会主义道路,实现中华民族的伟大复兴的共同理想和坚定信念,积极引导学生追求更高的目标,使他们中的先进分子树立共产主义的远大理想,确立马克思主义的坚定信念。”

由此可见,思想政治教育者是高校辅导员多种工作角色中最重要的一个,并且从辅导员制度的发展历程来看,思想政治教育一直就是辅导员的重要历史使命,反映了党和国家对高校辅导员的角色期望,广大高校辅导员应当牢记自己的思想政治教育者身份,正如上海高校辅导员誓词中所述“忠诚人民的教育事业,坚定信仰,不辱使命”,为高校的人才培养作出贡献。

2. 公民道德教育和学生心理健康教育者

大学是青年学生个人的世界观、人生观、价值观形成和发展的关键时期。由于高校辅导员工作在教育的第一线,经常能与学生接触和交流,因此辅导员的思想和行为等都会对学生价值观的形成和健康心理的培育产生影响，肩负着对学生实施公民道德教育和学生心理健康教育的责任。

当前我国正处在社会的转型期，社会的极个别人可能为了一些蝇头小利而不顾社会公民道德的要求去做些损害社会大众利益的事情，而这些错误和事件往往在被网络主导的舆论环境大肆渲染后，大学生很容易受到影响，进而做出一些偏激的事情。如何在当前形势下，对大学生积极引导，让他们树立正确的公民道德观是高校辅导员的一项重要任务。

大学生的心理健康教育也是一个不容忽视的方面。高校是一个浓缩的小社会，学生身处高校校园里也要面对复杂的人际关系以及同辈群体的各项竞争。如果遇到困难和挫折时不能及时调整自己的心理状态，就很容易导致悲剧事件的发生。近年来大学生自杀事件屡次发生，甚至也曾出现极端恶性事件。

辅导员可以在班级内设置心理委员，建立心理危机应对网络小组，重视对网络小组中的成员进行基本的心理知识和技能培训，让他们掌握心理疏导的基本方法。一方面遇到突发状况可以有效控制应对，自身学会控制局面；另一方面也可以全面了解和掌握朋辈的心理状况。

另外，辅导员通过关心学生的学习和生活，帮助学生明确学习目标，制定合理的学习计划，利用榜样人物的模范作用，引导他们树立正确的、积极的生活学习态度，激励学生积极向上。

一旦在工作中遇到学生出现心理问题，辅导员可以利用自己的专业知识和丰富的社会经验，通过与学生思想、感情上的交流和沟通，疏导学生的不良情绪，帮助学生正确认识自我，引导他们拥有完整和谐的健康人格。如果不能解决，可以将学生引荐到专业的心理机构（如学校的心理中心）进行积极干预。

3. 学校生活教育者

辅导员作为一名大学生活的曾经亲历者，对于如何度过大学生活具有一定的经验。面对要在高校度过至少四年的学习生活的大学生，辅导员的一个重要的工作角色，就是对大学生的学校生活进行指导和教育。其中，“进校门”和“出校门”是两个重要方面。

一是新生入学教育。俗话说“万事开头难”，高校新生经过高考的考验跨入到大学，并不意味着他们就能顺利适应大学的生活和学习。学生面对由高中到大学的角色转变往往准备不充分，需要一定的时间适应。在这个时期，高校辅导员针对新生进行适应性教育就显得尤为重要。比如，针对学生对学校的归属感，辅导员可以组织新生对学校的历史和文化进行学习，使学生尽快了解校史发展、人文景观以及学校的发展目标、人才培养的理念等。针对专业的困惑，辅导员可以组织本专业的老师和高年级学生与新生进行师生对话、新老生对话，通过交流让学生了解本专业的特点、课程设置的情况以及学习过程中要注意的事项等，从而树立正确的学习观，为今后的学习打下基础。另外新生教育重要的一项就是组织学生学习《学生手册》等文件，让学生熟悉学校的各项规章制度，增强学生的自我管理意识，适应学校的管理制度，尽快走上健康正确的轨道。

二是毕业生教育。近年来随着高校毕业生数量的增加，就业竞争越来越激烈，部分毕业生面对就业感到困惑迷茫，无所适从。高校辅导员面对这种情况要及时对学生进行就业形势分析，帮助学生进行国家就业政策的解读和就业技巧上的教育，根据学生个人的性格特点和就业意向结合社会形势和专业特点，引导学生正确认识学业、职业和事业的关系，消除就业过程中的疑惑，增强就业信心，从而避免就业的盲目性和随意性，为今后的工作迈出坚实的一步。

辅导员对学生的生活教育应当贯穿整个大学生活的过程。只是新生入学教育和毕业教育处在“入校”和“离校”的两个端点，显得尤为重要。

（二）管理者

高校的学生管理工作是高校管理工作中的重中之重，学生管理工作水平的高低，直接影响到高校的育人质量和高校的稳定。因此加强高校的学生管理工作事关高校办学和育人的一件大事。而学校对学生管理的每一项举措，基本上都是通过辅导员布置和执行的，因此高校辅导员成为学校对学生管理过程中最重要的抓手和执行者。高校辅导员不仅是高校思想政治教育者，而且还是学校学生事务的管理者。

在高校当前的校院两级管理体制下，高校管理事务很多都是由学校传达到院系，院系由分管副书记或者副院长传达到辅导员，由辅导员来布置和执行。在高等学校，辅导员是学校管理的重要力量。在实际工作中，与学生有关的大部分事务工作都是由高校辅导员负责，比如所带班级的制度建设、学生奖学金的评定、学生的日常行为管理、帮困助学以及突发事件的应急处理等，甚至迎新工作、学生日常请假、学生党团建设、办理国家助学贷款、就业指导、就业率统计、宿舍卫生以及下达各部门通知，完成各部门布置的任务等都要直接参与。可以说，高校辅导员是维系学校和学生之间正常联系的纽带和桥梁，是整个高校管理体系中的重要环节。随着高校在校生人数的迅速扩张，高校辅导员的事务管理越来越庞杂，管理者的角色越来越凸显。

（三）服务者

自 2018 年前后，崇尚个性、看重自由的“00 后”大学生开始走进大学校园，我国高校的学生管理体制依然存在一些问题。

第一，管理体制上依然是党委和行政共管，校级和院系分级管理（有学者称为“两级管理”)。两级管理的弊端就是管理有时不能直接面对学生，效率低下。

第二，在管理模式下主要是对学生主动干预和事后处理为主（有学者称为“问题管理”)。在日常的学生管理工作中，除主动对学生进行思想教育外，对学生其他事务的管理上，则侧重于事后处理，有时用刻板的规章、制度、条例去约束学生，主张学生无条件服从，注重事发后的惩罚。随着高校改革的推进，高校管理部门也对学生管理工作进行了一些改进，倡导对学生事务工作的服务意识，但总体服务质量有待提高。

第三，管理方式上主要以管理者为中心，把学生作为管理对象，侧重于管人，服务效果有待提高。由于我国高校的管理体制中存在“行政化”倾向，在学生管理方式也有许多需要改进的地方，比如很多学生事务工作者以“管理者”自居，把学生作为自己的管理对象，加上学生事务管理制度不健全，以及工作方式非常简单，甚至粗暴，缺乏“以人为本”的服务意识，往往会使学生事务工作流于形式，甚至会引起学生和管理者的矛盾。

随着时代的发展，注重个性的“00后”大学生日益成为大学生的主体，这对我国高校的学生事务管理制度和理念提出严峻的挑战。为此大学生事务管理的理念和方式亟待变革。对于高校辅导员来说，应当改变以往高高在上的“教育者”“管理者”的心态，变“教育者”“管理者”为“服务者”。在日常管理中要牢固树立“以学生为本，服务学生”的观念，变管理为服务，在管理中服务，在服务中加强教育。管理方式上以学生为中心，以学生利益和促进学生健康成长为出发点，积极为学生营造和谐、温暖的育人环境。

应当说广大辅导员已经清醒地认识到学生日常事务管理的理念已经从管理变为服务，总的指导思想也已经转变为培养学生健全的人格，使学生得到全面发展。因此高校辅导员的服务意识已经得到很大的提高，高校辅导员作为学生发展的服务者角色也得到广大高校辅导员广泛的认可。

（四）导航者

大学生正处在世界观、人生观、价值观形成的特殊关键时期，学生在追求人生价值、探索真理的过程中，必然会面对理想与现实，奉献与索取，责任与义务等一系列人生矛盾。这些困惑、矛盾和焦虑如果不能及时予以引导排解，势必会影响学生的发展。当他们遇到这些问题时，辅导员就成为他们人生发展的导航者。运用自己相对丰富的人生阅历和生活经验为学生排忧解惑，就成了辅导员的重要任务。

当前，高校辅导员更要认真学习十九大报告，深入领会十九大精神。自觉实践科学发展观，要在青年学生中广泛开展理想信念教育，积极带头弘扬民族精神和时代精神，开展爱国主义、集体主义和社会主义教育。做学生人生发展的导航者，意味着高校辅导员应站在理论的高度、人生发展的高度去引导学生，只有站得高才能看得远。而在具体的工作方式和方法上，要侧重于“疏导”，对待学生要用长远的眼光去教育和引导，而不能用强硬的、僵化的思想和工作方法。

高校辅导员时刻要牢记做学生人生发展的导航者，因为每个学生都是一个鲜活的个体，由于家庭背景、教育背景、个性特征等方面都有不同程度的差异，要使每个学生都得到良好的发展，高校辅导员要做到因材施教、有的放矢，这样才能完成自己为学生“导航青春”的光荣使命。

以上所阐述的高校辅导员的角色可以从两个层面来理解：教育者、管理者和服务者是从高校辅导员实际工作的角度，也是微观层面出发的；而学生发展的导航者是从国家发展的角度，也是从宏观层面出发的。两个方面相辅相成，共同构成新时期高校辅导员的角色定位。

二、高校辅导员岗位特点

通过研究辅导员工作中的角色定位，从中可以发现辅导员工作的诸多特点，其中最显著的特征有两个。

（一）集多种角色于一身的角色定位特点

一个人在社会上不同环境里往往可以扮演不同角色，比如一个男人在家里是丈夫、父亲和儿子，在单位是领导。但是很少有人在一个工作场合下需要扮演多种角色的情况，高校辅导员由于其工作范围、工作内容和职业特点，决定了他需充当更加多重的社会角色。在学校管理层面，高校辅导员既是一名教师也是一名员工；在面对学生时，更是要充当教师、父母、朋友等多种角色。多重的社会角色决定了辅导员工作的复杂性，对辅导员的个人素质也有很高的要求，这说明了辅导员在一职多能的背景下要求专业发展的迫切性与重要性。

（二）非权力性影响的工作方式特点

如果从教育者对学生的影响分为权力性影响和非权力性影响，权力性影响是指社会赋予个人职务、地位和权力等因素，这种影响具有一定的强制性；非权力性影响主要由影响者自身素质决定，是建立在被信任的基础上的。辅导员更多的是依靠综合素养、自身的人格魅力等非权力性因素来发挥其影响力。尤其面对更加崇尚个人观念、思想自由、知识丰富的“00后”大学生，以往辅导员靠自身知识和地位对学生施加影响的方式越来越难以使工作有效开展，这就要求辅导员在工作中要改变工作方式，和学生交往过程中有更多的互动，在互动中发挥“个人魅力和影响力”来教育、引导、感化学生。

第三节 高校辅导员的未来发展方向

从某种意义上来说，当今高等教育的发展，美国代表着发展的方向和水平。美国高校作为当今世界上高校发展的楷模，其在学生管理制度方面也具有一定的借鉴意义。我国高校如果要对学生工作未来发展进行设计和思考，不妨了解一下美国高校的学生管理。

一、美国大学生工作制度的特点

大学生管理工作在美国称为学生事务管理，高校辅导员被称为学生事务管理者。美国的学生事务管理历史悠久，发展得比较完善，在学生事务管理的理论和实践上有着诸多成功的经验。分析和借鉴其学生事务管理经验对我国现阶段大学生管理工作和辅导员制度发展有很多帮助。美国大学生事务管理制度主要有以下几个特点：

（1）管理体制上采取学校一级垂直化管理体制。与我国大学生管理体制不同，美国高校将学生管理的机构和组织只在学校这一级设置，院系一般不设专门的学生事务管理部门。各种学生事务根据职能不同，分别成立校级学生管理事务办公室或中心直接面向学生，并且组织机构严密、分工细致，几乎涵盖了学生所有非学术性事务，而且具有针对性强、专业水平高的特点。应当说美国高校的一级垂直管理体制最大的特点就是有利于学生事务管理各部门之间的协调和统一，管理效率较高。

（2）管理方式上以学生为中心，有较强的服务意识。美国高校的学生事务管理制度一般都比较规范详尽且人性化。比如，一个学生如果违纪，那么从违纪报告到听证再到学生的申诉每个过程都会有详尽的规定，学生可以按照程序逐级解决。这些详尽的制度使学生和管理者都有章可循，问题处理起来比较顺畅，减少了人为纠纷，提高了工作效率。另外美国高校除了有一套较为完善的管理制度外，还有一套十分有效的个人咨询制度，咨询人员大多是专业人员，其中不乏拥有教育学、心理学博士学位的专业人员。他们可以为学生提供心理咨询、个人成长规划等服务，对学生的生活和成长起着十分重要的作用。

（3）学生事务工作队伍人数众多，且呈专业化、职业化的特点。这是美国大学生事务管理中一个重要特色。在美国高校内，学生事务工作是一种专门化的职业，这些事务管理人员大多具有较高的学历，甚至是教育学、心理学、社会学方面的专家，他们具有很强的学生工作能力，如与学生沟通和问题解决的能力。

另外，影响美国大学生事务的校外因素是各个专业协会推行的职业标准，这些标准对高校从事学生事务管理的人员起着监督和规范的作用。

二、我国高校辅导员制度的未来发展方向

高校辅导员的职业发展近来受到广泛的关注，也是学界研究的热点。目前大家对高校辅导员未来发展比较一致的看法是要在职业化发展的同时，进行职业化建设，走专业化的发展道路。2005 年《教育部关于进一步加强高等学校辅导员班主任队伍建设的意见》中提出："要统筹规划专职辅导员的发展。鼓励和支持一批骨干攻读相关学位和业务进修，长期从事辅导员工作，向职业化、专家化方向发展。"与此同时，高校辅导员的职业化发展问题开始受到高校管理者以及相关学者们的关注。

从长远来看，高校辅导员成为专业人员，辅导员队伍的职业化建设是发展趋势。

（一）高校辅导员职业化建设的内涵

就其群体而言，高校辅导员职业化是指高校辅导员职业由准专业阶段向专业阶段不断发展，逐渐符合专业标准，成为专门职业并获得相应专业地位的过程。就个体而言，专业化是指高校辅导员经过专业教育或培训，专门从事辅导员工作并不断提高的过程。高校辅导员队伍的职业化建设是指高校辅导员要成为以学生思想政治工作为终生职业的专业型人才，并向专家学者型方向发展。因此高校辅导员队伍专业化有两层含义：一是高校辅导员群体整体向上流动，不断发展，逐渐成为专业群体；二是个体要经过专业的训练，专门从事辅导员工作，另外在从事工作过程中要不断地提高最终达到专业水平。

（二）高校辅导员的职业化发展的必要性

第一，职业化建设有利于辅导员地位的改善和整体素质的提升。辅导员队伍的职业化建设可以提高辅导员的社会地位，提高工作待遇，这样才能吸引更多的优秀人才加入到高校辅导员队伍中来；可以提供高质量的专业服务，通过提高专业服务的质量，辅导员才能受到社会的普遍尊重，这样整体素质可以向上流动。

第二，职业化建设有利于增强高校德育的实效性，提升育人质量。专业化的一个重要方面就是可以提高辅导员个人的专业发展，辅导员专业发展可以增强高

校德育的实效性，实现育人质量的提升。当前高校辅导员工作中面临着非常复杂的工作情况，大学生自身的思想，以及复杂的社会问题层出不穷。辅导员掌握一定的教育学、心理学等专业知识可以有效地传道授业解惑，解决问题，提高育人的质量和效率；并且通过辅导员自身的职业化发展，可以提高辅导员对工作的忠诚度，也可以对稳定辅导员队伍起到很大的作用。

综上所述，我国辅导员目前的发展还不能界定为一个成熟的专业，尚不完全具备成熟专业的特征和属性。但是应该可以看到，辅导员工作对于高校人才培养、青年学生的成长，甚至对于中华民族的伟大复兴具有重要意义。

第二章　高校辅导员职业化的理论基础

第一节　以人为本理论

在小康社会处于全面构建的阶段，高校辅导员职业化必须将以人为本的教育理念落到实处，把大学生作为社会实践的主要参与者，使其潜能和创造力得到最大限度的发挥。除此之外，还应将大学生作为价值主体，深入了解他们对现实价值和利益的追求，充分满足其各方面的生活需求。

一、以人为本的科学内涵

以人为本主要包含以下几个不同的层面：

（1）社会中存在的人是万物的根本。这里的“人”，不是单一的个人，而是社会广大群体，甚至全人类。其次，社会中存在的人是实践活动的主体。人是世界万物之灵，劳动是人之所以被称为“人”和区别于其他生物的根本点。社会实践则是独属于人们的一种特殊的“对象化”活动。在社会发展历程中，广大民众是历史创造和传承的主体。社会中开展的一系列实践活动，只有紧紧依靠广大民众，提高其能动性和创新能力，才能够为社会的整体发展贡献最大力量。

（2）社会中的人是价值的根本。社会中的广大群众，不仅仅是实践活动的主要参与者，还是价值实现的主体，是实践活动主体同价值实现主体的统一。广大群众积极参与社会实践活动，最终是为实现自身的现实价值和基本利益，满足自身的整体需求。

人，作为社会中区别于其他生物的群体，是赐予社会的宝贵财富；人，也是万物发展进步的尺度。从宏观方面来讲，我国社会主义现代化目标的实现需要人的参与；从小范围来讲，每一个小的群体目标需要人的奋斗才能够实现。这些目标的实现，都要依赖于人。人的思想的解放，思维观念的升华，人的道德素养和科学文化素养的提升，以及人的积极主动性和创新能力的增强，都是目标实现的催化剂。与之相应的，无论是国家和社会，还是群体的发展进步，或者是利益的实现，最终都会归结为人的发展和利益的实现。就高校思想政治教育而言，最终的落脚点也是充分发挥人的潜能，推动大学生为自身的健康成长和发展以及基本利益的实现奋力拼搏。所以，作为社会主体的人，不只是高校思想政治教育的主要参与者，更是思想政治教育的最终目标。高校思想政治教育要做到以人为主体，最为重要的就是将人的健康全面发展落到实处，并能够满足人们对社会更高层次的需求，以及实现社会广大民众的现实利益和真正价值。从根本上来讲，高校思想政治教育的开展就是为了实现社会中的人的发展、真正价值和根本利益。所以，以人为本是高校思想政治教育的内在要求。

二、以人为本的内在要求

（一）增强大学生的动力

动力是一个人在参加社会实践中的具体表现，它不仅折射出了一个人在思想政治方面的良好精神状态和积极劳作的态度，还体现了个体在社会中对责任的担当。在当今时代，社会群体的自由平等观念和价值意识不断增强。要增强社会群体的动力，最基本要求为使社会群体自我尊重的需求得到满足，即尊重人们的思维观念、个性发展和创造力。高校思想政治教育是社会整体发展和受教育主体发展进步的基本要求。从本质上来讲，思想政治教育不仅是塑造个体人格和构建思想政治品德的过程，还是受教育主体同社会基本要求进行互动的一个过程。但是，从现实角度来讲，高校思想政治教育却是教育主体对受教育主体人格及品德进行单向引导的过程。针对这一基本现状，要紧扣以人为本的教育方向，与受教育主体的真实需求相适应，增强受教育主体在思想政治教育课程中的动力，促使大学生以积极的心态接受教育的主体性。

（二）推动大学生的发展

推动社会个体的健康全面发展是马克思主义对社会主义新社会在建设阶段的基本要求。中国共产党的最高纲领是推动中国走上共产主义发展道路，进而推动人们实现自我解放和整体发展。综合型人才的培养是社会发展的最终目标与社会主义初级阶段人类个体发展特征的具体化表现，是与我国实际情况相适应的人类个体发展的基本标准。综合型人才是社会主义初级阶段人类个体发展的最高标准，从思想、政治、行为等各个方面对人类个体的发展提出了新的要求。综合型人才的培养与发展，是中国特色社会主义发展的现实需求，是人类个体在发展中的基本需求以及本质利益所在，是高校思想中政治教育的内在要求以及首要任务。

（三）满足大学生的物质和精神需要

从本质上而言，高校思想政治教育的开展就是以先进的思想理论作为指导，提高受教育者的思想认知，增强他们的能动性，使其充分施展自身的能力，引导受教育者将自身的基本利益作为目标，并为之奋斗。

新时期，我国正经历着一次飞跃式的社会变革，关于人们之间的相互关系，各种利益之间的变动都包含其中。对于社会活动的主体而言，其各种需求和基本利益得到满足之后，才能使社会活动的主体以积极的心态为社会的发展贡献力量。此外，还要对个体需求与社会需求有一个明确的定位。高校思想政治教育要将个人的需求和利益同社会的需求和利益相结合，将个体的全面发展与社会的整体发展相结合，将统一要求与个性发展相结合，将正确思想意识的导入与自我发展相结合，从而增强受教育者的道德素养，为人们的思想道德发展提供需求。

当然，以人为本这一理论针对高校辅导员职业化提出了更高的要求。高校辅导员职业化在以人为本理论的引导下，要做到教育主体和受教育主体在和谐共生的环境下相互促进共同发展，对于教育主体而言，要站在尊重和理解的基础上，为受教育主体提供服务。

第二节　全面发展理论

全面发展理论在中国教育实践中占据重要地位。全面发展理论对于我国教育实现“面向现代化、面向世界、面向未来”的战略指导方针具有重大指导意义。全面发展在现阶段就是人的现代化。实现人的现代化过程，实质上就是实现人的全面发展过程。这一过程，是与我国的社会主义现代化建设相一致的，是社会主义现代化的重要组成部分。作为社会主义教育的根本目标，“全面发展”以培育人的科学素质、文化素质、思想素质和道德素质等素质为载体，以人的思想、文化、社会关系和个性能力的充分发展为表现。具体到辅导员职业化，其发展的根源和动力正是大学生全面发展的需要。

一、全面发展是社会主义教育的根本目标

根据社会主义社会的发展目标和根本任务，社会主义教育始终将促进“人的全面发展”作为根本目标。社会主义教育作为有目的的社会实践活动，其根本目标就是通过培育人的科学素质、文化素质、思想素质和道德素质等素质，通过人的思想、文化、社会关系和个性能力的充分发展，推动“人的全面发展”的具体落实。社会主义大学作为社会主义教育事业的中坚力量，在为社会主义事业培养合格建设者和可靠接班人方面发挥着不可替代的作用。而只有坚持全面发展的社会主义人才培养目标，才能够充分实现社会主义大学的本质要求。“全面发展”的育人目标客观上要求教育引导大学生能够正确认识个人发展和社会发展的

统一，帮助大学生充分理解“全面发展”不是以个人为中心的发展，而是与社会发展互相依存，共生共荣的发展。教育引导大学生树立正确的价值取向，自觉抵制拜金主义、享乐主义、极端个人主义的不良倾向，正确处理追求物质利益和丰富精神生活的辩证关系；教育引导大学生在充分发挥主体性的同时，自觉克服发展过程出现的片面倾向，不断实现从自发发展向自觉发展的转化。

二、全面发展是辅导员职业化的发展依据

从辅导员职业发展的历程及辅导员工作定位和职能的转换中，辅导员职业化已经成为辅导员队伍建设的发展趋势和思想政治教育学科的前沿课题。然而，真正推动辅导员职业化发展的力量来自于实践的需要，来自于大学生德育工作的需要，来自于大学生全面发展的需要。从根本意义上讲，辅导员职业化是实现社会主义高校“全面发展”育人目标的客观要求，促进大学生的“全面发展”正是辅导员职业化展开的逻辑前提。

全面发展，既包含智力因素，也包含非智力因素的全面发展。然而在高考教育体制等因素的影响下，片面追求智育教育，忽视德育教育的情况普遍存在，甚至许多高校教育者和大学生本身，也没有对德育工作的价值予以充分的认识和肯定。如果说在改革开放初期，“学好数理化，走遍天下都不怕”还有其现实的社会基础，毕竟那时候人才匮乏是不争的事实，那么时至今日，在全球化和信息化的时代背景下，在知识不断更新，竞争日益激烈的社会条件下，大学生的全面发展正是提高核心竞争力的基础。而在大学生的全面发展过程中，德育因素发挥着重要的价值引领和精神支持的作用。大学生的德育素养可以帮助个体最大程度地发挥潜能，消除思想困惑，解决实际困扰，充分地释放个体的聪明才智，充分调动个体的有机要素，并使其紧密配合，使得科学文化素质、思想政治素质、道德文化素质和个性心理素质能够协同发展，共同构建个体良好的知识结构与素质结构。在智力因素和非智力因素的教育分工中，高校具有明确的工作体制和基本要求。智育教育一般是在课堂教学中进行，是显性的课程；而非智育教育主要包括社会实践教育、班团建设教育、党支部活动教育、学习发展教育、心理健康教育和职业发展教育等，是隐性的课程。隐性课程对于大学生全面发展的意义虽然重大，但是由于各方面的影响，高校隐性课程普遍缺乏专业性的学科支撑。对于隐性课程这样一个外延较大的领域，一般是由辅导员统筹管理，在具体工作的层面上，更多的是呈现事务型而非专业型。面对辅导员的应然状态和实然境遇之间的矛盾，辅导员职业化发展可以说是破解的金钥匙。而以大学生的全面发展理论为指导，以促进大学生的全面发展为准绳，将是辅导员职业化发展的理论依据和实践标准。

第三节 德育为先理论

一、立德树人是高校教育的根本任务

“德育为先”是加强和改进大学生思想政治教育的基本原则。其中，育人体现了学校教育的本质功能，而德育则体现了育人功能的核心。大学的基本职能是人才培养、教学科研、社会服务和文化传承。其中，人才培养是教育的根本目标，学校的各项工作都要紧紧围绕人才培养展开。专职教师在教书的同时，传授的不仅仅是知识，更是师德品格的展示；其他管理岗位、教辅岗位、服务岗位的教育领域工作者也在各自的工作领域中开展具有独特个性和独特方式的教育影响活动。因此，在高校工作系统中，人才培养，人人有责。只有构建全方位的教育、管理和服务体系，使高校的各种教育影响力量发挥积极的同向作用，才能够向高校的人才培养、大学生的全面发展提供工作体制上的重要保障。

“立德”“树人”作为高等教育根本任务不可偏废的两个方面，具有内在的统一性，统一于学校人才培养的具体实践中，统一于学生全面发展的成长过程中。其中，“立德”是“树人”的必然要求，“树人”是“立德”的根本目标。德育教育只有融入到人才全面发展的视野中，才能够充分发挥德育在“树人”工作上的主导作用。而高校人才培养只有重视德育工作，才能够充分发掘人才的发展潜能，为社会主义建设培养合格的建设者和可靠的接班人。

二、德育教育在育人过程中的重要功能

高校德育工作，其基本内涵主要包括思想教育、政治教育、道德教育和心理健康教育。从德育工作的内涵推演德育工作的基本功能，主要体现在以下几个方面：

（1）帮助大学生树立科学的社会理想信念。高校德育工作要从历史唯物主义出发，按照社会发展的基本规律，根据受教育者的思想状态和主要问题，教育引导教育对象的思想行为符合客观规律，为其成长成才提供社会理想的引领。

（2）帮助大学生塑造良好的个人品格。个人是否成才，个人的价值是否得到实现，不能够离开社会化的环境和社会化的评价。个人的优秀品格在其自我实现和社会评价过程中发挥着至关重要的作用。德育工作在培养大学生良好的心理品质、高尚的道德情操和合理的价值准则方面发挥重要功能。

（3）帮助培养大学生的主体性和创造性。德育工作的载体丰富多样，特别是和社会实践紧密联系的特点使德育工作更能够触动大学生的内心深处，从而有效激发大学生的社会责任感和使命感，增进自身发展的主体性，提升工作开展的创造性。

（4）帮助规范养成良好的行为习惯。行为养成是一个长期的过程。良好的行为塑造良好的习惯，良好的习惯培养良好的个性。德育教育不仅是思想理论认识方面的答疑解惑，更重视知行统一的教育价值。特别是基层的德育工作在教育指导、监督落实、反馈评价教育对象的过程中发挥着重要的引导和规范作用。

德育工作的基本功能充分体现了德育教育在育人过程中的主导作用。“德育为先”并不意味着对其他教育要素的替代，而是充分认可和特别强调德育工作在人才培养目标方面的规定性，在人才培养过程方面的推动性及在人才培养效果方面的保障性。只有以“德育为先”，德、智、体、美各方面教育要素互相作用、互相制约，才能够形成科学的合力共同促进人才的全面发展。

三、“德育为先”是辅导员职业化发展的价值依托

在中国高校的实践中，大学生思想政治教育工作和大学生德育工作具有相同的内涵，已经成为相同的指称。辅导员作为从事大学生日常思想政治教育工作的教师和管理者，承担着大学生德育教育的重要职责。

“德育为先”教育思想赋予辅导员职业厚重的历史使命和教育责任。在国际国内形势深刻变化的时代背景下，面对高校德育教育的现实矛盾和问题，只有实现辅导员的职业化发展，完善辅导员工作体制机制，提高辅导员专业化水平，才能够使辅导员积极适应各方面的形势变化，深入细致了解大学生的发展需求并给予及时有效的教育指导，才能够使辅导员真正发展成为大学生的人生导师和知心朋友，有力地承担起辅导员的工作职责和使命。“育人为本，德育为先”教育思想已经成为辅导员职业化发展的价值依托。

一方面，“德育为先”教育思想是辅导员职业化发展的理论依据之一。“育人为本，德育为先”确认了德育在高校教育和人才培养中的主导地位，客观上要求高校德育工作者加强职业能力建设，推进职业化发展。虽然德育工作在高校人才培养中发挥着重要的作用，但是由于多方面的原因，德育工作的现实发展面临着严峻的挑战。其中，制约高校德育工作健康持续发展的一个关键要素就是辅导员队伍建设的问题。辅导员队伍建设经历了社会主义革命和建设时期的发展历程，伴随着高校思想政治教育工作的不断推进，既积累了丰富的理论发展和实践探索的宝贵财富，也出现了队伍建设发展路径上的一些分歧。中共中央16号文件在总结历史经验的前提下，根据国家教育战略和方针的基本要求，从人才培养和民族复兴的战略角度，将大学生思想政治教育工作提升到战略地位，明确了辅导员职业化的发展路径，解决了辅导员队伍建设的方向问题，为辅导员专业化和职业化发展奠定了政策基础。

另一方面，“德育为先”教育思想是辅导员职业化发展的实践指南。在“育人为本，德育为先”教育思想的指导下，辅导员职业化发展不仅在认识层面达成

了普遍的共识，在高校实践中也出现了很多具有代表性的做法和模式。这些措施，一方面极大鼓舞了辅导员群体的职业发展动力和工作积极性；另一方面也积累了相当多的高校德育工作创新素材。可以说，在高校德育工作领域，呈现了发现问题—探索研究—提升能力的良性工作循环。辅导员职业化发展在“德育为先”教育思想指导下，在中共中央 16 号文件的政策鼓舞和激励下，进入了良性发展的轨道。

辅导员职业化的科学发展，不能够离开“德育为先”，“德育为先”为其提供了发展动力。在辅导员职业化的发展进程中，既要强调德育工作的意义和价值，也要强调德育工作与其他教育工作的密切配合，将德育的引领、塑造、培养和规范等功能与智育等其他育人工作有机结合。坚持“育人为本，德育为先”，才能真正实现大学生的全面发展。

第三章　高校辅导员的职业能力

第一节　高校辅导员职业能力概述

一、职业能力概念

国际劳工大会认为，职业能力是指个体获得和保持工作，在工作中进步，以及应对工作中出现的变化的能力。不同的职业对其能力有不同的要求。综合来看，职业能力应该是人们从事某种职业必须具备的各种能力的总和。各种能力互相影响和作用，决定了一个从业者是否能够胜任自己的工作岗位，并在岗位上取得进步，作出贡献。随着社会的发展和对从业人员要求的提高，职业能力的内涵也在被重新构建，它不再只是动手能力、操作能力和理论知识的代名词。创新精神、敬业精神、协作精神等心理品质开始进入能力建设的大舞台。

二、高校辅导员职业能力的界定

（一）高校辅导员职业能力的概念

关于高校辅导员职业能力的概念，有以下几种表述：

（1）高校辅导员的职业能力是高校辅导员在完成高校思想政治教育活动的计划、组织、协调、控制和反馈等环节中，所应具备的基本能力、知识、经验和技能等综合能力。

（2）辅导员职业能力是辅导员拥有的，在实践中形成发展的对学生工作能动反映的一种体现。

（3）辅导员职业能力是指辅导员在高校思想政治教育以及大学生服务工作中所具备的本领，是其在职业、社会和私人情境中科学思维，对个人和社会负责任的行事的热情和能力。

根据职业能力的概念，结合以上的几种表述，认为高校辅导员的职业能力是高校辅导员能够胜任大学生思想政治教育、心理健康教育、学业引导和职业生涯引导等工作所应必须具备的知识、经验、能力和素质的总称。高校辅导员的职业能力是高校辅导员在从事各种学生工作中表现出来的综合素质，它不是各种能力的简单相加，而是辅导员思想品质、业务能力、专业知识、人格魅力等各种因素相互联系并互相作用的集中体现。

（二）高校辅导员职业能力的构成

高校辅导员是各高等学校教师队伍和管理队伍的重要组成部分，具有教师和干部的双重身份。高校辅导员的这种角色定位也决定了辅导员的职业能力具有跨专业性和综合性。辅导员是开展大学生思想政治教育的骨干力量，是高校学生日常思想政治教育和管理工作的组织者、实施者和指导者。辅导员在高校要承担思想政治教育、学业引导、学生党建、心理健康教育、帮困助学、职业规划、社会实践、创业教育等一系列工作职责。不同的工作职责对辅导员要求的具体能力也有所不同，同时承担这么多的工作职责也要求辅导员的工作能力具有较高的综合性。尽管在专业化发展的今天，要求对高校辅导员进行专业化培养，使其在具备综合职业能力的基础上向某一领域纵深发展，成为该领域的专家，但是高校辅导员职业能力的综合性仍不可忽视，是否具备综合职业能力仍然是能否胜任高校辅导员工作的重要依据。

由于高校辅导员的职业能力具有综合性的特征，因此辅导员职业能力的构成也具有相对的复杂性。因此可以根据不同的标准对高校辅导员职业能力的构成进行一定的分类。

根据辅导员职业能力是否在学生教育管理工作中具有普遍性，可以分为一般能力和特殊能力。辅导员在学生教育和事务管理中必须具备的普遍性的能力，就是一般能力，诸如政治素质、道德品质、学业引导能力、学生培养能力、信息网络的运用能力和学习能力等；而辅导员为了完成特定的学生教育活动所必须具备的能力，就是特殊能力，包括心理教育能力、人格魅力、职业生涯规划能力、突发事件的应急反应能力和创新能力等。

根据辅导员职业能力的不同属性，从人力资源管理的角度，可将辅导员的职业能力划分为健康、知识与技能和态度三个层面。身体是革命的本钱，健康是辅导员职业能力形成、发挥和发展的基础；知识与技能层面的职业能力主要是指辅导员岗位所必需的相关专业知识与技能，知识主要包括辅导员必须了解的理论知识、国家政策、基本的心理知识等，技能则包括组织管理能力、人际沟通协调能力、信息技术能力等；态度层面的职业能力具有认知、情感和意向三个方面，它决定了辅导员在学生教育工作中主观能动性发挥的程度。

根据辅导员的职业能力是否具有可证明性，可将辅导员的职业能力划分为显性的职业能力和隐性的职业能力。辅导员显性的职业能力包括辅导员拥有的资质、专业知识和技能等，这些可通过学历证书、教师资格证书和心理咨询师的资质考试等来证明和验证；辅导员隐性的职业能力是潜在于表面之下的东西，包括职业道德、职业意识、职业态度和职业精神等，这些难以通过证书和考试来证明。

根据辅导员职业能力对辅导员工作的不同影响，还可以将辅导员的职业能力划分为基本职业能力和发展的职业能力。辅导员基本职业能力是辅导员完成学生教育管理工作中必须具备的基础性的能力，包括语言表达和沟通能力、组织管理能力、应急管理能力、信息处理能力等。辅导员发展的职业能力是辅导员能够在岗位上取得进步，推动辅导员工作发展的能力，包括学习能力、创新能力和科研能力。

根据辅导员工作职责的不同内容，可以将辅导员的职业能力划分为思想政治教育能力、心理健康教育能力、学生管理能力、职业生涯引导能力和学业指导能力等。

除了上述几种主要的辅导员职业能力分类，根据辅导员的个体职业能力特点，还可将其划分为优势能力和非优势能力；根据职业能力中的专业性因素，还可分为专业性强的职业能力和一般性的职业能力等。

第二节 高校辅导员职业能力的内容

一、基本职业能力

（一）语言表达和沟通能力

语言表达和沟通能力两者相辅相成，是从事任何职业工作都需要具备的特征，也是在各种具体的职业活动中最基本的能力。思想政治教育是辅导员重要的工作职责之一，思想政治教育工作离不开交流，交流就需要语言。因此，语言表达和沟通能力对于辅导员来讲就显得格外重要。言语生硬、单纯说教的思想政治教育不仅无法感动和影响学生，有时候还会引起学生的反感，造成学生与辅导员之间的隔阂。良好的语言表达能力和语言应用技巧会帮助辅导员更好地与学生沟通，贴近学生，事半功倍，因此是辅导员必须具备的职业能力之一。

辅导员要注重语言使用的训练，提高自身的语言表达和沟通能力，应该注意以下几个方面：

（1）善于使用“汉堡原则”。当需要赞扬一个人的工作时，一定要及时且明确；当需要批评一个人时，就可以用修正性的反馈，这就是“汉堡”原则。汉堡的第一块面包是指某人的优点，中间的牛肉是指还存在哪些需要改进的项目，最下面一块面包是一种鼓励和期望。具体而言，就是如果要帮助某个人认识他的缺点，可以先指出他的优点，然后说出他需要改进的地方，最后再给予一定的鼓励和期待。“汉堡原则”最大的好处是给人指出缺点的同时，不仅不会让人逆反，反而能使人容易且乐于接受。“汉堡原则”目前被广泛运用在绩效管理中。

作为辅导员，在日常工作中经常会对学生（或具体的学生事务）进行评价。适当地使用“汉堡原则”，会让学生更容易接受意见，有利于建立和维持辅导员与学生之间和谐的师生关系。

（2）注意交流中人称的使用。人称包括第一人称、第二人称和第三人称。不同的人称体现了交流中不同的身份和角色，对交流的效果起着重要的作用。第一人称（我、我们）是话语的发出者，一般是叙述的主体；第二人称（你、你们）是话语的接受者，一般是交流中被动的接受信息一方；第三人称（她、他、她们、他们或具体的人名）则是不在交流现场的角色，不直接参与到交流活动中。在语言交流活动中，反复强调第一人称，容易在交流者之间产生距离感和隔阂感。尤其是当第一人称的主体具有一定身份时，更容易突出发出信息方与接受信息方的身份差异，增加信息接受方的不舒适感。第二人称在直接对话中应用较多，便于交流感情、直抒胸臆，尤其是在肯定、表扬、鼓励时能让对方清晰地感觉到谈话人的意思，引起听者主观上的思索和心理上的互动。但是在批评、责怪时，第二人称容易产生针对性，会不自觉地将交流的双方划分为两个敌对的阵营，引起听话者的叛逆心理，产生负面效应。第三人称表示不参与交流、对话的一方，常用在评价和叙事的正式场合，给人比较客观的感觉。

辅导员在日常与学生的交流沟通中经常会使用各种不同的人称，场景和语境不同，辅导员就要选择使用不同的人称。比如在党员发展大会上，对发展对象进行评价的时候，就要使用第三人称的表述方式，这样会显得正式和客观；在与同学面对面交流的时候，即使是在讨论自己的所做所想，也要尽量减少“我”的使用，避免强化辅导员的身份从而拉大师生之间的距离；而在对学生提出意见和进行批评时，尽量少用“你”和“你们”这样的第二人称，容易将学生推到对立面，引起学生的反感。

（3）正确把握肢体语言。肢体语言是指能够传递某种特定信息的面部表情、手势语和其他身体部位的动作等。人际沟通中超过一半的内容来自肢体语言，而且在某些特定场合下，肢体语言能够表达比话语更准确和深刻的含义或内容。因此，正确地运用肢体语言能帮助辅导员更好地表达自己，充分地了解学生，在与学生的人际交往中具有非常重要的作用。肢体语言所包含的内容有说话时的动作、面部的表情、手势、姿态和腿部动作等。具体到辅导员实际工作中对肢体语言的运用，要注意以下几点：

1）眼神交流。眼睛是心灵的窗户，通过眼神可以倾诉感情，沟通心灵。辅导员在和学生谈话或者给学生开会的时候，应该用眼睛注视学生，一方面可以了解学生对谈话内容的反馈，另一方面可以表达对学生反应的一种关注。由此可以保证话语交流同时的感情交流，这样的沟通效果才能更好。当然，不同情况下眼神所表达的感情也是不一样的。当学生遇到困难时，辅导员的眼神应该充满安慰和鼓励；当学生犯了错误，辅导员的眼神是严肃敬畏的；当学生取得了优异的成绩，辅导员的眼神是温暖和快乐的。

2）身体姿势。身体姿势是人的各部分肢体器官动作相结合构成的复杂的身体语言。一个人的身体姿势往往能反映一个人对他人所持的态度。因此，辅导员要注意自己的身体姿势，尽量避免向学生传递消极或错误信息。举个简单的例子，当说话人的脚尖指向谈话对象的时候，这是一种友好的交谈方式；而当说话人的脚尖与谈话对象所处位置相反时，意味着说话人想结束谈话。由此可以得出结论，辅导员在跟学生谈话，尤其是双方都站立的情况下，辅导员应该保持面向学生，这样就会给学生发出积极的信号：辅导员愿意跟我交流和沟通。这样的交谈是积极和友好的。作为辅导员，有必要掌握一些基本的肢体语言信息，如用一根手指指向别人是不礼貌，谈话时双臂交叉有否定和防御的意味，沟通中的"SOFTEN 原则"（Smile 微笑、Open Posture 准备聆听的姿态、Forward Lean 身体前倾、Tone 音调、Eye Communication 目光交流、Nod 点头）等，这些有利于提高辅导员的语言沟通能力。

3）肢体语言与口头语言的结合。肢体语言虽能够传递有效信息，促进沟通，但是辅导员在与学生的交流过程中也必须结合学生说话时的语言，包括语声和语调。只有肢体语言结合口头语言，才能更好地理解交流对象，才能收到良好的交流效果。另外，从辅导员的角度来讲，也不可能只靠肢体语言与学生进行沟通，只有结合口头语言，才能更好地让学生了解辅导员所要表达和传递的信息。

（二）信息能力

狭义的信息处理能力是指恰当地选择信息工具和信息资源，有效地采集信息，加工处理信息，发布信息以及创造新的信息的能力。广义上的信息处理能力等同于信息素养，包括信息意识、信息知识、信息技能和信息道德修养四个方面（这里要讨论的是广义的信息处理能力）。现代社会是信息社会，信息处理能力是辅导员工作的根本基础。没有信息处理能力，辅导员就无法在繁复的工作中对学生做出较为准确的判断；没有信息处理能力，辅导员就无法及时改进创新自己的工作方法和工作机制，从而无法应对迅速更新的各种信息；没有信息处理能力，辅导员就不能及时更新自己的信息储备，就不能更好地跟学生交流和沟通；没有信息处理能力，辅导员其他各项能力包括组织管理能力、危机管理能力、时势洞察力等就失去了支撑。下面就从辅导员信息处理能力的内涵、学生信息的主要内容以及获取信息的主要方式来具体分析辅导员的信息处理能力。

1. 辅导员信息处理能力的内涵

正如上文所述，辅导员的信息处理能力包括四个层面，分别为信息意识（意识层面)、信息知识（知识层面)、信息技能（技术层面）和信息道德修养（道德层面)。其中，信息意识是整个信息处理能力的前提。信息意识要求辅导员对与学生有关的信息有正确的理解，对信息有较强的敏感度、持久的注意力、对信息价值的判断力和洞察力。信息意识指挥行动，辅导员是否具有信息意识，决定了辅导员信息收集、判断和处理的主动性和积极性。辅导员要养成信息意识，要意识到信息的重要性，树立尊重知识、终身学习、与时俱进和勇于创新的观念，甚至很多时候要主动向自己的学生请教；辅导员要善于将各种信息与自己的实际工作有机联系起来，比如掌握了学生的信息，就要在实际工作中关注这些学生的生活、心理状况；辅导员要善于识别信息的真伪，面对每天收集到的大量信息，要能够把这些信息综合起来判别，而不能“听风就是雨”；良好的信息意识还要求辅导员能够练就透过问题表面看本质的本领，这一点直接决定了辅导员能否在紧急情况下迅速做出决策。

信息知识是辅导员提高信息处理能力的基础，是指辅导员对信息学基本知识的了解，对信息源以及信息工具方面知识的掌握。信息技能是辅导员信息处理能力的重要核心，是指辅导员能够恰当选择和正确使用信息工具和信息资源，有效地采集信息，加工处理信息，发布信息以及创造新的信息的能力。信息知识和信息技能两者紧密联系，互相促进，从根本上决定了辅导员信息处理能力的高低。在目前信息技术快速发展、教育部大力倡导高校数字化校园建设的情况下，辅导员必须学会掌握网络信息源、信息检索技巧和检索结果的分析技能等，将多媒体计算机技术应用于学生工作，提高思想政治教育工作的实效性。信息道德修养是辅导员信息处理能力提高的保证，是指辅导员在对信息的获取、使用、创造和传播过程中，应当遵循的道德规范、确立的信息道德意识和信息安全意识。在实际工作中，良好的信息道德修养不仅要求辅导员具有保密意识，能够保障自己所掌握的各种学生信息的安全，还要求辅导员要引导学生遵守信息法律法规，文明上网，负责任地使用信息等。举个简单的例子，各个班的学生干部都掌握班级同学的联系方式（包括家庭电话等)，但是如果他们利用这种信息资源帮助一些商家在手机上发布垃圾广告信息，那这种行为就是缺乏信息道德，辅导员应该加以正确引导，严厉杜绝此类事情的发生。

2. 学生信息的主要内容

由于辅导员的工作性质，学生信息成为辅导员在信息工作中需要掌握的最主要内容，综合全面地掌握学生信息也成为辅导员信息处理能力的最基本标志。因此，辅导员在工作中应该注意哪些学生信息呢？应该包括以下方面：

(1) 学生个人基本信息。辅导员一般在新生入校的时候都会进行学生基本信息的统计，具体包括学生的成长档案（民族、出生年月、政治面貌、学习经历等）、家庭的基本情况（家庭是否完整、兄弟姐妹情况、经济状况、家庭地址、联系方式等）、学生个人特点（兴趣爱好、能力特长等）和学生的生理信息（健康状况、家族病史）。学生个人基本信息是辅导员接触学生时必须掌握的第一手资料，可以帮助辅导员了解学生各方面的基本情况，方便后续工作的有效开展。

（2）学生成绩信息。学业指导是辅导员的工作职责，掌握学生的成绩信息，了解学生学习的动态变化，是完成这一职责的基本前提。另外，掌握学生的成绩信息不仅可以帮助辅导员督促学生重视学业，平衡学习与课外活动的关系，而且可以帮助辅导员了解学生学习生活的动态变化。比如某个同学的成绩滑落较大，可能是其学习态度发生变化，也可能是受学生家庭变故的影响，还可能是学生遇到了情感问题，这些都应当引起辅导员的注意。所以学生的成绩信息也是辅导员关注学生的重要指标之一。

（3）学生的道德信息。道德的判定与衡量，大多时候都不是直接和显性的，辅导员无法直接获得学生的道德信息，只能通过在生活中与学生的接触和交流，或者通过其他学生间接了解。道德信息包括学生是否诚实守信，是否乐观进取，世界观、人生观和价值观取向等有关性格、道德品质以及思想状况的信息。了解学生的道德信息可以帮助辅导员有的放矢地对学生进行个性化的培养和教育，也可以帮助辅导员从整体上把握学生思想政治教育的方向。比如现在的大学生大都是“00后”，个性化成了他们区别于几代人的一个重要标签，所以对他们的教育不仅要重视个性化培养，更要注重团队精神的塑造。

（4）学生心理信息。学生的心理信息是指学生的心理状况，是辅导员开展心理工作的基本依据。学生的心理信息是动态变化的，辅导员要随时关注学生心理状况的变化，以便采取针对性的措施。随着心理学科的发展，心理信息的采集越来越科学化并具有可操作性，很多高校每年都采用专业的心理学量表对新生进行心理普测，高年级学生则根据自愿原则进行心理测试，这些都有效地帮助辅导员获取了大量的学生心理信息。另外，辅导员还通过由心理委员和党员同学组成的心理工作三级网络时刻关注和了解学生的心理动态，尤其是个别同学异常的心理变化，对出现心理问题或者有潜在风险的同学及时进行心理疏导和危机干预。

（5）学生实习、就业信息。目前，就业数量和质量已经成为大学评价指标的重要组成部分。因此，各高校都特别重视学生的实习和就业情况，纷纷成立职业发展中心、生涯规划办公室等实习就业相关的服务机构，帮助学生获取实习就业资源，提高实习就业能力。而作为辅导员，及时掌握学生的实习就业信息无疑对提高就业率非常有帮助，这些信息包括学生实习单位的跟踪、学生社会实践经历调查、培训咨询信息、人才市场需求信息和毕业生就业状况调研等。

学生信息是辅导员工作的依据，是辅导员信息工作的重点部分。但辅导员要想提高信息处理能力，仅仅掌握学生信息也是不够的，还应该注重与学生相关的、影响学生发展的其他信息的收集与分析。比如辅导员要了解与学生政策相关的信息，包括学生管理制度、就业相关政策等；辅导员要了解与学生未来发展密切相关的信息，包括各种职业资格考试的信息、行业发展动向、专业学术竞赛等；辅导员要了解学生广泛关注的社会信息，包括学生喜欢的社会名人、学生关注的新闻媒体等。

3. 辅导员获取信息的主要途径

从信息获取过程中是否采用了现代化的信息技术，可以把辅导员获取学生信息的方式分为传统信息获取方式和现代信息获取方式两大类。传统的信息获取方式主要指阅读、谈话、与学生骨干交流和观察；现代的信息获取方式则指信息化技术管理。由于后者是信息化时代给辅导员提出的新的挑战，所以这里重点讨论辅导员在信息采集中对信息化技术的应用，其主要包括以下几个方面：

（1）学生工作系统的开发和利用。学生工作系统是目前各高校进行学生事务管理、掌握学生各方面情况的重要途径。简单地讲，就是通过设计合理、使用便捷的电子信息记录软件，随时记录和更新学生的有关信息，包括学生的学习情况、选课情况、家庭情况、诚信记录、心理记录、资助情况、奖学金情况等。学生工作系统的开发和利用有助于辅导员全方位地了解和记录发生情况，明确工作中的重点，及时发现学生中的不稳定因素并采取相应措施，更好地为学生服务。目前，很多高校针对学生工作的不同内容，开发了学生成就管理信息系统，用于记录学生的日常学习、生活表现、荣誉与处分和重点关注信息等；学生教务管理系统，用于帮助学生选课、查询课表、查询成绩和明确学习进度等；成才服务管理平台，用于记录家庭经济困难学生受资助情况、申请勤工助学情况和家庭变化等；迎新信息系统，用于帮助新生在入学前了解学校情况和办理新生报到手续等；学生离校系统，用于记录学生离校手续的办理进程。这些学生工作系统的使用对于辅导员有效收集学生信息、控制高危人群和进行危机预判起到积极作用，同时也为学生关注自我发展搭建了很好的平台。

（2）学校论坛 BBS。BBS 是“Bulletin Board System”的缩写，即“电子布告栏系统”，是很多高校发布信息的主要场所。目前，国内比较知名的论坛 BBS 有北大未名、复旦日月光华和我爱南开 BBS 等。大学生喜欢在 BBS 上发布信息、在线交流和共享资源，辅导员也可以利用这一特点到 BBS 上采集自己所需要的学生信息。如果辅导员能够利用这个平台以平等主体的地位参与网上学生的交流，不仅可以及时了解学生的思想状况，还可以对学生进行正面积极的思想引导，解决学生的实际问题。

（3）社交网络。开心网、人人网、Linked In 等是学生经常使用的社交网络平台。以人人网为例，学生可以通过自己在人人网上建立的社交网络，即时了解好友动态，分享心情感悟。这样的社交网络里有他们小学、中学、大学的同学和老师或兴趣相同的好友等，从而缩短了人与人的距离，让生活变得更加透明。辅导员也应该利用这样的公共社交网络平台，去了解自己的学生，了解学生的关注点和兴趣点，了解他们的生活圈子，了解他们的思想动态，收集对学生工作有用的信息。

（三）组织管理能力

管理学上认为，组织管理就是通过建立组织结构，规定职务或职位，明确责权关系，以使组织中的成员互相协作配合，共同劳动，有效实现组织目标的过程。组织管理能力则是指为了有效地实现目标，灵活运用各种方法，把各种力量合理地组织和有效地协调起来的能力。组织管理是一个系统工作，因此组织管理能力也包含沟通能力、策划能力、协调能力、执行能力和知人善任的能力等。作为一名要面对众多学生的辅导员，从大一新生入校直到学生毕业，要处理纷繁复杂的日常事务，解决学生各方面的问题，因此掌握一定的组织管理技巧，加强组织管理能力的培养和锻炼非常重要。

结合学生工作的实际情况，辅导员的组织管理能力应该主要包含以下内容：

（1）知人善任的能力。知人善任的能力总的来说就是要求辅导员能够根据学生的性格特点、能力特长和兴趣爱好等特质，给予相应的锻炼机会和平台。知人善任的前提是了解和研究学生，如果对学生不了解、不研究，就谈不上根据学生的具体情况给他们创造适合的锻炼机会和平台。在实际工作中，首先，可以通过学生的档案资料，了解学生的家庭信息、成长经历和特长等，为以后针对性的做好学生工作奠定基础；其次，辅导员应该主动跟学生进行交流，尤其是对于大一的新生，通过一对一的交流或者小型的座谈会，拉近辅导员和学生之间的距离，融入学生，这样可以及时地发现学生的问题并尽快给予解决；再次，辅导员要经常跟任课教师和宿舍管理老师进行沟通，了解学生在课堂以及在宿舍的表现，这样有助于全面地了解学生；最后，辅导员要善于观察学生，对学生平时的言行举止、喜怒哀乐进行细心观察，做工作中的有心人。只有不断地了解和研究学生，才能更好地为学生服务，这也是具备知人善任能力的核心要素。

辅导员知人善任能力的另一个核心就是选拔得力的学生干部，保证班级、团支部和党支部管理的有效进行。学生管理工作能否顺利和成功，很大程度上取决于学生干部的素质。大学学生干部包括班级干部、团委学生会的干部、党团支部的干部以及学生社团的干部。辅导员在选拔、任命学生干部时，应该坚持公开、公平、公正的原则。首先辅导员要确认学生干部当选的基本条件，包括思想政治表现、学习成绩和个人能力等方面；其次辅导员要调动学生参选学生干部的积极性，动员大家主动为同学服务；再次辅导员要给予参选同学足够的机会去展示自己的特点和能力；最后辅导员要保证选举办法和过程的公正。只有这样选举出来的才是真正代表学生意愿，同时又具备很强的工作能力和号召力的学生干部。

辅导员要知人善任，同时又要明确辅导员的工作归根结底是培养和教育人的工作，在精心挑选、合理配备学生干部的同时，也要注意关心和培养学生干部本身。学生干部的工作能力是在实践工作中得到锻炼和提升的，辅导员要经常关心和指导他们的工作，不能只是一味地严格要求或者简单“压担子”，要帮助他们在工作中不断地总结和提升，帮助他们处理好工作与学习、个人与集体的关系。让他们在为集体奉献的同时在个人素质上有所收获，造就一支品学优、能力强、作风正、热情高的学生干部队伍。

（2）协调能力。协调能力包括人际关系的协调能力和工作的协调能力。在人际关系的协调能力方面，辅导员要注意协调学生之间的关系、师生关系、学生与社会的关系、同事间的关系等。在工作的协调能力方面，辅导员要能协调日常学生事务与学生活动之间的关系，行政性事务与创新性活动之间的关系，以及学生相关事务与个人职业发展事务之间的关系等。

帮助学生协调人际关系作为辅导员日常事务中的一部分，是辅导员顺利开展学生日常工作、营造和谐校园氛围的一个重要前提。其中，最为突出的是学生寝室矛盾的化解。由于家庭背景、经济状况、生活习惯等不同，大学生寝室矛盾的发生不可避免，辅导员如果能及时发现并协调处理好，就会化干戈为玉帛。但如果不能及时解决，小摩擦有可能会升级成对身心的伤害。辅导员在人际关系的协调上，要注意充分尊重学生，不妄加判断、感情用事、武断裁决，注意多渠道了解情况，以事实为依据，客观公正地解决问题。

工作方面的协调对于辅导员来讲最大的挑战在于如何在纷繁的学生事务工作中抽离出来学习思想政治理论和学生工作理论，提升思想政治工作和研究水平，创新思想政治工作的方式方法。学生的日常管理工作事无巨细，从学籍管理、班团活动、思想政治教育、党建到心理辅导、就业指导和选课咨询，基本上所有与学生有关的事情都需要辅导员参与。而辅导员一个人的能力往往是有限和单薄的，这时候就需要充分动员和发挥学生自我管理的主动性和积极性，提升学生自我管理能力，用好学生干部这支队伍，加强学生工作的专业性和针对性，提高学生工作的预见性，从而为开展大学生思想政治研究和创新性学生活动提供可能。

（3）策划能力。策划能力是策略思考与计划编制等能力的统称。辅导员要经常组织班级活动、团学活动和党支部活动，因此策划能力对辅导员来讲必不可少。辅导员在策划活动时要契合国家和社会热点，了解青年大学生的实际需求和特征喜好，这样策划出来的活动不仅能起到思想政治教育的作用，而且能吸引学生的参与，最终达到良好的效果。

一份策划书应有的主要部分包括参与人员、时间地点、设备、班会主题、召开背景、预期效果、主要环节和班会特色等，同时紧密结合社会热点和大家的关注焦点，以学生喜闻乐见的形式，集科普性、教育性和娱乐性为一体，注重学生在班会中的参与。

（4）执行能力。“执行力”这一概念最早出现于行政法学领域，后被引入企业管理领域和各种社会组织，其核心是把思路、战略、决策、规划与部署付诸实施的能力，简言之就是贯彻战略意图，完成预定目标的操作能力及技术体系。基于对“执行力”概念的理解，高校辅导员的执行力可概括为：在大学生思想政治教育和日常管理工作中，能够准确理解各项政策，领会领导意图，掌握学生思想动态，主动学习，及时处置各类学生事务，正确实施各项决定，确保各项工作落实到位的综合素质和能力。

时效性和实效性是判断辅导员执行力的两个基本指标。时效性体现了辅导员执行力的快捷性，具体体现为辅导员能力上需要做到准确判断、冷静应对和机敏变通；而实效性体现了辅导员执行力的效率性，体现在辅导员的能力上就是适合的方法和全局的掌控。

当前，虽然辅导员执行力的情况总体不错，但是随着“90后”“00后”新生代的个性变化，他们不再把辅导员视为权威，甚至有同学敢当面质问辅导员“为什么”，反驳辅导员“凭什么”。一些辅导员感慨学生工作越来越难做，学生们的要求也越来越难以满足了。因此，提高辅导员的执行力势在必行。辅导员要想提升自己的执行力，首先要提高自身修养。古人云：“欲齐其家者，先修其身。欲修其身者，先正其心。”辅导员只有不断充电，具备丰富的知识和崇高的人格魅力，才能得到学生的喜爱和认可，才能在学生中有号召力和影响力。其次，辅导员对学生事务的管理要有科学的方法，包括对班级的目标管理，营造积极向上的团队文化，学生事务民主化和公开化等。科学管理是效率的保证，也是辅导员执行力的保证。最后，辅导员在工作中要做到身体力行，用实际行动去影响和感染学生。比如在贫困山区支教过程中，带队辅导员跟同学们同吃同住，结束一天忙碌工作后还要检查学生的住宿情况，家访时把最偏远、路最难走的学生家庭留给自己等，这些都在潜移默化地影响着学生，有助于执行力的实现。

辅导员在学生事务管理的过程中，除了要有意识地加强组织管理能力的学习以外，还必须树立正确的组织管理理念，具体包括以下三个方面：

（1）以学生为本。尽管组织管理学强调目标管理，但辅导员在学生事务管理和学生活动组织过程中首先要考虑的应该是“以学生为本”。党的十八大报告中提出，要关注青年、关心青年、关爱青年，倾听青年心声，鼓励青年成长。辅导员在具体的学生事务管理工作中要尊重学生的主体地位，调动学生的主观能动性，引导学生参与管理，主动为学生的自我管理创造条件，搭建平台，在关注、引导、帮助、扶持上下工夫，而不是万事包办的保姆。比如，在学生干部的选拔过程中，辅导员可以动员同学们先讨论学生干部候选人的基本条件、选举流程和选举办法，这些规范和制度是通过民主讨论产生的，那么在这种规范制度指导下由同学公开选举出来的学生干部自然也更能代表民主意愿。与此同时，同学们因为参与了学生干部选拔的整个过程，他们对班集体的感情会更深，主人翁的意识也会更强，从而有利于学生工作长期的顺利开展。另外，“以学生为本”的组织管理理念还意味着辅导员应该注重感情投入，要尊重、关心、理解学生，在学生管理工作中争取做到情真理切、情理结合。尤其是对于那些经济条件较差、性格较内向、成绩不好、有明显缺点的学生，要用辅导员的真诚打动学生，让学生感受到关注和信任，从而激励学生克服困难，取得进步。

（2）尊重规章制度。著名媒体人石述思曾说：“一个好的社会，除了规则，一切都是零；一个差的社会，所有的规则都是零。”辅导员对学生事务、学生活动的组织管理，也要注意遵守并培养学生的规则意识和制度意识，养成尊重制度的习惯，提高组织管理工作的效率。在大学里，《学生手册》是辅导员工作指南和学生学习生活指南，《学生手册》中的“学生管理规定”“奖学金评审规定”“学生违纪处分规定”等是辅导员在日常事务处理过程中必须遵照的，同时也是学生判断自己的行为是否合适、预知自己行为后果的权威依据。辅导员在新生进校伊始，就要引导学生学习学校的各项规章制度，熟悉各种日常事务处理流程，许多高校每年都会在新生入学后组织学习《学生手册》，为学生日后在校学习生活的顺利进行奠定良好的基础。同时，辅导员还应该借助各种班会、主题活动、团队活动等加强学生制度意识和规则意识的教育，帮助学生了解各种不同事务的管辖权和处理流程，分清辅导员的工作职责，明确需要自己独立解决的内容。只有这样，辅导员才能摆脱“保姆”角色，从各种繁琐事务中解脱出来，集中精力开展学生个体的思想教育和心理教育。最后，辅导员要以身作则，严格按照学校规章制度处理学生中发生的问题，以实际行动维护规则和制度的权威性。

（3）权变管理。权变管理的思想来源于企业管理，其核心思想是：没有绝对最好的东西，一切随条件而定。权变管理认为并不存在一种适用于各种情况的普遍的管理原则和方法，管理只能依据各种具体的情况行事。权变管理的思想其实同样适用于学生事务的组织管理，辅导员在工作中也应该从实际情况出发，灵活地处理各种具体的学生事务，具体情况具体分析。针对学生的不同情况确定不同的教育方式，可以让学生管理工作更有实效。

（四）危机管理能力

危机管理是高校辅导员的工作内容之一，辅导员在高校危机管理的不同阶段都发挥着重要的作用。为了让高校的各种危机事件得到及时、妥善的处理，提高辅导员的危机管理能力刻不容缓。结合辅导员在危机管理过程中的职责内容，辅导员的危机管理能力应该包括以下几个部分：

（1）良好的政治和法律素养。辅导员作为大学生思想政治教育工作者，在遇到危机事件时，要自觉根据马列主义、毛泽东思想、邓小平理论、“三个代表”重要思想和科学发展观、习近平新时代中国特色社会主义思想的立场、观点、方法分析和解决问题，要有较强的政治分辨能力。在重大政治问题上要立场坚定，旗帜鲜明，与党中央保持高度一致，坚决维护党和国家的利益及高校稳定。同时辅导员要有意识地增强自身的法律素养，掌握基本的法律知识，运用法律和学校的各项规章制度规范学生行为，同时也要善于运用法律武器保护学校和学生的合法权益。比如，适龄的大学生要参加选举工作，有时候大学生对于行使自己的民主权利缺乏认识，嫌麻烦，有异议。辅导员就要主动学习和宣传《中华人民共和国选举法》的相关内容，及时针对学生们有关选举工作的疑问和异议召开主题班会，用法律和历史发展的事实教育引导学生，这样不仅可以帮助他们明确公民的权利和义务，主动投票参与选举，同时丰富学生的法律常识，提高学生的法治意识，最终有效化解一场校园舆论危机。

（2）观察预判能力。由于高校危机事件的发生具有不定时性、突发性和潜在性，所以高校危机事件的事前预防比事后处理更加重要，更需要常态化，由此就对辅导员的观察预判能力提出了较高的要求。观察预判能力首先是观察，要求辅导员平时要具有敏锐的洞察力，通过每天与学生的接触，掌握学生的基本信息和思想动态，及早发现危机苗头，为危机处理打下基础。有经验的辅导员心中都有一个重点关爱的学生名单，对于学习困难学生、经济困难学生、心理问题学生和体质较差学生，常常给予很多额外的关心和帮助，帮助这些学生克服困难，渡过难关，就能在很大程度上避免危机事件的发生。观察预判能力的目标是根据辅导员观察到的学生信息做出提前判断，及时解决，降低学生在危机事件中受伤害的程度。不妨以校园自杀危机干预为例，台湾著名的心理学专家林昆辉先生研究出“自杀危机干预五法宝”，即一停、二看、三听、四陪、五治疗。其中，二看、三听就属于信息搜集的过程，当某人性情、行为、财务、语言、身体和环境发生重大改变时，就容易产生危及生命的危机。辅导员如果发现平时特别外向的学生突然变得不爱说话或者情绪低沉，再结合学生遇到的学业、感情、家庭、生活等方面的经历，就应该意识到有心理危机或生命危机的隐患，要格外给予关注和呵护。

（3）沟通协调能力。在前面已经多次谈到过辅导员的沟通协调能力。在危机管理中，这方面的能力同样非常重要，属于危机管理能力中必不可少的内容。在高校危机管理工作中，应建立的是多层次的、立体的危机管理沟通模式。辅导员遇到危机事件，首先要及时向上级主管领导汇报危急情况，并主动与学生管理部门、宣传部、保卫处、校医院、后勤保障部门和法律事务部门等沟通；其次，辅导员应该主动与危机事件涉及的学生以及学生家长进行沟通，确定受害学生的情况，尽可能给受害学生提供帮助和服务，弥补他们的损失，稳定他们的情绪；再次，辅导员要配合学校领导及时将危机事件的第一手情况向上级主管部门汇报，帮助上级主管部门更好地开展危机管理工作；最后，在网络信息技术快速发展的今天，网络平台作为校园沟通非常需要的一块阵地，辅导员应该通过校园论坛和网络通信工具及时适当地向学生发布危机事件的情况，以免在危机事件发生后造成新的舆情危机。在危机事件的校内和校外沟通过程中，要协调各方力量形成危机管理的合力。从校内看，是要能协调校内各职能部门、学生和教师各方面力量，通过科学组织和高效运作，形成强大合力，推动危机事件的有效处理；从校外看，是要能协调学校和学生家长、地方政府、大众媒体、周边环境等方面的资源，形成政府、学校、社区、家长和媒体等利益相关方的联动机制，充分发挥各方作用，推进危机事件的圆满解决。

(4) 果断决策能力。决策是指为了达到某一目标，采用一定的科学方法和手段，从两个以上的方案中选择一个满意方案的分析判断过程。由于危机事件的发生很突然，决策者的决定又直接影响危机的处理结果，这就对危机管理者提出了更高的要求。因此，危机事件的处理既要求辅导员根据已经掌握的信息周全，慎重地考虑，组织缜密，争取达到最佳效果；又要求辅导员在危机发生的关键时刻能够把握时机，第一时间做出判断，快速灵活决策，在危急情况下果断采取有效措施保护师生的生命和财产安全。在这种时刻，如果辅导员能及时站出来，果断决策，即使不能马上解决问题，也能有效减轻学生的心理压力，缓解家长的紧张情绪，成为危机事件中学生和家长的主心骨和可信任力量。由此形成的辅导员的影响力和号召力，有助于后续危机管理工作的有序和有效开展。另外，辅导员在危机管理中的决策过程和内容应该对学生监督，舆论监督进行有效的回应，增强其危机管理工作的公信力，防止沟通不畅，这是危机决策过程中非常重要的环节。辅导员要勇于决策，敢于回答各种质疑，敢于承担责任，这些都是辅导员果断决策能力的表现。

(5) 转化处理能力。在危机管理中，光有果断决策还不够，关键是要能够转“危”为“机”。在科学决策的前提下，协调集合多方力量，找到危机发生的症结所在，切实贯彻决策，化解危险。同时将危机管理工作当做一次开展危机教育的机会，一次思想政治教育的实践课，促进学生危机意识的增强。危险和机遇只有一步之遥，从某种意义上说，每一个危机事件都是一次机会。辅导员既要在危机管理过程中发现危机发生的根源，同时又要在危机中寻找转危为安的机会。辅导员要通过对危机事件的处理来考察和锻炼自身的工作能力，思考自己日常工作中的不足和改进完善方法；辅导员要通过对危机事件的处理强化与各相关部门的通力协作，加强与相关部门的沟通配合；辅导员要通过对危机事件的处理更深入地了解和教育学生，加强自己与学生之间的信任关系。总之，辅导员在危机管理中要能够化被动为主动，积极主动地面对危机，合理地转化危机，才能从根本上做好危机管理工作。

（6）心理疏导能力。辅导员在危机管理过程中必须具备一定的心理疏导能力，其中包括对学生的心理疏导和自我心理疏导两部分。首先是对学生的心理疏导，在危机事件发生时，学生面对突发事件往往会出现较大的心理压力，包括恐慌、害怕、紧张等，部分学生甚至会产生一定程度的心理困扰和心理障碍。对于出现心理障碍的学生，要及时引导他们向专业的心理咨询机构和心理医生求助，帮助这些学生摆脱危机事件所造成的心理阴影，恢复健康、良好的心理状态。对于其他一般学生，也要做好心理干预，要通过思想教育正确引导他们，稳定学生的情绪。在危机时期，辅导员除了要通过走访座谈、个别交流等方式关注学生的心理状况，还要通过各种线上和线下信息发布平台，及时向学生公布事态发展的最新情况以及学校采取的各种有效措施，在学生中形成思想的主流导向，引导他们理性平和地看待危机事件，避免不实信息的传播，增加危机事件处理中的不稳定因素。除了对学生进行心理疏导以外，辅导员自身的心理疏导也同样重要。曾有一位心理专家这样阐释辅导员心理疏导的重要性：学生校园自杀事件首先想到的是让辅导员来辨认尸体，如果你不幸一年遇到几次这样的事情，你还能安于正常的生活和工作么？这个严峻的问题其实是所有危机管理者都会面临的问题，例如在唐山大地震和汶川大地震后，很多心理工作者都进驻到灾区进行震后心理重建，其中也包括对很多管理人员的心理疏导和调节。因此作为辅导员，在危机管理结束后应该注意自我的心理调节，必要的时候主动寻求专业心理医生的帮助，保证自己健康良好的心理状态。

（7）增强稳定意识。维护社会稳定保障社会发展已经成为全党和全国人民的共识。具体到辅导员工作和学生思想政治教育工作，也应该树立和增强稳定意识，时刻以大局为重，主动、及时地将各种隐患消除在萌芽状态。只有这样，才能保障校园环境的和谐稳定，才能真正保证大学生德、智、体、美的健康发展。

辅导员增强稳定意识，首要任务就是要关注学生工作中的各种隐患，也就是学生容易出现的一些常见问题，包括心理问题、学业困难、经济贫困、情感问题和求职就业等，要关注学生，及时与家长和任课老师沟通，互相配合帮助他们解决困难。其次要研究和熟悉大学生发展的规律和动态，对一些规律性的容易出现问题的时间阶段制定危机预案，比如新生适应阶段的问题预案、春季学生心理问题高发的干预方案、毕业阶段学生压力缓解方案等。再次，辅导员应该重视学生干部和党员同学在维护校园稳定中的作用。许多高校专门在学生中成立了“维稳三级网络”，主要由学生干部和党员同学组成，他们深入同学，了解同学，对学生中的不稳定因素能及时向辅导员汇报，对维护校园安全和稳定起到了非常重要的“报警器”作用。最后，辅导员应该关注世界和国家的热点事件和重大问题，了解社会发展对学生群体的影响，防止社会不稳定因素进入校园，影响大学生正常的学习和生活。尤其在网络信息化迅速发展的今天，辅导员要占领思想政治教育的阵地，帮助学生认识和揭穿网络谣言，倡导主旋律，以社会主义核心价值观影响和造就大学生。

二、发展的职业能力

辅导员发展的职业能力是指辅导员能够在岗位上取得进步，有助于推动辅导员工作发展的能力，包括学习能力、创新能力和科研能力。从中共中央 16 号文件和教育部“24 号令”到各省市不断出台的辅导员队伍建设的相关文件和通知，不难发现，伴随着辅导员职业地位和职业关注度的提高，辅导员的职业竞争越来越激烈，职业要求越来越严格，这必然要求辅导员重视发展的职业能力，否则将无法适应当今形势。

首先，发展的职业能力是辅导员增强工作适应性和有效性的需要。一方面辅导员在实际工作中会经常遇到一些棘手的问题，辅导员经常学习研究，就可以对这些问题进行归纳总结、分析探讨和寻找有效的解决办法，指导自己后续的工作，形成良性循环，大大提高工作的主动性和可预见性；另一方面，现在社会知识更新速度越来越快，社会发展变化也越来越快，现在的学生是“90 后”“00 后”，不同时代的学生特质不同，对学生工作的方式方法都会产生很大的影响。这些新知识、新问题都需要辅导员具有较好的学习能力、科研能力和创新能力，否则就无法应对。

其次，发展的职业能力是辅导员提高核心竞争力的重要保障。由于辅导员职业地位和关注度不断提高，辅导员这个职业的吸引力也越来越强，由此导致职业竞争也日益激烈，从辅导员岗位应聘数量的逐年增多就可见一斑，这也让在职的辅导员有了相当的紧迫感和压力。要想在这个岗位上取得提升和突破，就必须不断地学习，努力提升自己的理论知识和业务水平，同时注意在实践中研究大学生成长成才的规律，创新学生工作理念，从事务型向学习型、科研型提升，用行动来提高自身的核心竞争力。

最后，发展的职业能力是辅导员队伍建设的要求。首先，职业化、专业化和专家化是辅导员队伍建设发展的方向。这就要求辅导员抓住各种有利条件，制订好自己的职业发展规划，争取在网络思政、心理辅导、团学活动、就业指导等学生工作的某一个方面成为专家，这些都离不开学习、科研和创新能力的支撑。其次，《普通高等学校辅导员队伍建设规定》第 11 条明确指出，专职辅导员可以配备相应教师职务岗位，按照助教、讲师、副教授、教授要求评聘相关学科的专业技术职务，面对这样的机制，辅导员没有理由不努力提高自己发展的职业能力争取自身事业的发展。最后，2008年思想政治教育学科辅导员方向博士点的启动，为辅导员提高自身学习、科研、创新能力提供了学术和学科上的保障。

综上所述，学习能力、创新能力和科研能力构成发展的职业能力，这三方面互相关联，彼此促进。学习能力是科研能力和创新能力的基础，创新能力是提升学习能力和科研能力的目标和动力源泉，科研能力是其必然结果。下面就分别阐述一下这三方面的能力。

（一）学习能力

学习能力一般是指人们在正式学习或非正式学习环境下，自我求知、做事和发展的能力。显然，辅导员因为工作的原因，大部分时间脱离课堂，其学习能力主要指的是在日常工和生活中，运用科学的方法如观察、思考、讨论、阅读等方式不断学习，将新知识融入已有知识，提高自身修养和工作技能的能力。在实际工作中，辅导员的学习能力主要体现在四个方面：

（1）学习思想政治教育相关理论的能力。辅导员选聘的第一个条件就是良好的思想政治素质。作为大学生发展的人生导师、高校思想政治教育工作的重要力量之一，辅导员必须具备学习思想政治教育相关理论的能力。一方面，思想政治教育的理论在随着社会变化不断发展和完善，从十九世纪的马克思主义到当今的社会主义科学发展观，如果不具备相应的学习能力，理论储备的更新就无法跟上时代的步伐，工作中就会缺少理论的说服力和感召力；另一方面，学习思想政治教育理论的能力还包括将所学理论与学生工作相结合的能力。学习不是目的，最终目的是要将最新的思想政治教育理论贯彻到实际工作中去，用理论指导工作，用理论武装大学生的思想，帮助学生树立正确的世界观、人生观和价值观，坚定共产主义理想和社会主义信念，为民族复兴培养政治合格的人才。

（2）学习了解所带学生专业学科知识的能力。大部分情况下，辅导员的专业学科知识背景与所带学生的专业学科知识背景不同，甚至有很大的差别。比如一个很常见的现象就是体育学院或者艺术类院校的辅导员，其学科背景也许是商科，而非体育或者艺术专业的。在这样的情况下，辅导员就必须主动学习了解一些相关专业的知识，包括学生的课程设置、专业发展现状和前景及就业方向等。不学习掌握这些基本知识，就很难与学生进行近距离的沟通和交流，很难掌握学生的动态情况，也会影响相关学生工作的深入开展。

（3）学习众多基础学科知识的能力。曾有人笑言，辅导员工作＝民工的体力+领袖的头脑+父母的情怀+文员的文笔+打字员的速度+侦探的洞察力+外交官的口才+教师的知识+医生的常识+超级适应力+神经病的忍耐。虽然这话有太多调侃的意思，甚至让没有从事过辅导员工作的人看上去觉得这注解非常夸张，但实际上颇有几分道理。确实，辅导员工作对一个人综合素质的要求非常高，想想辅导员肩负"导航青春"和"奠基未来"的使命就能理解了。因此不管辅导员原本的专业学科背景是什么，根据自己所带学生的实际情况，有针对性地学习一些教育学、管理学、心理学、文学等学科的知识，对于提升辅导员的个人修养，增强辅导员的人格魅力，提高辅导员的工作效率是大有裨益的。

(4) 学习新的工作理念和工作方法的能力。随着知识经济和信息时代的迅速发展，高等教育也处在一个深刻变革的时代，新问题、新现象层出不穷，单靠过去的经验主义和说教方式显然已经不能满足学生工作的需要。比如，过去没有网络，没有新媒体，而现在的大学生是"一人一本"，用的是视频、微信、微博等现代化的交流手段，社交网络无时不在，无处不在。在这样的社会环境下，辅导员必须学习网络思想政治教育的方式方法，能够运用现代信息技术从事学生工作。不仅方法在变化，甚至育人的理念也发生了较大的变化。过去强调"师道尊严"，但现在我们更鼓励"挑战权威"，这种"以人为本"的育人理念已经深入高等教育之中，更应该在学生工作中有具体的体现和贯彻。

(二) 创新能力

美国经济学家熊彼特1912年在德文著作《经济发展理论》中第一次提出了创新的概念。经过一个世纪的发展，创新的理念已经深入社会生活的各个领域，并成为新世纪人才的重要标准之一。辅导员的创新能力是指在思想政治工作中不墨守成规，勇于创新，根据社会的发展变化不断丰富、完善学生工作的内容和方法，把创新精神贯穿于学生工作的始终。辅导员的创新能力具体体现在工作理念创新和工作模式创新两个方面，前者要求辅导员树立以学生为本、尊重学生个性化发展的工作理念，对学生负责，尊重学生，尽一切努力为学生的成长和成才创造条件；后者则要求辅导员能够与时俱进，结合学生的群体特点、个体情况，以及自身优势，灵活多样地开展工作，将辅导员的指引和学生的自我管理有机结合起来。当前，辅导员创新能力的培养应该注意三点：

(1) 完善的知识结构和踏实的工作作风是辅导员创新能力培养的前提基础。将辅导员队伍建设成学习型组织是当前很多高校在辅导员队伍建设上的着眼点和目标。建设学习型组织的目的主要是督促和鼓励辅导员掌握教育学、心理学和管理学等多方面的知识，完善辅导员的知识结构。只有这样才能确保辅导员的工作在理论指导下富有特色和实效，养成学习习惯，形成创新思维。另外，务实是创新的基础，任何创新都是基于一定的固有的知识理论与实践经验相结合而来的。辅导员只有在平时踏实认真工作，及时总结工作中出现的新问题、新动态，注重与学生、同事的交流，时刻记录自己的工作想法、感悟和收获，才能为日后的创新工作奠定良好的基础。

(2) 健全的辅导员创新管理机制是辅导员创新能力培养的环境条件。辅导员创新能力的培养和提高离不开良好的创新环境和健全的创新激励机制。只有各高校重视辅导员创新工作能力的建设，将创新纳入辅导员职业准入、评价和晋升的标准要求中，才能从制度上鼓励辅导员创新能力的发展。另外，辅导员的职业培训内容也应将创新包含在内，定期对辅导员进行创新能力的培训，学习专门的创新方法和经典的学生工作创新案例，训练创新能力，从而提高辅导员学生工作的创新能力。辅导员创新工作的展示和宣传也有助于形成良好的创新氛围，激励辅导员从事创新工作，为辅导员进行创新提供了方向和指导，推动辅导员加强对自身创新能力的培养和发展。

（3）创新意识结合工作实践是辅导员创新能力培养的重要途径。创新意识是辅导员创新能力培养的前提。创新的本质是进取，是推动人类文明进步的激情；创新就要淘汰旧观念、旧技术、旧体制，培育新观念、新技术、新体制；创新的本质是不做复制者。辅导员在学生工作中不能因循守旧，一味照搬前人的工作方式和方法进行工作，而应该充满热情，不断解放自己，发掘自身的潜力。同时，创新不是空中楼阁，辅导员日常的学生工作才是创新的土壤。辅导员要在日常工作中善于观察，善于总结，勤于思考，勤于讨论，只有来源于实际工作的创新才具有旺盛的生命力。毕业班学生因为忙于校外实习无法每天来到学校，辅导员发现虽然学生不能来学校，但是同学们会每天晚上上网聊天，于是辅导员就创造性地想出了“网上班会”“网络党支部组织生活”等工作模式，这样的工作创新显然是来源于辅导员实际的工作需求和对学生的深入了解。

辅导员工作既是一门科学，又是一门艺术，其工作对象的多变性与差异性，决定了辅导员工作本身就应是一种创造性劳动。因此提高辅导员的创新能力，不仅是辅导员自身发展的要求，更是教育工作因地制宜、因材施教的本质要求。

（三）科研能力

科研能力对辅导员实际工作和职业发展的重要性早已成为大家的共识，如何有效提升科研能力也成为辅导员队伍建设的一个重要命题。在探讨这个问题之前，先简单分析一下辅导员科研能力的内容构成。辅导员的科研能力，首先应该包含选题能力。课题的选择是科研工作的第一步骤，一个好的选题是科研取得重大成就的关键因素之一。辅导员一方面可以根据相关部门发布的课题指南以及当今的研究热点和重点关注确定研究课题，另一方面也要从个人的研究特长、实际工作和现有的科研条件出发，选择适合自己的课题。课题的选择是一个深思熟虑、反复论证、全盘考量的过程，一旦确定了研究方向，辅导员就不要轻易放弃或改变。其次，良好的文献检索能力也是辅导员科研能力的组成部分。辅导员要掌握基本的文献检索技术，能够利用图书馆的各种资源尤其是电子数据库寻找对自己科研有帮助的信息。学会检索文献不仅可以帮助辅导员对自己感兴趣课题的当前研究状况有所了解，而且可以帮助辅导员获得更丰富的科研资料，拓宽研究视野，对辅导员科研能力的提高起到非常重要的作用。再次，辅导员的科研能力还包括科学思维能力。科学思维就是人们运用一定的科学方法进行思考的过程，就是要从事实出发，尊重事实，观察事实，以事实为依据由此及彼、由表及里，对事实进行归纳、提炼和概括，尽可能做到“环环相扣、步步衔接”，从而形成完整的科学思维框架。辅导员应该加强科研实践，训练科学思维能力，养成良好的科研习惯。最后，写作能力也是科研能力的重要组成部分。科研成果一般以论文和著作的形式体现，其撰写离不开良好的写作能力。辅导员要善于撰写工作报告、学生案例、活动总结等，并通过这样的日常工作逐渐提高自己的写作水平。另外，辅导员也要养成良好的阅读习惯，这对写作能力的提高也是非常有帮助的。俗话说“读书破万卷，下笔如有神”就是这个道理。

结合辅导员科研能力的内容构成，辅导员要在实际工作中努力提高自身的科研能力，总的来说，应该注意以下几个方面：

（1）明确研究目的，不为了科研而科研。辅导员科研最主要的目的是解决学生工作中的实际问题，提升学生工作的质量和水平，为进一步做好大学生的思想政治教育工作服务。简而言之，就是为了做好高校的育人工作。由此决定了辅导员的科研工作应该以实证分析为主，在研究中要努力找准问题，敢于涉及问题，专注前沿问题，这样的研究工作才会有更大的应用价值。现实生活中，经常听到专业老师的质疑：辅导员也要搞科研？甚至辅导员队伍中也有一些人对科研的目的认识不明确，很多时候是为了完成任务或评职称需要而被动为之，在这样的科研目的和态度指导下，很难期望辅导员科研工作的水平和质量能有多高。因此从实际工作出发，真正地为解决现实问题而思考和研究，才是辅导员从事科研应有的态度，这样的科研工作才有动力，才能持久，才能让科研切实服务于实际工作。

（2）借助专家引领，不过多考虑利益得失。正如前面所讲，辅导员仅有自觉的科研意识和明确的科研目的还不够，从事科研工作还必须掌握科学的研究方法。尤其是对新进辅导员而言，从事科研工作不能急于求成，要借助专家的引领和前人的指导，逐渐在科研工作中提高自己的能力和水平。很多高校在辅导员科研工作上采取团队攻坚的做法，目的就是让有较多科研经验和较高科研水平的专家给予年轻的辅导员指导和支持。另外，辅导员在从事科研工作时，不要计较自己是否是第一作者或负责人的身份，要主动寻找机会请教教育学、心理学、社会学等相关领域的专家，依托他们的理论优势，深入分析学生工作实践中的共性规律和特殊现象，发挥辅导员一线工作经验的优势，结合具体工作关注热点问题和矛盾，只有这样才能提升辅导员科研工作的层次和水平。

（3）深入学生生活，不脱离具体的学生工作。首先，辅导员的科研目的是服务于育人工作，是要解决学生工作中的实际问题，因此没有具体的学生事务做基础，辅导员的科研就会没有方向；其次，辅导员的科研工作要想取得实效和成果，就必须深入学生生活，一方面要在实际的工作中摸索寻找问题解决的具体方法，另一方面，实践是检验真理的唯一标准，辅导员必须依托具体的学生事务检验自己创新的工作理念和工作方式，这些无疑对辅导员的科研工作起着非常重要的引领作用；最后，辅导员的科研要依托具体的学生事务，但同时也要避免被事务工作牵着鼻子走，被事务工作淹没了方向。辅导员队伍专业化的建设方向需要辅导员具备超越繁杂事务的意识，换句话讲就是辅导员要把事务工作作为思想政治教育的载体，掌握学生事务的本质规律以及关键要害，建立规范、高效、有序的辅导员管理与学生自我管理相结合的工作模式，否则辅导员整日埋头于事务性工作，不能及时学习和反思工作中的问题，更不能做好科研工作。

(4) 坚定科研信念，不轻易放弃自己的研究方向。首先，科学研究不是专家、学者的专利。任何行业、任何人如果想探索工作的规律，都必须从事研究，只不过研究对象、方法、性质、结果、形式等不尽相同而已。辅导员必须深刻认识到大学生思想政治教育工作的复杂性、特殊性和不确定性，而要应对这样的情况就必须从事科研，用问题牵引科研，再用科研解决问题。其次，由于目前辅导员科研平台有一定局限，辅导员有时会面临自己的研究成果难以得到认可，或自己的科研课题和项目难以立项的窘境，但是辅导员必须清醒地认识到科研目的不仅仅是为了获取荣誉，更重要的是用科研促进自己的工作。因此不能被眼前的某些困难打倒，要坚定科研信念并认准研究方向。最后，科研工作尤其是大学生思想政治教育的研究工作具有反复性、长期性和滞后性的特点。如果辅导员只追求短、平、快的工作利益，不注重积累与反思，只专注眼前，不着眼未来，那么这样的科研工作就很难开花结果，同时也难以指导思想教育工作实践。

第三节 高校辅导员职业能力的提升途径

一、强化辅导员专业化、职业化、专家化的发展意识

(一) 辅导员选聘机制

科学严格的辅导员选聘机制是保障辅导员能力和素养的前提条件。各高校在规范辅导员选聘机制的同时要首先认清辅导员的职业能力，具体应该包括以下几个方面：

(1) 高校在招聘辅导员时要做好辅导员的工作岗位分析，即明确辅导员工作岗位的具体内容和职责。这些内容最好能以岗位说明书的形式体现出来，可以包括思想政治教育、学业引导、心理辅导、就业指导和学生工作的科研等；岗位

的价值取向，包括忠诚人民教育事业、热爱学生、具有奉献精神和较强的思想政治觉悟等。明确的辅导员岗位分析可以让应聘者更清楚地了解辅导员工作岗位的要求，也是辅导员职业能力评价的基础。

（2）高校要根据辅导员的职业能力要求对辅导员的任职资格做出明确的规定。制定相应的辅导员任职说明书，其内容具体包括辅导员岗位的知识和技能需求，如具备硕士学历、有相当的思想政治理论知识、基本的教育学和心理学知识、较强的语言表达和沟通能力、良好的组织管理能力和网络技术应用能力等；辅导员的学习工作经历，如学生干部工作经验和团体活动组织经历等；辅导员的政治素质，如热爱党和国家、拥护社会主义、中共党员、团队协作精神等。对辅导员任职资格的具体要求可以体现学校对辅导员职业能力的理解和需求，是高校进行辅导员招聘、选拔、培训的重要依据。

（3）高校在辅导员招聘过程中要制定科学规范的选拔程序。只有这样，才能确保辅导员招聘的质量。目前，许多高校对辅导员采取公开招聘的方式，经过笔试和面试，筛选出最优秀的人才进入辅导员队伍。辅导员招聘笔试内容涉及时事政治、通识、逻辑训练和案例分析等内容，全面考察应聘者的综合素质；面试内容则侧重了解应聘者的交流能力、反应能力和对辅导员岗位的理解等，从最大程度上保证招聘到具备辅导员职业能力和职业素养的合适人才。

（二）辅导员管理机制

高校辅导员具有教师和干部的双重身份，可以双线晋升，在实际的管理中也体现了党政的双头管理。由于很多高校存在重教学、轻学生工作的现象，辅导员没有教学和科研任务，职称、职级又比较低，收入上也与同龄的专业教师存在较大的差距，由此造成辅导员既对自己的职业现状不满意，同时又对职业前途没有太大的期望，心理失衡，影响了工作积极性、主动性和创造性的发挥，不利于辅导员职业能力的提高。

切实提高辅导员的职业能力，就要重视管理机制上的问题，探索优化管理模式。大多数高校对辅导员采取在学校学生工作部和学院党委直接领导下的分级化管理。学校学生工作部定期组织辅导员进行政治理论学习，提供各种培训和交流机会，制定统一的考核和晋升管理办法，对全校的辅导员工作进行统一的部署。各个学院（系）党委（直属党总支、党支部）根据学校的统一部署具体领导，对辅导员的各项工作进行监督管理同时给予各方面的指导和支持。这样的管理体制既方便学校对学生工作的统筹管理，同时又有助于辅导员具体工作的开展。

（三）辅导员考核、激励机制

健全的辅导员考核、激励机制可以强化辅导员对职业能力的认识，规范和督促辅导员在实际工作中的具体行为和角色意识，帮助辅导员明确自己的岗位职责、工作目标、发展方向，从而激励辅导员创新工作更好地为学生成长成才服务。

首先，健全的辅导员考核标准是提升辅导员职业能力的基础工作之一。所谓辅导员的考核标准，应该是将辅导员相对概括的职业能力转化成具体的量化指标。比如，科研能力是辅导员应该具备的职业能力之一，那么体现在考核标准上就应该为是否参与了校级以上的科研课题或项目，是否在公开出版的学术期刊上发表了论文等。健全的考核标准是完善和规范辅导员考核机制的前提条件，也是辅导员队伍职业化发展的必然要求。

其次，完善公平的考核机制是提升辅导员职业能力的必备要素。光有健全的考核标准还不够，关键是要通过完善公平的考核机制将考核标准落到实处。大多高校的辅导员考核工作坚持定量考核与定性考核相结合，目标考核与过程考核相结合，以及师生评价与组织评定相结合的原则，坚持公开、公平、公正的原则，实事求是地对辅导员的德、能、勤、绩、廉五个方面进行考核，分为优秀、称职、基本称职、不称职四个等级，最终的考核结果由自我评议、学生评议、辅导员互评、院（系）考评和学校评定等部分组成，同时经过公示和辅导员本人确认后计入辅导员个人档案。这样的考核机制对全面提升辅导员的综合素质和职业能力起到了有效的促进作用。

最后，辅导员的考核结果应该与职务聘任、奖惩和晋升定级密切挂钩，即相应的激励措施。通过实施科学完善的考核标准和考核机制，可以激发辅导员的岗位意识和责任，全方位地对辅导员的职业能力和工作实绩做出公平、公正的判断，但同时考核机制必须配套激励措施，否则考核的意义就会大打折扣，也会损害辅导员工作的积极性。多数高校将辅导员考核结果作为专业技术职务聘任、晋级和各类奖惩的重要依据。

二、构建辅导员职业能力提升的职业平台

（一）职业能力展示平台

随着辅导员队伍职业化建设进程的日益加快，人们对辅导员职业能力构成日渐达成共识，辅导员职业技能大赛逐渐成为广大辅导员加强学习、增强素质、推动工作和展示能力的重要平台。通过职业技能大赛，辅导员可以学习交流工作经验，以赛促建，进一步展示个人的职业能力，不断提升思想政治教育工作的科学化水平。

2012 年，由教育部思想政治工作司主办，中国高等教育学会辅导员工作研究分会协办的全国高校辅导员职业技能竞赛首次举行。来自各省市的一百多名在全国各校、院（系）一线从事大学生思想政治教育工作的在编在岗的专职辅导员进入最终的复赛和决赛。

（二）学术科研平台

辅导员的工作性质和工作职责决定了辅导员必须走管理实践和教学科研相结合的道路，传统的仅靠经验开展工作的做法已经不能跟上时代发展的步伐，也无法帮助辅导员在专业化和专家化的道路上取得更大的发展。当前对辅导员的要求应该是：既是管理行家，更要具有科研能力，能够及时总结工作经验，并努力使之升华为相应的理论成果，进而更好地指导工作实践。而为了让辅导员能够乐于并且安心科研工作，教育主管部门、高校和各相关行业协会就要主动提供条件，结合学生工作的重点和要求，推出一定的科研课题、项目和基金，鼓励辅导员进行课题申报，开展应用性研究，把辅导员的科研纳入学校科学研究的整体规划中，引导辅导员通过个人和集体的力量，对重点项目和课题进行联合攻关，不断提高自己的学术科研水平，增强辅导员的职业能力。

高校还应该重视辅导员和思想政治理论课专业教师的交流，积极促进辅导员和专业教师的科研合作，有利于辅导员和思想政治理论课教师互相弥补理论和实践的不足，共同提高科研水平。总之，辅导员要从自身的科研水平和工作实践出发，利用好这些科研平台，坚定科研信念，扎实提高自身的科研能力，为促进思想政治工作的科学化打下良好的基础。

（三）实践交流平台

为帮助辅导员开阔视野，投身实践，更好地了解社会，施展才华，提高个人能力和综合素质，各级政府和高校应努力给辅导员开创实践平台，以此促进辅导员队伍的建设。主要有以下几种实践交流机会：

（1）挂职锻炼。在各级政府的支持下，许多高校每年会为辅导员提供一些挂职锻炼的机会，包括到党政机关、企事业单位、社区街道等岗位上全脱产锻炼。挂职单位负责分配岗位和任务，提供锻炼机会。

（2）校外考察。校外考察也是辅导员实践交流的一个重要平台和渠道。大多数高校为辅导员提供到全国各地知名高校参观学习考察的机会，让辅导员有机会同其他高校的辅导员进行交流和沟通，取长补短，同时还会选派骨干辅导员到学生工作特别突出的高校进行工作学习。除此之外，一些条件允许的高校还在积极拓展辅导员海外学习和考察的机会，让他们能够与国外同行进行短期交流，学习学生工作的先进经验，在开阔辅导员视野的同时也拓展了辅导员的工作思路，对提升辅导员的职业能力有很好的推动作用。

（3）企业实习。许多高校每年还会联系共建或有其他合作关系的企业，给辅导员创造实习机会，帮助辅导员更好地了解社会，更好地服务于学生工作。

（四）职业生涯平台

拓宽辅导员的职业发展渠道、完善辅导员的职业保障、搭建可行性职业发展平台是培养辅导员、提高辅导员职业能力和加强辅导员队伍建设的关键要素。辅导员要对学生进行职业生涯教育。同样，他们也需要针对自身职业的生涯辅导。高校要关心辅导员的职业发展，根据辅导员的性格、爱好、特长、能力和学校环境等因素，对他们的工作学习进行可行性设计规划辅导，畅通辅导员的职业生涯渠道，搭建职业生涯平台，健全推出机制，形成“选得准、留得住、干得好、出路畅”的良性运行机制。从目前看，辅导员的职业生涯平台主要包括三种：

（1）专家型辅导员。对于那些热心并有志于一辈子从事大学生思想政治教育工作的骨干辅导员，高校要给他们提供更多的在职培训和业务进修机会，鼓励他们攻读辅导员职业所需方向的博士和博士后，学有所成后，长期从事辅导员工作。在辅导员的职称认定上要科研成果和工作实践结合认定，让大家有机会成为辅导员队伍中的高级知识分子。同时要根据辅导员具体的工作岗位、个人特长和专业，培养如思想政治辅导员、学业辅导员、生活辅导员、心理辅导员、就业辅导员等专家型辅导员，提升辅导员岗位的专业化程度。

（2）党政干部。教育部一直要求把专职辅导员队伍作为各高校党政后备干部培养和选拔的重要来源，使之成为高校党政后备干部的“蓄水池”。因此，高校应该给辅导员提供外派企事业单位、区县挂职、校内外换岗等锻炼机会，根据辅导员的个人能力和学校的工作需要，向校内管理工作岗位输送或向地方组织部门推荐。对于有专职辅导员工作经历的后备干部，要重视并给予适当的政策性倾斜。

（3）专业教师。根据辅导员本人的学术水平、学习经历和发展志向，高校也要允许辅导员向教学、科研方向转岗。高校应该给辅导员提供课程教学平台，彰显辅导员的教师职能，具体包括思想政治理论课的授课机会，允许辅导员开设一定的选修课，如心理调适和辅导、职业生涯设计等，以此丰富辅导员的教学经历，提高辅导员的理论水平和业务素养，赢得学生和教师的尊重。另外，学校还可通过思想政治公共课教学部门及相关的教学院系对辅导员的科研能力与教学能力进行鉴定，在其满足对专业教师学历的要求之后，帮助其顺利实现转岗。

三、构建辅导员能力建设的支持培训体系

（一）岗前培训

由于目前大学里没有辅导员专业，因此严格意义上讲，辅导员都不是科班出身。再加上辅导员入职时的多元化学科专业背景，通过科学系统的岗前培训，让新人明确辅导员的职业能力、工作内容、工作方式和方法应该成为所有辅导员入

职的必修课，这也是提高辅导员队伍职业化水平的需要。

上海市作为较早推进辅导员队伍职业化和专业化建设的城市，推行辅导员“先培训，后上岗”的准入制，以此保证辅导员队伍建设的起始水准和发展潜力。上海市教委与高校辅导员协会合作牵头，依托复旦大学、华东师范大学、上海大学、上海师范大学等八个高校辅导员培训基地，在全市层面组织统一的辅导员岗前培训。岗前培训以《上海市新任专兼职辅导员岗前培训大纲》为依据，培训内容主要包括岗位认知与工作职责、依法开展大学生日常事务管理、学生党建、团学工作和主题教育、心理健康教育、职业发展与学习指导、网络思想政治教育、校园危机处理、思想理论研究和学生生活园区工作等九个方面的内容。在培训方式上基地培训和学校培训相结合，前者侧重高校学生辅导员岗位应知应会的通识培训，后者则结合学校工作实际，进行日常大学生事务管理等方面的培训。

辅导员的岗前培训除了上述结合辅导员实际工作内容和特点的针对性培训以外，很多高校考虑到辅导员的教师身份还会对辅导员进行教师资格培训，其培训内容涉及教育学、教育心理学和高等教育方法等，对辅导员的全面发展和综合素质提升有很大的帮助。

（二）岗位培训

辅导员的岗位培训是辅导员培训体系中的重要组成部分，也是不断提高辅导员队伍的思想政治素质和职业能力的重要渠道。教育部每年都会举行骨干辅导员高级研修班，采用理论学习和实践训练的模式，全面提升骨干辅导员的理论素养、教育水平和研究能力，推动辅导员队伍向专业型和实践研究型转变。当前辅导员的岗位培训主要包括以下几种：

（1）专题培训。辅导员专题培训主要结合辅导员日常工作中的重点和难点问题进行系统深入的培训，辅导员可以根据自己的工作内容、发展方向、兴趣和爱好选择报名参加。例如2012年上海市教卫党委、市教委为高校辅导员推出32项专题培训“菜单”，内容涉及辅导员职业发展规划与管理技能、学生骨干培养、职业礼仪与领导艺术、高校学生管理的法制化、辅导员思想政治教育研究能力提升、大学生主题教育、危机干预、个体心理咨询技术和网络素养等辅导员工作的方方面面。这些专题培训的承办单位包括上海学生德育发展中心、上海教育系统网络文化发展研究中心和上海市的11个高校辅导员培训基地，每项培训不少于5天、30个学时，课程设置不少于6次专题讲座，同时安排2次以上的分组讨论。考核以提交论文方式为主，结合培训考勤、课堂表现及学习小结等情况综合考核。

（2）专业学习。首先，辅导员的工作涉及教育学、心理学、管理学和社会学等多个学科的知识，因此拓宽辅导员的知识面、完善辅导员的知识结构就有必要组织或鼓励辅导员进行相关学科的脱产、半脱产的专业学习；其次，鼓励辅导员参加相关专业学习，有助于提高辅导员的职业能力和辅导员队伍的专业化程度，从而有利于在辅导员队伍中培养一批既有专业背景，又有实践经验的专业型、职业型的学生工作专家，这也是辅导员队伍建设的需要；再次，辅导员职业方向已经成为思想政治教育学科下属的一个博士后研究方向，学科建设的完善本身就是要给辅导员提供更多的专业学习平台；最后，向专业教师转岗也是辅导员的职业发展方向之一，从这个角度考虑，为辅导员提供专业学习的机会有助于培养一批具有管理实践经验的潜在的教学科研队伍。

（3）网络培训。随着网络信息技术的迅速发展，各高校也在逐步探索利用远程视频的方式对辅导员进行培训，辅导员可以登录指定的网站收看相关内容的视频，阅读学习资料，参与网上讨论，并在网上递交作业，进而完成培训任务。网络培训可以扩大优秀的辅导员培训讲座的受众范围，同时解决辅导员培训空间和时间上的一些现实矛盾，增加辅导员参与培训的机会，让辅导员培训变得更灵活和高效。另外，各高校同时在为辅导员提供各种网上交流的机会，辅导员可以通过网络平台即时交流工作心得，解决工作中遇到的一些难题，丰富工作方法，为辅导员职业能力的提升起到了很好的推动作用。

（4）日常培训。辅导员的日常培训是高校辅导员队伍建设的常规工作之一，由各高校学生工作部统筹规划，形式多样，包括政工干部学习会、思政干部培训班、辅导员专题讲座、团队训练、辅导员心理工作坊、社会调研和校内外交流考察等，旨在让辅导员培训常态化，养成辅导员终身学习的习惯，保证辅导员能够与时俱进，及时更新自己的知识储备，提高工作能力，适应不断变化的学生工作。

（三）社会支持体系

辅导员职业发展能力培养是一个长期的、渐进的过程，也是一个艰巨的系统工程，需要政府、社会、高校等多方面的共同关注，构建全方位、多层次的辅导员职业发展能力的社会支持体系。具体可以从以下几个方面着手：

（1）第三方辅导员专业资格认定和测评机构。在欧美、日本等教育发达的国家和我国港澳特别行政区，辅导员职业化、专业化建设起步较早。基于“职业角度”的专业分工，积极探索和实践设立专业的第三方机构对辅导员的专业资格和岗位能力进行认定和测评，从而提高辅导员岗位认定的专业性和科学性，建立公平、公正、公开的测评机制。

（2）辅导员协会、辅导员中心等行业管理组织。在教育部、各省市教委和高校牵头下可以成立辅导员协会等行业管理组织，集合从事辅导员职业的人员参加，使之成为广大辅导员自我教育的学校、自我管理的基地和自我服务的平台，促进辅导员个人素质与综合能力的提升，增强辅导员职业归属感。

（3）完善的工资、福利和岗位津贴等制度。各级政府和各高校一方面要重视辅导员的培养、选拔和使用，创造各种职业发展平台，拓宽辅导员职业发展空间，规范辅导员职级晋升制度；另一方面还要不断完善辅导员的工资、福利、住房补贴和岗位津贴等各项制度，提高辅导员的社会地位，构建辅导员职业能力提升的动力基础，让辅导员在甘于奉献的同时充满干劲、充满期望地从事这份光荣的职业。

第四章　高校辅导员的工作内容

第一节　咨询服务

一、学习咨询

大学不同于高中时代，大学是一个全新的环境。无论是教学方法还是学习方法，无论是个人目标还是社会期望，都悄然发生了很大的变化。这些变化，往往会给部分新生带来诸多不适应，由此产生孤独、自卑、失落等心理现象，进而影响学业，这是大学新生适应困难的重要原因。因此，教育和引导大学生顺利完成由高中生到大学生的转变，尽快适应大学新环境，提供有效的咨询服务，帮助学生合理规划大学生活和学习，树立明确的职业发展目标，是高校辅导员面临的一项艰巨任务。

（一）大学学习的特点

新生适应性教育是指学校根据新生特点、大学和社会的变化、角色认知和责任方面，对新生所进行的教育和引导，使学校提供的主动咨询和服务与学生的内在自我需求紧密结合，从而推动新生适应性教育收到实效。而大学的学习适应是新生经常会遇到的普遍问题。与中学相比，大学学习的特点体现在以下几个方面：

（1）管理模式的变化。高中阶段，班主任对班级的管理主要体现在“管”上，学生多被动地接受知识，学什么、何时学、如何学都等着老师来安排，没有自主可言。大学的管理是一种开放式的管理，要求学生要有一定的自我管理、自我约束的意识，要学会主动学习和自觉自习，学会有问题主动寻求解答。

（2）教学模式的变化。大学多实行学分制和选课制，班级的概念相对模糊，往往不同年级不同班级的学生因课程选择相同，而在同一个教室上课。老师的教学方式也由高中阶段的“填鸭式”教学，变为以启发式为主。课堂上，任课老师更注重引导学生主动思考和提问，有意识地培养学生的思考能力。老师课堂讲授时间短，传授的信息量大，很多内容需要学生课前做好阅读和预习，课后做好巩固和复习。因此，要求大学生要有自觉学习的习惯和自我管理的能力。

(3) 学习目标的变化。大学的课程安排和教学方式都不同于高中阶段的应试教育的模式，高中老师往往照本宣科，同学们时常死记硬背书本知识。大学老师的课堂多强调学生的主动思考，引导学生主动发现问题和提出问题，任课老师的教学内容往往自成体系，授课内容中融入个人观点或经历的真实案例，学生不需要死背教材，更多着眼于提升能力的根本目的。这些都是大学课程学习方面不同于高中的地方。

(二) 良好学习习惯的养成

大学的学习强调主动和自觉，它要求大学生在学习过程中，能够自觉安排学习时间，制订学习计划，选择学习内容，以及寻找适合自己的学习方法，发挥学习的自觉性和主动性。所以，在学生学习的过程中，辅导员也承担着学习指导的重要任务。

1. 尽快适应大学的特点

大学是个全新的环境，相比较中学阶段，容易出现学习松懈、碌碌无为、生活自理能力差等诸多现象，从而导致大学新生往往会不适应大学学习要求、管理方式、教学模式等方面的显著变化。因此，尽快熟悉和了解新环境、新变化，学会主动调整和适应变化，树立克服新挑战的决心和信心。

2. 树立明确的奋斗目标

树立明确的奋斗目标是走向成功的关键。高中阶段以考取理想的大学为目标，进入大学，很多同学失去了奋斗目标，失去了前进的动力。没有了理想，不知道为何而学。大学阶段是大学生世界观、人生观、价值观形成的重要时期，要让学生认识到理想和目标对自我成长的意义。只有树立明确的学习目标，才能在大学里有所作为，而不是碌碌无为，才能使自己将来走向社会，稳定立足。同时，要引导学生运用马克思主义的立场、观点和方法去分析形势，认清自己身上肩负家庭责任和社会责任，增强学习各门科学文化知识的信心，加强思想道德品质修养。激励学生结合自身实际，提高思想认识，找准自己的立足点，脚踏实地，从一点一滴做起，真正发挥自己的聪明才智，努力学习，积极进取，为国家、民族的复兴贡献力量。

3. 掌握有效的学习方法

要引导大学生掌握正确有效的学习方法。科学有效的学习方法是实现学习目的，提高学习成绩的有效手段。辅导员老师在学生的学习指导中要注意对学生学习方法的引导，让学生学会科学合理地安排学习时间，把握学习重点，提高学习效率，不断提高学习成绩。大部分同学有时会抱怨时间不够用，抱怨功课做不完，这就说明了学生在管理时间上的能力欠缺。达尔文说："我从来不认为半小时是微不足道的一段时间。"由此可见，大段时间固然应该珍惜，零星时间也不能浪费。管理好课堂时间，提高听课效率，管理好课余时间，提高平时学习的效率，是帮助大学生提高学习效率的法宝。

4. 提高学习能力和研究兴趣

要引导学生知晓大学学习的特点，适应大学学习方式和管理模式的变化，主动培养他们自学的意识和学习的能力。辅导员首先要帮助学生正确认识自身能力、职业倾向和性格特点，主动了解国际国内形势和就业状况，从而激发学生的学习动力。培养兴趣最好的方法就是开阔学生的视野，扩大学生接触的领域，从中寻找自己的兴趣点。同时，辅导员老师也要善于观察学生，因材施教，对不同的学生采取不同的方法，激发学生的学习主动性和积极性。鼓励学生培养学科兴趣，多思考、多阅读、多动笔，以专业知识解决实际问题来培养学生学习的兴趣。

二、生活咨询

（一）熟悉大学生活环境

由于当下大学新生中绝大多数都是独生子女，很多学生又是第一次离开父母独立生活。因此，需要引导他们学会如何安排自己的日常生活，养成注意个人卫生的习惯。引导他们主动熟悉和适应大学生活环境，帮助大学新生在生活方式上实现"单纯依赖"向"成熟独立"转变。

1. 主动适应角色变化

大学生来自祖国各地，可谓人才济济，高手如云。在高中时代每个大学生都曾经是班级的佼佼者，到了大学一切皆需从头开始。大一是大学奋斗的起点，无论你过去如何辉煌和精彩，都已成为过去，在大学的起跑线上，如何让自己在大学赛场上保持领先，是每个学生应该考虑的现实问题。

2. 主动适应生活变化

大多数学生中学时代多依赖父母的照顾，生活自理能力相对较低，每天只要集中精力搞好学习，根本不必去考虑饮食起居等生活琐事，长此以往，生活的自理能力、自我控制能力和自我服务等能力方面，都相当欠缺。进入大学，凡事都需要自己处理，这对于一个未曾独立生活的学生来说自然会出现诸多不适应。而这些生活中的不适应恰恰是锻炼大学独立性的开始，是将来独立生存于激烈竞争的社会环境中，所必须锤炼的能力之一。

3. 主动适应同伴的变化

大学的同学来自五湖四海，大家有着不同的生活习惯、风俗习惯、学习习惯和语言习惯，而这些有着诸多各自不同特点的学生共同构成了大学生活的新集体，如果没有彼此的包容和谦和，不可避免地会产生摩擦、冲突，导致同学之间的关系紧张。

（二）建立良好的人际关系

对大学生来说，认识自己的过程是通过交往逐步发展的，是在他人对自我的评价和态度中逐步认识的。通过这种自我认知的途径帮助大学生认识到什么是该做的，什么是不该做的，怎样做才是行为得体；相反，如果缺乏自知之明，就会在日常人际交往中遇到挫折。在现实生活中往往有很多这样的实例，有些名牌大学的毕业生，在工作中表现平平，而有些非重点高校的毕业生，甚至没有读过大学的人，却可以成就非凡，这在很大程度上与他的人际交往能力有关。我国著名的心理卫生学家丁瓒先生说：人类的心理适应，最重要的就是对人际关系的适应。可见，人际关系对于现实生活中的每一个人都具有极其重要的意义，也越来越受到大学生的重视。因此，高校辅导员也必须加强对学生人际交往方面的指导，引导学生正确处理与同宿舍、同班级同学以及与老师之间的关系，树立正确的人际交往态度，掌握交往的艺术。

1. 适应新的人际交往环境

对于许多大学新生来说，进入大学是其新生活的开始。这种新生活的变化不同于高中时代。高中阶段他们仅限于在集体中学习，其余时间都是跟随在父母身边生活，人际交往环境十分简单和单纯。进入大学的集体生活是大学生活的重要内容，学生宿舍成了大学生真正意义的“家”。这里的室友和伙伴来自祖国的四面八方，他们有着不同的个性、不同的生活方式和不同的行为习惯，不可避免地会产生摩擦。如果对此变化毫无知晓，也没有任何思想准备，仍然以自我为中心，以个人的标准来要求他人，就很难在新环境中建立和谐的人际关系，也会对自己的学习生活和身心健康带来很大影响。

2. 掌握社交技巧

一个人的成功不仅要具备扎实的专业知识素养，还要具备良好的人际交往能力和处世技巧。通过人际交往获得友谊，是大学生建立良好人际关系，成功走向社会的迫切需要。随着年龄的增长和生活环境的变化，大学生的自我意识有了新的发展，他们十分渴望获得真正的友谊。大学期间，能否与他人建立良好的人际关系，对学生的成长和学习有着十分重要的影响。但是，由于大多数学生缺乏人际关系的处理技巧，从小不注意与他人沟通交流的方式，时常又会面临人际交往矛盾的困惑。由于不善于表达自己的情感，也不善于了解他人的思想，因而会导致人际交往范围狭窄，长此以往，会影响心理健康的发展。因此，人际交往障碍是大学生在处理人际关系中遇到的最大困惑之一。大学生需要掌握一定的交往技巧，积累交往经验，培养为人处世的能力和团队协作精神，学会尊重他人，同时也会赢得他人的尊重。

（三）大学社团的作用

大学生社团是最活跃最有朝气的群体之一，它是由学生依据兴趣爱好自愿组成，学生按照各自社团章程自主开展活动。学生社团活动是加强校园文化建设、实施素质教育的有效方式，也是辅导员对学生进行思想政治教育的重要载体之一。随着高校教育体制改革的不断深入，随着大学生素质拓展计划的全面实施，高校学生社团活动逐步成为第一课堂的有益补充和延伸。

1. 发挥学生社团优势，培养大学生综合素质

《中共中央国务院关于深化教育改革全面推进素质教育的决定》中提出，全党、全社会必须从我国社会主义事业兴旺发达和中华民族伟大复兴的大局出发，以邓小平理论为指导，全面贯彻落实党的十五大精神，深化教育改革，全面推进素质教育，构建一个充满生机的有中国特色社会主义教育体系，为实施科技兴国战略奠定坚实的人才和知识基础。全面推进素质教育，要坚持面向全体学生，为学生的全面发展创造相应的条件，依法保障适龄儿童和青少年学习的基本权利，尊重学生身心发展特点和教育规律，使学生生动活泼、积极主动地得到发展。

学生社团是实施素质拓展的有力抓手和有效载体，社团的内容可以是文化娱乐、志愿者服务、社会实践、运动比赛、理论学习、名师讲座、热点辩论等。一方面丰富学生的校园生活；另一方面，在形式新颖、氛围轻松的活动形式中获取知识，培养能力，发挥社团在学生中的引领作用。

2. 社团活动与专业内容结合，培养科学研究的兴趣

大学里的学生社团可以聘请专业老师担任社团的指导老师，对于社团的指导可以结合大学生的学习、研究水平和学术背景，对学生的专业学习起到了较好的推动作用。有些社团还可以承担起校园科技建设，营造校园“讲科学、爱科学、学科学、用科学”的良好氛围。比如，积极组织参与全国大学生科技创新大赛活动，激发学生科学研究的兴趣和热情。

3. 社团的建设与党团建设形成合力，促进学生成才

大学社团和高校党团组织一样，它们的主体都是在校的大学生。所不同的是，大学社团是通过兴趣、爱好组织学生活动，以实现提高学生的实践能力、人际交往能力和自我管理能力。在社团中可以建立团支部和党支部，发挥优秀团员青年的引领作用，发挥党员学生的模范带头作用。以团建促党建，以党建带团建，使高校党组织建设、共青团工作与学生社团管理形成合力，相互促进，共同实现对学生的培养任务。

三、职业生涯辅导

职业生涯规划简称生涯规划，是指个人在对自身职业生涯的主客观条件进行测定、分析、总结的基础上，对自己的兴趣、爱好、能力、特点进行综合分析与权衡，并结合外在环境的特点，评估自己的职业倾向，确定其最佳的职业奋斗目标，并为实现这一目标做出行之有效的安排。生涯规划也可以理解为是对自己人生的事业规划，是一个选择和实践的过程。大学生从入校就应该有意识地对自己未来的发展方向进行思考，制定好适合自己的职业规划，然后朝着规划好的职业发展方向努力。职业生涯教育是激发大学生学习和成才积极性与主动性的重要方式。可以说，辅导员对学生职业生涯的辅导，应该贯穿在整个大学教育的始终。

（一）合理规划大学生活

歌德曾经说过：人之幸福会在于心之幸福。此话虽然简单但却不失精辟，一个人有什么样的精神状态就会创造什么样的生活现实。拿破仑·希尔在《成功定律》一书中也把积极的心态称为黄金定律，也就是说积极心态会带来积极的结果，凡事保持积极的心态，你就可以适应环境，反之就会被环境所控制。大学生活短暂即逝，如果没有合理规划，没有积极向上的心态，就很难克服大学生活中有可能遇到的学习困难、情感挫折、人际交往和求职困难等现实问题。

怎样才能充分利用大学四年的宝贵时光的关键是尽早明确自己的人生目标，根据目标展开有效行动。确立明确的人生目标可以帮助学生有效地管理时间，提高学习效率；可以帮助学生认识不足，有针对性地锻炼自我以弥补不足。从心理学角度来看，目的性在人格特质中占有很重要的位置，它可以派生出诸如坚忍、专注、执著、好学等特质。因此，明确的奋斗目标可以让学生不断学会坚持，学会专注，学会经受挫折，学会锲而不舍。

细节决定成败，态度决定人生，在目标明确后，态度至关重要。埋怨不会改变现实，唯有积极的行动，乐观的态度才能扭转事态，把握成功的机会。英国著名哲学家怀特海说过：在中学阶段，学生伏案学习；在大学里，他需要站起来，

四面观望。高尔基说：一个人追求的目标越高，他的才能就发展得越快。大学里要培养学生全面发展，“两耳不闻天下事，一心只读圣贤书”的生活学习方式，已经违背了当下大学的人才培养标准和未来社会的人才判断标准。

1. 扎实基础知识，掌握基本技能

学习是学生的第一要务。扎实的专业知识有助于顺利实现自己的职业发展，避免多走弯路。在大学里，要熟悉和了解自己的专业，必须充分利用资源，广泛阅读与专业相关的书籍和杂志，扩大视野。此外，随着国际化和信息时代的到来，计算机和英语越来越成为两个最基本、最重要的应用工具。众所周知，21世纪最重要的沟通交流工具就是英语，如果不想与时代脱节，就必须在大学认真学好英语。信息时代的到来，计算机的使用越来越普及，因此也要熟练使用计算机、互联网、办公软件和搜索引擎。

2. 积极参加实践活动，培养综合能力

“读万卷书”和“行万里路”，说明了理论和实践的关系，只有理论学习而不付诸实践是不够的。“纸上得来终觉浅，绝知此事要躬行”也说明了实践的重要意义。任何学习，也只有在亲自实践之后，才会有更深刻的理解。有一句话可以体现实践的作用：“我听到的会忘掉，我看到的能记住，我做过的才真正明白。”这说明了理论知识的学习只有在努力实践之后，才能做到融会贯通，才能真正牢牢掌握已学过的知识。所以，在大学里，要好好把握机会，积极参与社会实践活动，强化对知识的理解。

3. 学会积极主动学习，科学管理时间

人的精力是有限的，如何在有限的时间和精力内，去完成大学的学业，锻炼自己各方面的能力，需要学生具有主动学习的意识和时间管理的方法。

大学的学习要具有主动意识，主动了解专业课程设置，主动制定个人学习计划，主动阅读，主动思考问题和解决问题。大学学习的方方面面都要完成从被动到主动的转变，有效科学地进行时间管理往往可以收到事半功倍的效果。因此，在大学生活中，当面临多种任务时，要学会按照事情的轻重缓急进行分类处理，提高工作的效率。

（二）树立明确的职业发展目标

受应试教育的影响，许多学生将考上理想的大学作为高中时期学习的唯一目标。进入大学后，潜意识里觉得应该放松一下自己，没有及时寻找到新的目标而感到空虚迷茫。因此，帮助学生树立明确的人生目标和未来职业发展方向很重要，也是高校理应承担的责任和义务。

第一，当一个人没有积极的人生需求时，便不会有积极的行动。进入大学后，要让学生主动学会思考：毕业了我能否顺利就业，能否找到适合自己发展的岗位，如何在大学里提高自己的就业意识和就业技能？这样，学生才能够把自己就业的压力转化为整个大学阶段主动学习的动力，就会自觉地利用学校所提供的优质教育资源，逐步提高自己在未来职业生涯发展中的核心竞争力。

第二，高校辅导员拥有角色优势，有义务帮助学生做好规划。尽管辅导员一般比较年轻，生活阅历和知识背景等方面和大学生比较接近，但是由于工作性质，辅导员经常深入学生，了解学生，知晓学生的困难，更容易与学生建立朋友式的师生关系。这种身份便于与学生沟通，走进学生内心深处，更容易赢得学生的信任，更方便帮助学生进行职业规划、求职和择业的指导，帮助学生客观分析和定位，克服求职过程中的情绪波动和心理障碍。

第三，对大学生的人生规划和职业发展目标的教育和引导，应该贯穿于整个大学四年的学习生活。比如，在大学伊始就引导学生做好人生规划，发现自己的兴趣点；帮助和引导学生把自己的兴趣、特长和爱好与社会用人要求和行业发展结合起来，进行有针对性的职业生涯规划；要帮助学生树立正确的人生观、价值观，合理准确定位，知晓自己的优势，避开自己的劣势，端正择业观念等。也就是说，在大学学习各个阶段都要配合当下阶段的中心任务，适时地对学生进行正确的教育和指导，以实现全程、全方位的培养，提高学生的就业竞争力。

第四，引导学生实现自主管理。学生的自主管理是通过学生自我内部因素，自觉地接受正确思想的引导，抵制和克服消极思想的侵蚀，按照社会的需求使自己具有良好品质的行为。大学生是一支特殊的群体，他们思想活跃、有知识、有理想、敢批判，对于他们的管理更要讲方法，用策略。任何管理都有其自身的规律，要掌握学生自我教育管理的规律，调动学生的自主意识，使学生明确自己肩负的社会责任，自觉为自己的理想和目标不懈努力。

第二节 经济困难学生的教育问题

关注家庭经济困难学生是高校学生思想政治教育的重要组成部分，也是社会共同关注的问题。由于经济困难学生个体类型的多样性，导致困难原因的复杂性，自身问题的差异性，由此而产生的心理和精神问题日益突出。因此简单的经济帮困已经不能适应日益变化的经济困难学生的需要，高校经济困难学生的教育工作面临巨大的压力和挑战。

一、励志教育

由于经济困难学生面临家庭环境、学校环境和社会环境的压力，出现心理问题的比例要高于其他学生。因此，经济困难学生的问题并非简单的经济困难，因经济困难而产生的思想和心理问题也尤为突出。在毕业阶段，甚至成为他们求职的瓶颈。因此，引导经济困难学生正确的认识经济困难，树立克服困难的决心和勇气，培养克服困难的意志品质更有助于帮助这些学生由“他助”实现“自助”，进而达到“助他”，最终成为社会的有用人才。

（一）正确认识贫困的现状

大学是人生中的重要阶段，这个阶段的经济困难学生，心智还未成熟，由于生活阅历有限，在面对各种矛盾、压力或诱惑时，缺乏自我调整和明辨是非的能力，很容易意志消沉。所以，高校的帮困工作一定要把准脉，找到矛盾的源头，帮助学生树立正确的世界观、人生观和价值观，提高自我认知能力，正确认识“贫困”不是过错，更不是耻辱，它只是一种暂时现象，更是人生宝贵的经历。要鼓励他们有面对困难的决心和勇气，通过一些正面的励志典型激励他们学会充分利用现有条件来改变自己的命运，懂得人生的价值在于不断创造和奉献，要以积极、乐观的态度去面对现实，做到人穷志不短，不低头、不退缩、不自卑、不气馁，培养他们自强不息的意志品质，提高他们的心理承受能力和积极对待经济困难的良好心态。同时，在帮困工作中注意培养和选拔优秀学生代表，抓典型，树榜样，营造“逆境成才更光荣”的氛围。

多数经济困难学生来自祖国落后地区，大多具有性格内向、自尊心强、敏感等特点。十年寒窗苦读，考进理想大学，这是一个家族的骄傲。当他们走进繁华的大都市时，仅有的骄傲遭遇经济困难的无情冲撞，自尊心受到严重打击。他们渴望交流，但经济的拮据引发的自卑，让他们选择了自我封闭。因此，解开经济困难学生的心结，帮助他们正确认识和理解经济困难，勇敢面对暂时的经济困难给自己带来的诸多问题，努力发扬自强不息的励志精神，帮助他们树立正确的人生观、价值观的思想教育和进行有效的心理引导，是开展对经济困难学生教育工作的重要内容。

（二）培养克服困难的意志

中国有句古话：授人以鱼不如授人以渔。对于经济困难学生的帮助，最根本的还是应该加强其自身能力的锻炼和培养。高校的困难学生大多来自边远的中西部地区，有限的教育资源使得他们在计算机和英语的应用能力方面明显不足，动手能力和解决实际问题的能力相对薄弱。面对大城市的繁华，原本敏感的内心受到很大的冲击。他们迫切想要改变自己困难的状况，但因个人能力和条件的限制，即使辛苦打工也无法改变困难的现实。在市场经济浪潮的冲击下，部分同学的价值取向和价值追求出现偏差，缺乏“自救”意识，不愿吃苦劳动或者对工作敷衍了事，缺乏应有的责任感，眼睛盯着国家政策，“等、靠、拿”的不作为思想严重，指望学校减免学费，等着拿国家社会的各种资助，缺乏自强不息的奋斗精神。

经济困难学生的家庭有着各自的不幸，他们大多早熟、好强，凭借自己的实力一度实现了整个家庭的大学梦想。跟其他同龄人相比，他们更为自尊、渴望成功、不甘落后，希望经济上自食其力。但是，他们多数不愿公开承认经济困难的事实，敏感多疑，性格内向，不愿参加学校组织的勤工助学活动。在接受学校和社会慈善捐助时，心里尤为尴尬。一方面，渴望得到帮助，以便减轻家庭的负担，更好地完成学业；另一方面，由于强烈的自尊心理，又不希望自己的困难暴露于众，表现出极度的自卑心理。经济困难学生的生活极其简朴，在校园内“攀比风”的影响下，个别同学时刻觉得处处低人一等，产生强烈的自卑心理。这种自卑感导致他们自我轻视，从而丧失挑战困难的勇气和信心。

勤工助学是对经济困难学生进行励志教育的有效载体，高校的帮困工作应该很好地利用勤工助学岗位，帮助困难学生认识到劳动光荣，经济贫困并不可怕，可怕的是不愿劳动，缺乏艰苦奋斗的意志品质。因此，帮困工作要将精神帮困、心理帮困与经济帮困相结合，以勤工助学为载体，加强对经济困难学生的励志与感恩意识的教育，才能真正使经济困难学生“脱贫致富”。

二、感恩教育

（一）高校帮困体系的介绍

大学里经济困难学生的存在是我国高等教育发展进程中不可避免的现象。1978 年以前，我国高等教育经费的 98% 来自国家财政拨款，学生上大学读书不仅免交学费，而且还会享受“人民助学金”，经济困难学生问题不是那么突出。1985 年，国务院颁布《中共中央关于教育体制改革的决定》后，在一些大学开始试行收费制度，到 1997 年全面实行收费制度后，经济困难学生问题迅速凸显出来。

《国务院关于建立健全普通本科高校、高等职业学校和中等职业学校家庭经济困难学生资助政策体系的意见》（国发［2007］13 号）及其配套办法颁布实施后，国家在高等教育阶段建立国家奖学金、国家励志奖学金、国家助学金、师范生免费教育、国家助学贷款、勤工助学、学费减免等多种形式的高校家庭经济困难学生资助政策体系，标志着收费与奖、贷、助、补、免等多种资助形式有机结合的助学政策新体系基本形成。家庭经济困难学生考上大学，首先可以通过“绿色通道”按时报到。入校后，学校对其家庭经济情况进行核实，再分别采取不同办法予以资助。其中，解决生活费问题，以国家助学金为主，以勤工助学等为辅；解决学费、住宿费问题，以国家助学贷款为主，以国家励志奖学金等为辅。此外，国家还积极鼓励和引导社会团体、企业和个人面向高校设立奖学金、助学金，共同帮助家庭经济困难学生顺利入学并完成学业。

（二）对经济困难学生的感恩教育

2004年8月，中共中央、国务院在《关于进一步加强和改进大学生思想政治教育的意见》中，强调要把做好大学生的思想政治教育与帮助他们解决实际困难紧密结合起来，努力解决大学生的实际问题，明确要求“加强对经济困难大学生的资助工作，以政府投入为主，多方筹措资金，不断完善资助政策和措施，形成以国家助学贷款为主体，包括助学奖学金、勤工助学基金、特殊困难补助和学费减免在内的助学体系，帮助经济困难大学生完成学业”。但是，社会和学校的资源总是有限的，对家庭经济困难学生进行帮困，有时不能解决所有问题，更重要的是要注重对学生的理想信念、心理素质和生活技能等方面的培养，在服务中引导学生，全面提高经济困难学生群体的自身素质，培养感恩与回报社会的意识。

1. 自立自强教育

大学生已是成人，应该对自己的人生负责，对家庭和社会承担起相应的责任。经济困难学生是一个特殊的群体，要加强对他们进行勤俭节约、吃苦耐劳的生活作风的教育，帮助困难学生正确认识劳动的价值和意义，发扬艰苦奋斗的优良作风。要加强对困难学生自立自强的教育，使他们懂得机会是靠自己争取的，只有通过自己自强不息的努力，才能很好地把握自己的命运，才能实现自我价值，才能成为一个对国家和社会有用的人才。

2. 诚信教育

目前，在大学生群体中存在着信用危机，一些大学生缺乏诚信。个别学生在校签订了国家助学贷款，同时接受国家和学校的资助。但是，他们并没有发奋读书、积累知识、提高生存本领。在生活上高消费、追时尚、一味与他人攀比奢侈，甚至少数人毕业后故意逃避还贷的义务。对于辅导员来说，要大力加强经济困难学生的诚信教育，提高经济困难学生的思想道德素质，帮助他们认识到国家培养人才的不易。他们也只有发奋读书，自食其力，自我发展，将来才能回报社会、回报父母。

3. 感恩教育

对高校经济困难学生经济资助一直备受国家重视，高校不仅要做好对经济困难学生的物质帮困，还要做好对他们的感恩教育的引导。在日常的资助工作中，要将对学生的感恩教育融入到每一次的义工活动和社会公益活动中去，让奉献与责任、感恩与回报在学生的主动参与中自然形成，扎根于心。

三、经济困难学生的能力建设

（一）能力建设的意义

经济困难学生的问题是家庭的贫困在学校的延伸和反映，努力解决好每一位困难学生的问题也是思想教育工作的重要内容之一。

我国经济发展不平衡，地区差异明显，家庭经济困难学生由于受家庭经济条件的制约，他们在动手能力、语言表达能力、组织能力、社交能力、实践创新能力等方面整体上明显弱于家庭条件较好的大学生。随着高校招生规模的扩大，毕业人数逐年增加，在日益严峻的就业形势下，用人单位越来越重视学生的综合素质和实践能力。经济困难学生由于客观条件的限制和自身综合素质的欠缺，在就业过程中取得成功的机会受到严重影响，成为就业大军中的“弱势群体”。

其实，每个经济困难学生身上都蕴藏着巨大的潜能。因此，要尽可能地为他们创造机会，鼓励和帮助他们多参加社团活动，在活动中培养参与意识、语言表达能力、人际交往能力、组织管理能力。

第一，在实践中磨炼他们的意志力，增强心理承受能力。比如，在帮困工作中，通过成立困难学生自我管理中心，一方面为困难学生提供参与工作的平台；另一方面使他们有机会参与管理，由被动的受资助者变成主动的管理者和组织者，充分发挥他们的主观能动性。

第二，团队训练也是帮助经济困难学生成长的一个有效途径。通过团队活动，困难学生之间有了更多的交流和了解，在团队训练的情景中，释放自己的情绪，给他人带来快乐，学会了接受自己，提高了自我认知能力。

第三，要依靠社会资源，多为贫困学生提供各类勤工助学、社会实践和专业实习的机会，培养他们的动手能力和解决实际问题的能力。

因此，提高经济困难学生的自身素质，增强克服困难的勇气，掌握生存的技能和本领，围绕经济困难学生的素质教育和能力建设开展帮困育人工作是帮助经济困难学生成长和成才的落脚点，具有重要的现实意义。

（二）能力建设的途径

每一个经济困难学生个体的背后都有其特殊性，其综合素质的提高、能力的培养和意志力的锻炼不是一蹴而就的，需要有一个科学的、系统的、全程化的培养目标来指导实际的工作，才能最终实现其综合素质的提高。

1. 重视人际交往，培养良好的性情

大多数的经济困难学生会因为家庭经济而感到自卑、痛苦，对自己缺乏信心，常常自惭形秽，郁郁寡欢。他们常常因害怕被别人看不起而选择自我封闭，不与同学交流，不参加集体活动，常常独来独往，游离于集体之外，很容易被边缘化。久而久之，形成孤僻的性格，缺少知心朋友，人际交往匮乏，从而更加剧了他们内向、封闭、孤僻心理的形成。因此，高校辅导员在对困难学生提供经济帮助的同时，还要引导学生敞开心扉，广交朋友，重视友谊，学会倾听与倾诉，学会释放与释怀，帮助困难学生建立和谐融洽的同学关系，在良好的人际交往和班级氛围中，培养良好的性情和积极乐观的生活态度。

2. 以活动为载体，锻炼工作能力和合作意识

在现实工作中，大多数经济困难学生在语言表达、沟通能力、协调能力和组织能力方面存在不足，在一定程度上严重影响了经济困难学生的自信和发展。因此，对经济困难学生的帮助，要将能力的培养放在首位。

勤工助学是丰富经济困难学生工作实践的平台，通过岗位的锻炼，不仅提高了他们与人沟通的能力，增强了责任感，还锻炼了个人的胆量，克服了羞怯心理。此外，慈善义工活动和各类社会实践活动也是提高经济困难学生能力的重要途径。通过这些活动平台，一方面，使这些学生磨炼了意志品质，开阔了视野；另一方面，使他们在工作中得到锻炼，不断成长进步。

3. 加强心理健康教育，重视人文关怀

党的十九大报告中提到“加强和改进思想政治工作，注重人文关怀和心理疏导，培育自尊自信、理性平和、积极向上的社会心态”。报告为高校思想政治教育提出了要求，指明了方向。高校的帮困工作，更要切实解决经济困难学生的实际问题，关心他们的成长需求，及时“对症下药”，为困难学生提供个性化心理辅导。通过开设心理健康教育讲座，让他们对自身存在的心理问题有一种自省意识，树立自信心，形成对经济困难的正确认识和健康的心态。以能力培养为目标，提高学生就业竞争力；以评先树优为手段，激励他们向优秀看齐。

4. 确立全程化的培养目标，重视经济困难学生的就业指导

经济困难学生在就业问题上更容易出现两极分化：一部分学生由于成绩不理想、能力薄弱、不善交际，在求职过程中容易焦虑退缩，表现消极；另一部分学

生受传统择业观念的影响，就业期望值过高，自我评价和估计过高，造成就业困难。因此，加强对经济困难学生的就业指导工作具有重要的现实意义。

首先，引导经济困难学生树立正确的就业观。随着高等教育的普及，市场竞争日益激烈。工作中要注意引导学生处理好就业和择业的关系，一方面要客观公正地评价自己的能力和实力，在就业选择中准确定位，发挥自己的优势；另一方面要正确看待就业中的困难和挑战，做好克服困难的心理准备。

其次，积极做好经济困难学生的就业规划。对大一学生开设“职业生涯规划”课程，并针对他们的特殊情况给予具体指导；大二大三阶段，积极开展活动，引导学业思考，在活动中培养能力，了解专业发展形势及社会需求情况，合理规划自己的职业目标；对大四学生开设就业政策及面试技巧等就业指导课程，做好择业前的心理辅导工作。总之，要根据经济困难学生的实际情况和个性差异，提供分层、分类的就业指导。

最后，要积极联系市场，做好经济困难学生的就业推荐。经济困难学生的就业指导是一项系统工程，应该贯穿于整个帮困工作的始终，坚持走全程化的培养模式，使困难学生在未来的就业中具有相当的竞争实力。辅导员要及时掌握市场信息，做好信息发布，要对经济困难学生的情况了如指掌，有针对性地根据企业的岗位需求，做好这部分学生的就业推荐工作。

第三节 大学生心理健康教育

一、大学生心理健康教育的必要性

（一）心理健康教育在家庭教育中的必要性

现在的大学生大多是独生子女，当遇到成长的困惑时，在家庭里，缺少心灵沟通的同龄伙伴，缺少相互竞争的同龄对手。当机会到来的时候，不懂得珍惜。当遭遇挫折和失败时，缺乏战胜挫折的能力和勇气。走出家门面对日益加快的生活节奏、日渐激烈的社会竞争和复杂的人际关系时，由于大学生的社会阅历浅，社会经验少，对自己缺乏全面正确认识，独立生活能力差，加之社会上各种“浪潮”的冲击和误导，使他们的心灵过早地承受各种压力，出现种种不适应的问题。近年来的许多调查表明，大学生的心理健康状况令人担忧，生命意识的淡薄使得心理健康教育日趋重要，大学生的家庭成长环境和家庭心理健康的引导越来越受到关注和重视。

（二）心理健康在高校教育中的必要性

据了解，我国部分大学生存在一定程度上的精神障碍，包括自卑、抑郁、恐怖、交往障碍等。很大程度上导致大学生迷失自我，信心丧失，意志品质减弱、孤独、消沉，难以面对和适应现代社会的激烈竞争，甚至导致自杀和犯罪。大学生在大学阶段多会遇到升学、就业、情感和人际关系等方面的困惑和压力，与同学发生一点小矛盾，就怀恨在心，蓄意报复；学习困难太大，就自暴自弃；与恋人争执而分手，就选择轻生等，这些都说明了部分学生生命意识淡薄，对自己和他人生命的漠视令人担忧。高校的心理健康教育的开展，要根据大学生心理发展的需要，有针对性地开展心理卫生知识的普及和宣传，优化大学生心理素质，帮助他们处理好环境适应、人际交往、交友恋爱和情绪调节等问题。

教育是一个系统工程，心理健康教育是素质教育的重要组成部分，大学生心理健康教育工作关系到高校人才培养工作的得失成败，加强高校大学生心理健康教育刻不容缓。要不断提高高校的教育质量和教育水平，不仅要加强大学生的专业知识教育，更要注重对他们的素质教育，尤其要重视心理品质的教育，注重心理健康教育，促进大学生的全面健康成长和可持续发展。

在新的时代背景下，以提高大学生心理素质、促进大学生的心理发展为目标的大学生心理健康教育，越来越引起教育部门和社会各界的普遍重视和广泛关注。因此，新时期加强和改进大学生心理健康教育，是全面贯彻党的教育方针的重要举措，是保证我国人才素质教育目标实现的有效途径，是坚持以人为本的科学发展观的具体实践。

二、大学生心理健康存在的问题

现实生活中，每个人都存在一定程度的心理问题，心理问题已成为普遍现象，只是每个人的程度不同而已。大学生心理健康问题主要是指各种适应问题、情绪问题、人际关系问题等。目前，大学生普遍存在许多心理问题。

（一）学业问题

进入大学，尤其是大学一年级新生，多会感到学习压力大，学习负担重。大一新生学习动力不足的原因主要表现在两个方面：一方面是因为学生对所学专业不甚了解，感到迷茫，再加上进入大学后过于放松的心态造成的；另一方面是因为学生对专业不感兴趣，由于自制能力较差，不能自我约束，沉迷网络游戏，由于某课程学习困难而缺乏战胜困难的勇气和信心，进而产生厌学心理。由于没有明确的奋斗目标，很容易产生迷惘困惑、无所事事的状态，上课听不进，下课又会后悔没有好好听讲，一到考试就会紧张多梦，焦虑难眠，精神备受折磨。学习压力大、学习目的不明确、学习成绩不理想和学习动力不足等问题，都是大一新生常见的学业不适应问题，这些问题时常困扰着大学生的学习生活。

（二）人际关系问题

大学生由于缺乏社交经验，做事常以自我为中心。有些学生属于内心有与人交往的意愿，但是在为人处世、待人接物方面缺乏与人交往的经验；有些学生则属于没有主动与人交往的意愿，经常单独行动，在表达个人意见时不会顾忌他人感受；还有部分同学感觉与人交往是件很困难的事情，时常因为找不到真正的朋友而倍感失落与空虚。大学生普遍希望得到别人的认可，但又欠缺适当表达自我的方式，人际交往困难成为大学生的普遍困惑。如果没有及时得到调整，将直接影响大学生的心理，从而导致其他问题的产生。

（三）情绪问题

良好的情绪可以使人们精力旺盛，对生活充满希望，对自己充满信心，对知识充满求知欲望，对他人充满友好。相反，消极的情绪会使人的免疫能力下降，容易受到疾病的侵扰。当消极情绪高于积极情绪反映时，就会给自己的生活带来困扰，导致心理问题的产生。因此，应该及时关注情绪健康问题。大学生常见的消极情绪主要有以下几种：

（1）抑郁。表现为个体长时间的处于情绪低落，心情压抑、沮丧，无精打采，常伴有身体不适、睡眠不足等症状。在学习生活中，常常表现为逃避活动、信心不足、迷茫、苦闷、学习兴趣减退、比较悲观、失望。因此，抑郁常常与苦闷、不满、烦恼、困惑等情绪交织在一起。长期处在抑郁情绪状态，会使大学生的学习、工作和生活受到极大影响。

（2）焦虑。大学生焦虑情绪具有一定的代表性，往往没有明确的客观对象和具体内容，主要表现为考试焦虑和自我焦虑。时常莫名地担心考试失败，一到考试就精神紧张，难以入睡，不能实现自我调节。很在意自己在他人，尤其是异性朋友眼中的个人形象，会因为长相、体型、能力等各种因素的影响而产生焦虑，甚至感到自卑。焦虑是大学生常见的情绪状态，适度的焦虑会使大学生处于紧张状态，集中注意力，是有利的，但过度焦虑则会对学生带来不良的影响。

（3）愤怒。愤怒是由于客观事物与人的主观愿望相违背，或因愿望无法实现时，人们内心产生的一种激烈的情绪反应。愤怒对人的身心有极为不利的影响，愤怒会使人的自制力减弱或丧失，不能正确评价自己行为的意义和后果，做出不理智的冲动行为。

（4）嫉妒。过度的要强就会产生嫉妒的行为。因此，嫉妒是自尊心的一种异常表现，在大学生中普遍存在。嫉妒心太强会影响大学生自我发展，结交不到知心朋友，使自己陷入不良的人际关系氛围中。

（四）性心理问题

处于青春期的大学生，容易对异性产生好感，希望在异性心里树立良好的形象，希望得到对方的认可。由于国内教育中对性教育的开展不够完善，学生性生理已成熟，而性心理成熟落后于性生理成熟的现实，导致产生许多与性有关的心理矛盾。恋爱对青春期的大学生来说是生理和心理发展的必然所致，恰当地处理好两者的关系对于处理好恋爱和学习、自我与他人、个人与集体的关系具有重要影响。

（五）适应问题

大学是人生的重要转折，对大学生活的适应问题是大学生活的重要内容。面对新的环境，大学新生常常面临不适应的困惑。比如，进入大学缺乏奋斗目标而产生的空虚感，离开父母亲人没有觅到知心朋友的孤独感，曾经的优势荡然无存的失落感，对自己缺乏信心的否定感等，都是大学新生必然遇到的适应性问题。

三、形成健康心理的重要意义

（一）能够帮助大学生健康成长

进入大学，大学生中有不少人认为自己是曾经高考的佼佼者，心理上有很强优越感。但是，在面对环境的变化、生活节奏的紧张、未来社会竞争的激烈等因素的影响时，大学生们并未做好相应的心理准备。因而，他们会在大学期间出现这样或那样的问题。成才是大学生生活的主旋律，而心理健康是大学生成长和发展的一个重要指标，它关系到大学生能否成才的问题。心理健康状态不同的青年大学生，在面对学习或生活中的困难或挫折时，会做出迥异的认知活动、情绪反应和意志行动。因此，努力创造一个有利于大学生身心健康成长的良好环境是高校教育工作者义不容辞的责任。

（二）能够帮助大学生尽快适应社会

在经济快速发展的今天，社会纷繁复杂，竞争激烈，人们面临的心理困扰增多，心理压力加大，心理问题也频繁发生，这些现象和问题也同样出现在大学生身上。马克思和恩格斯曾经说过：“作为确定的人，现实的人，你就有规定，就有使命，就有任务。至于你是否意识到这一点，那都是无所谓的，这个任务是由于你的需要及其与现有世界的联系产生的。”人生宛如长途旅行，在旅途中，既有一马平川，风光无限；也有崎岖不平，电闪雷鸣。当生命的旅途一帆风顺时，应该引导学生学会珍惜，积极进取，享受生活的快乐和自我实现的成就；当生命的旅途颠簸不平时，也应该鼓励学生坚定意志，学会乐观面对。学生要尽快适应新环境，更好地融入到新的团队中去；要通过学习和实践，学会坚强，学会感恩，学会担当；要认识到父母养育的辛苦，要学会承担对家庭、社会的责任；要保持旺盛的生命意识和积极的人生态度，要用自己坚韧的行动来诠释生命，最终实现自己的个人价值和社会价值。

(三) 高校开展心理健康教育的现实意义

高校担负着培养高素质人才的光荣使命，心理健康教育工作事关高校人才培养工作的成败。可以说，没有心理健康教育就不是完整的教育。心理健康教育可以帮助大学生培养良好的个性品质，提高大学生的社会适应能力、挫折承受能力和情绪调节能力，促进他们的心理素质、思想道德素质、科学文化素质和身体素质的全面协调发展。通过心理健康教育与心理咨询，可使大学生保持健康的心理状态和良好的心理素质，为其接受其他方面的素质教育提供良好的心理条件。

加强大学生心理健康指导，促进大学生身心健康发展，是高校思想政治教育的重要组成部分，也是大学生顺利完成学业的保障。教育部《关于加强普通高等学校大学生心理健康教育工作的意见》中明确指出了高校心理健康教育的主要任务："根据大学生的心理特点，有针对性地讲授心理健康知识，开展辅导或咨询活动，帮助大学生树立心理健康意识，优化心理品质，增强心理调适能力和社会生活的适应能力，预防和缓解心理问题。帮助他们处理好环境适应、自我管理、学习成才、人际交往、交友恋爱、求职择业、人格发展和情绪调节等方面的困惑，提高健康水平，促进德智体美等全面发展。"因此，高校辅导员应该和专业的心理机构一起努力帮助他们树立人生新目标，培养他们健康的心理和克服困难的意志品质，引导他们正确认识挫折、面对失败，时刻保持积极乐观的心态，只有这样才会帮助学生顺利完成学业、成长成才。

四、大学生健康心理的形成

对于在校大学生而言，心理健康是成长成才的必要条件。如何帮助大学生形成健康的心理主要有以下五个方面的内容。

(一) 帮助大学生养成积极的适应能力

比如针对入学时的新环境适应、学习方法、人际关系等方面可能出现的问题，运用心理学知识进行指导和引导。建立心理健康社团，完善心理健康管理的三级网络，配备班级心理委员，充分利用朋辈之间的影响力，增强大学生自助能力，扩大心理健康教育的影响范围，增强影响力度。吸收对心理学有兴趣、对心理工作有热情的同学加入心理健康社团，请专业老师对他们进行基本心理知识和技能的培训，指导社团开展活动，寓心理健康教育于社团活动中，培养学生自我教育、自我服务的意识，有效开发和利用心理教育资源。

（二）给予学生必要的就业指导

要多鼓励学生，增强学生的自信心，不因暂时的失败而斥责他们。多给学生提供实践机会，让学生体验成功的喜悦，增强战胜挫折勇气。端正学习动机和学习态度，制订详细的学习计划，并找老师和家长做计划实施的监督者，以帮助自己克服意志薄弱的缺点。

（三）帮助大学生建立良好的人际关系

大学生精力充沛，随着自我意识的不断增强，他们迫切想接触社会，了解他人，希望多交朋友，扩大视野，并建立自己的社交圈。但是，大学生的交往容易理想化，认为同学之间都是可以相互理解、相互包容的，觉得朋友之间一定是最亲密的关系，可以分享一切秘密的。但是经过一段时间的交往，他们会发现朋友之间还是有距离的，于是在理想和现实的差距面前感到失望。当这些人际交往问题出现时，要及时引导学生正确认识人际交往中存在的现象和问题，能够具有较好的心理弹性，学会运用人际交往的技巧和方法，进行真诚有效的沟通，帮助自己拥有良好的人际关系。

人的烦恼都与自己的人际态度有关。对别人吹毛求疵，过度苛刻，不注意与人交往的方式，给自己带来烦恼。在现实生活中，如果一个人能受到别人的欢迎和容纳，才能拥有健全的人格，才能在人际交往中享受乐趣，才能赢得更多的合作伙伴。

（四）引导学生正确面对大学爱情

大学阶段的爱情是纯洁美好的，是令人向往的。但往往会因为美好爱情到来的时候，同学们还没有做好思想准备，使得恋爱的感觉多了苦涩和酸楚。当爱情来临的时候，要有能力承担起对他人的责任。要引导恋爱中的学生处理好学习和恋爱的关系，“两人小集体”以及班级大集体的关系。同时也要提醒恋爱中的双方注意自身的公众形象，毕竟学校是一个接受教育的公共场所，大学生还是学生的身份，恋爱中的双方都要时刻提醒自己的恋爱行为不要违反和干扰了学校纪律和教育秩序。

（五）保持乐观生活态度

一个健康的人，应该能够对自己的个性特点做出客观、恰当的评价。当机会来临时，懂得好好把握；当机会失去后，也会坦然视之。既不应为自己的优势和长处而沾沾自喜、自视清高，也不会因为自己的缺点和劣势而悲观失望、妄自菲薄，时刻保持清楚的判断力，“不以物喜，不以己悲”，保持健康的心态，勇敢地面对困难。

第四节　大学生网络思想政治教育

一、互联网环境下的大学生思想政治教育

随着信息技术的发展，互联网已经成为现代社会的重要传播媒介，日益深入到社会生活的方方面面。互联网的兴起改变了人们生活和社会交往的方式和思维，对人们的生存和发展产生了广泛而深刻的影响。近年来，互联网在我国的使用范围不断扩大，网络使用人数迅猛增长。据中国互联网信息中心发布的数据显示，截至 2019 年 6 月，我国网民规模已经达到了 8.54 亿，其中 65%的网络用户是 18~35 岁之间的青年人，其中大专以上文化水平的用户占 60%的比例，将近 100%的在校大学生是网民。从数据中可以看出，我国互联网的使用群体中，青年大学生占据了大部分比例，已经发展成为我国网络使用群体中的主体。大学生网民正在使用微信、QQ、微博、BBS 等个性化的表达方式参与到网络传播的环境中，形成了规模庞大的受众群体。面对当前青年大学生互联网的使用情况，他们的生活习惯和思维方式都有着较大的变化。为了能够在新的互联网环境下更好地引导青年人成长和发展，网络思想政治教育任重而道远。

（一）网络思想政治教育的概念

根据当前网络环境的发展变化，网络思想政治教育必须与时俱进。我国自 1994 年引入万维网以来，高校的网络思想政治教育便随之起步并经历了理论上和实践上漫长的探索道路。关于网络思想政治教育，不同研究者对其有着不同角度的定义。张建松在 1999 年的研究中首次提出了网络思想政治工作的概念，并把它定义为利用网络开展的针对学生的思想政治教育。韦吉锋在 2005 年的研究中把网络思想政治教育定义为利用网络促使网民形成符合一定社会发展所需要的思想政治品德和信息素养的虚拟实践活动。刘梅在 2000 年的《论思想政治教育的现代方式》中把网络思想政治教育定义为利用计算机网络所进行的思想政治教育。张再兴在 2009 年的《网络思想政治教育研究》给出了较为全面的定义：对于网络思想政治教育的内涵，实际上存在两种不同的理解，一种是网络环境下的思想政治教育，一种是基于网络的思想政治教育。前者是对网络思想政治教育的广义界定，提出的问题是在互联网的广泛应用对于社会生产方式、社会生活方式造成全方位影响的宏观背景下，思想政治教育的观念、内容、方式、方法、手段、机制等如何发展、如何创新，涉及基础研究和应用研究两个方面；后者是对网络思想政治教育的狭义界定，提出的问题是把网络仅仅作为思想政治教育的新

载体、新工具、新途径，用以丰富和完善新形势下的思想政治教育，所涉及的主要是网络的具体应用。

虽然学者们对于网络思想政治教育的定义不尽相同，但是总体上可以从广义和狭义两个角度去解释其内涵。从广义上来看，网络思想政治教育是思想政治教育在网络环境下的体现，从狭义上来看网络思想政治教育则是利用网络手段开展的思想政治教育，即思想政治教育的网络化。根据网络思想政治教育概念上的理解，无论是广义的概念还是狭义的概念，都特别强调了网络在思想政治教育中的功能性和工具性。因此，对于网络思想政治教育的研究，必须与时俱进，将思想政治教育与互联网技术的发展紧密结合在一起。刘新庚在2006年的《现代思想政治教育方法论》中认为网络思想政治教育是建立在网络平台基础上，为了开展网络思想政治教育、完成网络思想政治教育的目的和任务而采用的各种途径、手段和方式的总和，并进一步强调了网络思想政治教育在途径、工具和载体等方面研究的重要意义。因此，网络思想政治教育的研究必须要从实践的角度给予方式、手段、工具和程序等方面的指导，这样思想政治工作者才能更好地借助这些途径掌握大学生的思想实际状况，以便开展网络思想教育活动。

（二）网络思想政治教育的实现途径

根据当前互联网技术的发展，目前主流的网络应用主要分为主题门户网站、BBS论坛、微博、SNS社交网站和即时通信工具。而当前大学生使用互联网应用的情况也集中反映在这几类的网络应用中。比如主题门户网站中的网易、新浪和各学校的主页；BBS论坛中的天涯、猫扑和校园论坛；微博中的新浪和腾讯微博；SNS社交网站中的人人网和开心网；即时通信工具中的微信和QQ等。面对当前网络应用的迅猛发展之势，高校网络思想政治教育的开展必须将这些新媒介、新手段、新工具整合到思想政治教育中来，同时结合不同的网络工具不断创新工作模式，创造新平台，以面对网络技术变革带来的挑战。

鉴于不同类型的网络应用在大学生网民中的使用情况，对于网络思想政治教育的探讨必须结合特定的网络载体进行实践性的研究，这样才能够适时地、有针对性地开展相应的思想政治教育活动，从而占领网络思想教育的阵地，更好地发挥网络在校园文化引领、舆情监控、大学生行为引导以及思想政治教育相关内容的功能。

二、以BBS论坛为载体的网络思想政治教育的开展

Bulletin Board System（英文简称BBS），即电子公告板，是建立在互联网上的电子论坛，可以使网络用户自由地通过电子信息表达自己的观点。BBS论坛可以实现网络用户群体的细分，网络信息的分类浏览和评论，以及文件下载和在线

信息的同步或异步交流。BBS 论坛的网络交流形式具有公共性、虚拟性、互动性和共享性等多方面的特点，已经成为当今互联网上主流的信息交流载体。

随着互联网的日益普及，BBS 论坛已成为大学生接触社会，了解社会的重要网络渠道，甚至成为接受各种思潮激烈碰撞和交锋的网络场所，特别是各高校的 BBS 论坛场所在社会中有着举足轻重的地位。当前国内外各院校几乎都有自己的 BBS 论坛，在校的师生可以发表自己对时事、学院管理、人生以及生活中许多日常琐事的观点和看法，BBS 成为校园内相互沟通和交流的常用工具，成为大家解决生活中各种问题的一个重要途径。然而，由于校园 BBS 的繁荣，也吸引了很多的社会人士参与，这就会给 BBS 论坛增加一定的安全隐患，如利用网络的开放性进行发动宣传，发布垃圾信息等误导大学生，带来一定的安全和稳定隐患，造成极坏的影响。鉴于当前 BBS 论坛在社会上和各高校的使用情况，利用 BBS 论坛开展相应的网络思政教育，可以有效地引导校园文化方向和思潮，这就必须要求思政工作者能够把握 BBS 论坛的特点和功能，从方法、途径、内容上打造和谐、健康、积极的 BBS 论坛环境。可以说加强校园 BBS 的建设和管理，打造高校 BBS 校园文化，是从实践层面研究网络思想政治教育的重要方向。中共中央 16 号文件《关于进一步加强和改进大学生思想政治教育的意见》中也同样提出：主动占领网络思想政治教育新阵地，要全面加强校园网的建设，使网络成为弘扬主旋律、开展思想政治教育的重要手段。要利用校园网为大学生学习、生活提供服务，对大学生进行教育和引导，不断拓展大学生思想政治教育的渠道和空间。

以 BBS 论坛为载体的网络思政教育的开展立足于网络校园文化的建设，并且通过网络校园文化具体表现出来。这就要求思政工作者采取一系列的措施和方法，充分利用高校 BBS 论坛的各项功能，加强和规范网络校园文化。

（一）把握论坛舆论导向，加强主旋律文化的导向

当前高校 BBS 论坛的文化建设需要与校园主流文化进行有效的对接，从而使论坛成为主流文化的一个网络展示平台。高校的学生工作者在 BBS 论坛中承担的是主流文化的倡导者，同时也是引导网络舆论健康、和谐发展的导航者。具体来讲，在 BBS 这样的校园开放性网络社区，思想政治工作者需要善于主动结合论坛的相关结构和功能开展导向性的宣传工作。例如可以在首页公告板上通过时事热点新闻、历史上的今天以及主题活动预告等内容的设置与讨论提供主流社会文化和校园文化的集中展示与解读，以保证网络平台的主基调。

（二）网络思想政治教育队伍的培养与建设

通过网络平台开展大学生的思想政治教育必须拥有一支高素质的学生工作队

伍参与其中。因此，加强网络思想政治教育队伍的培养与建设，使思政工作者熟悉基本的网络平台和网络环境的特点，从而使学生工作者在网络环境下积极有效地开展思想教育工作、宣传工作和咨询引导工作。此外，在BBS论坛的环境下，从事网络思想政治教育的工作者还需要一定的网站管理能力和经验，不仅要能够维护论坛基本交流功能的运作，例如发帖、回帖、帖子分类等，同时还要注意把握舆论动向，结合相关主题契机开展网络论坛的主题活动，积极引导主题，担当意见领袖，把握论坛文化的走向。这些要求对从事网络思想政治教育的工作者来说具有较高的挑战，也是以BBS论坛为载体的网络思想政治教育未来的发展方向。

（三）及时关注论坛热点，重视网络信息管理

校园BBS论坛是网络信息的集散地，由于当前大多数高校的论坛并非完全的实名制，因此一些匿名用户可能通过论坛散播有害信息，从而影响校园文化的健康发展。此外，BBS论坛中的网络信息具有动态性的特点，所以一旦有集中讨论的回复或者言论，就需要及时地进行关注和重视。对于从事网络思想政治教育的工作者来说，应当学会及时有效地跟踪当前论坛上的信息热点，通过论坛的技术功能实现对信息特点的控制和引导，从而建立起信息跟踪、信息收集、信息管理三位一体的工作方法和体系。同时，对于有害信息的防范，一方面可以依靠关键字屏蔽；另一方面还必须辅以人工审核。从而防止有害信息的进一步传播，确保校园网络环境的健康和谐。

对于校园BBS论坛热点关注的同时，还要有对热点信息和话题的内容挖掘和深加工。在校园BBS论坛中经常能够看到大型活动的宣传帖子以及重大时事热点问题的讨论专题帖子，对于类似的内容可以通过论坛置顶、群体推送、标记、转发、标题高亮等手段进一步扩大宣传内容的影响力，将信息内容推广出去吸引更多师生的参与。此外，网络论坛信息发布的源头一般都会有意见领袖的存在，因此对于意见领袖的关注也是非常必要的，特别是其中具有正能量的观点和引用，可以适当地追加评论或者转发，对其中涉及师生利益诉求的内容要及时上报和反映给相关部门，并及时报告进展程度，以此提高相关内容的关注度，从而营造网络文化氛围的正面效应。

（四）利用BBS论坛加强大学生网络行为的引导和教育

校园BBS论坛作为一个自由开放的校园网络社区，每一位参与者都有维护网络秩序使其健康发展的义务。因此，对于网络行为的引导、管理和约束是为了更好地规范校园BBS论坛的环境，从而使论坛实现良性发展。与社会化的网络论坛一样，校园BBS论坛中也经常会出现“网络骂战”。良性的“网络骂战”是

一种辩论和探讨，但多数的“网络骂战”则含有人身攻击等不良的言语和网络行为，因此对于学生网络素养的引导和教育需要思想政治工作者利用网络载体进行相关的教育。在网络语言方面，要通过论坛规则进行总体上的引导，如不能进行人身攻击，不能进行语言诽谤，不能发布版权归属不明确的内容等。对于大学生网络语言和行为的教育和引导也突出体现了大学生思想品德教育的重要方面。

除此之外，思想政治工作者在 BBS 论坛中的言论也需要有一定的要求和约束。特别是在重大事件的言论方面，一定要谨慎和理智，积极正面地引导言论导向，同时善于发动网络意见领袖，如学生党员和骨干，形成富有正能量的舆论群体，共同营造和谐向上的论坛文化环境。

（五）广开言路，倾听学生的心声

由于 BBS 论坛的自由性和开放性，广大学生乐于在其中表达自己的观点和想法，这就为思想政治工作者了解学生信息、研究学生工作提供了良好的空间条件。因此在 BBS 论坛上，广大思想政治工作者要善于倾听学生的心声，不仅要学会看，还要学会想，更重要的是利用学生反映的情况与之进行有针对性的思想交流。例如，学生在论坛上发表了自己学业求助的帖子，作为辅导员在第一时间看到之后，便可以及时回帖进行情况问询和主动关心，学生在得到回复后才会进一步地与老师沟通具体情况。在整个环节中，辅导员就可以从学业指导、心理调适等多个方面开展相应的思想教育工作，而 BBS 由于其匿名性和互动性在其中保护了学生隐私，建立了师生联系的桥梁，成为有效沟通的载体。

总而言之，BBS 论坛由于其丰富的功能迎合了大学生的网络需求，成为他们浏览信息、交流观点的重要平台。作为思想政治工作者利用 BBS 可以有效地掌握学生动态，与学生沟通交流，处理解决学生问题以及开展思想教育。因此，在可联网环境下，学会对 BBS 论坛的利用是网络思想政治教育方式途径上的重要举措，也是保持校园稳定和推动高校校园文化健康、快速发展的重要保障。

三、微传播环境下校园网络舆情的管理

微博是近年来网上流行的一种非正式的迷你型博客，是一个基于用户关系的信息分享、传播和获取的平台。在高等学校，大学生注册使用微博的情况非常普遍，乃至部分学院、学校相关部门都开通了官方微博。大学生通过微博，可以随时随地关注学校、社会的信息动态，并参与交流与评价。微博在大学生中的迅速流行，使学生群体也有了特定的微博舆情窗口，给高校的思想政治教育工作带来了新的机遇和挑战。因此，对于微博舆情的管理将成为网络思想政治教育的重要组成部分。

微博作为一种新兴的传播载体，已经成为民众表达舆情的重要窗口，逐渐形

成了微博舆情的现象，即网民通过对微博的留言引起公众对新发生的、普遍关心的社会现象和热点问题所形成的共同意见。因此在微传播环境下校园网络舆情的管理中，通过对于微博舆情的监督和管理，可以充分了解大学生在微博网络中的所见所闻、所思所想、所需所求，对维护校园稳定、构建和谐校园文化和网络文化具有重要意义。

（一）有利于掌握敏感信息和学生思想心理动态

由于微博具有即时性、交互性和开放性等特点，吸引了不少学生参与其中，发表自己的看法，表达自己的情绪，转发别人的观点，以及评论社会现象，并且完全公开于网络之上。这其中既有学生主动表达的内容，也有被动接受的内容，学生可以主动获取网络上的信息，也会无意中被网络信息所辐射。那么在其中就可能存在学生出于好奇心理浏览一些反动、色情的内容，非理性地受到社会谣言的煽动，乃至发表不合时宜的观点和想法，亦或受到现实中的压力与刺激在微博上宣泄自己的不满。面对学生可能在微博上出现的行为，思想政治工作者可以利用微博的关注功能及时了解到学生的心理状况和思想动态，准确把握住学生在思想和心理方面的潜在风险，更好地预防大学生思想异化和心理危机，有效地对心理危机、人际危机进行干预，及时纠正学生不恰当、非理智的言语。

（二）提升网络思想政治教育的时效性

微博的出现让每一位大学生都在网络上享有发言权，他们可以通过微博的渠道随时随地地表达自己的利益诉求和意见想法，也会将自己的所见所闻直接在微博上进行展示和评论。由此以来，微博平台上的大学生群体变成了活跃的信息集散地，并且可以不断地扩大影响范围，吸引更多的人参与讨论和关注，便很容易形成一定规模的网络舆论。为此，通过对微博舆情的关注，可以及时有效地了解当前学生的思想动态和校园舆论动态。特别是在遇到有利益诉求或者有重大事件曝光的情况下，思想政治工作者要有意识地第一时间汇报并进行相关的处理，因此微博舆情的管理在解决突发事件或者利益诉求的问题上能够发挥积极的促进作用。

（三）利用微博构建文明和谐的校园网络文化

利用微博平台开展大学生的网络思想政治教育工作，其中还包括了积极构建文明和谐的校园网络文化，通过微博的信息集散性和互动性，促进校园文化的良性传播以及校园正能量的传递。具体方面可以通过专题的微博活动企划在校园的迎新工作和主题仪式教育方面进行线上和线下的互动开展，让微博形成校园师生乐于参与和交流的文化活动圈。此外，作为一个良好的师生互动交流平台，专业教师和知名专家学者也可以通过微博传递专业理论知识，让学生们领略他们的风采。各职能部门可以通过开设微博传达各种有利于学生健康成长的信息，同时为学生办理各种事务提供咨询服务。学校和学院的主要领导以及人气教师也都可以通过微博平台吸引学生“粉丝”，与学生群体加强沟通，建立良好的互动关系，以此让微博成为学校和学生之间沟通的桥梁。在校师生参与微博交流的同时也丰富了校园网络文化的内容。

微博舆情的管理对高校网络思想政治教育和校园文化建设具有重要意义，因而网络思想政治工作者在微博舆情管理的实践中一定要结合微博的相关功能展开工作，把微博打造成为校园学生健康、和谐的信息圈、社交圈和舆论圈。

1. 巧用微博“关注”学生群体

“关注”功能是微博用户之间相互了解的最基本功能，通过关注可以实现用户“互粉”，相互观看对方的微博状态。思想政治工作者在微博舆情的管理中要学会通过“关注”功能与自己的学生“互粉”，从而建立最基本的网络沟通关系。在此基础上还可以对已关注的学生自定义分类，如“重点关注”“学生骨干”“活跃分子”等细分，从而利用微博实现学生的分层管理和引导，同时也能够让学生感受到老师的关怀，拉近师生之间的距离，从而提高思想教育的效果。此外，思想政治工作者还可以关注一些公共机构和组织，了解社会热点问题。

2. 善用微博“评论”参与组织讨论

“评论”是微博的主动参与功能，是实现微博互动的最重要的途径。在与学生“互粉”的基础上，思想政治工作者可以通过评论对学生的状态进行回复，进行相关的教育、引导和思想交流。在交流中无论是老师还是学生都要恪守平等、尊重的原则，绝不能有人身攻击和不礼貌的用语。同时，主动利用“评论”功能，发表适时的、犀利的观点可以有效地形成微舆情中的意见领袖，从而引导思想方向。例如在无偿献血的动员宣传过程中，辅导员可以主动通过微博发起讨论，并在讨论中担当起组织者的角色，着重发挥思想政治教育的导向性作用，用科学、健康的思想观念来引导大学生认识无偿献血，帮助学生在潜移默化的交流过程中树立起科学的世界观、积极的人生观和正确的价值观。

3. 活用微博“转发”实用信息

“转发”功能是微博传播信息的有效途径，微博信息通过转发可以实现病毒式传播，迅速蔓延。鉴于“转发”功能的特点，思想政治工作者需要有意识地、及时地面向学生转发有意义、实用性的微博信息。利用这一渠道，思想政治工作者可以将学校通知、校园活动公告等工作信息通过传递给“互粉”的学生们，再利用学生间的彼此“互粉”再次传播信息。对于特定的信息还可以利用微博的“@”功能提醒相关学生关注，从而提高日常学生教育管理工作的效率。另一方面，思想政治工作者还可以利用微博将学生关心的校内外热点问题和具有代表性的思想观念等进行“转发”，并在传递信息的过程中引发和组织讨论，在此过程中进行适当的思想引导。

综上所述，微舆情的兴起和发展为校园网络文化增添了活力和生机，丰富了大学生的网络生活。但是，微舆情还需要思想政治工作者从方式方法上进行有效地监督和管理，从而使微环境下的校园网络文化得到可持续地健康发展。

四、大学生网络思想政治工作长效运作机制的建立

（一）精心设计健康的网络内容

在网络思想政治工作的实践中，辅导员要主动参与到各种类型的网络平台中去，并结合自身网络使用情况对网络思想政治教育的阵地建设、工作方法以及内容功能定位等进行全面的规划，从而提高影响力，增强其针对性。通过在相关网络载体设计思想教育的内容和板块与学生进行思想交流和沟通。充分利用网络的超时空特点和交互功能，创造出平等、信任的情境进行正确引导。思想政治工作者必须根据教育环境和教育对象的变化情况，用正确、积极、健康的思想文化占领网络阵地，通过网络及时获取大量有价值的信息，调动每一位学生的积极性。同时，利用网络开展形式多样、生动活泼的思想政治教育活动，丰富思想政治教育资源。重点建设服务性强、受众面广的综合性网站，以增强辅导员在网络思想政治教育中的亲和力和吸引力。

（二）建设一支高素质的网络思想政治教育工作队伍

面对当前互联网在大学生中的影响程度，高校的思想政治工作者必须要紧跟形势，加强自身的网络素养。因此，从网络思想政治教育的角度来讲，建立一批拥有良好的网络沟通能力和网络软件应用能力的学生工作辅导员队伍十分必要。为此，可以通过网络技术、网络沟通方面的专题讲座开展培训和指导，使思想政治工作者对网络技术环境下开展大学生的思想教育和管理工作有一个基本认识。但更重要的是，要从工作制度上和学生工作者的自我意识上体现出对网络思想政治教育的重视。例如在工作规划和方法的制定过程中，可以多元化地引入网络平台的沟通机制，鼓励学生工作辅导员通过微博、人人网、校园论坛等平台关注学生的网络舆论。此外，从事学生工作的辅导员要从自身做起，积极尝试利用新兴网络媒体开展大学生的思想引导和管理工作，学会在网络环境下，运用相关技术了解和掌握学生动态，积极营造良好的网络环境，善于通过网络开展形式多样的沟通和交流工作，从而更好地发挥思想政治教育在网络时代的引导作用，体现时代性和包容性。

（三）完善管理制度，加强对网络行为的监控和管理

在从事网络思想政治工作中，辅导员要结合相关的网络行为准则，通过监督管理来规范上网行为。对网上不良信息进行过滤，及时清除恶意言论、虚假信息和不健康内容；对于学生发出的不同声音，要进行分析后加以正确的引导；对于有害的信息，要坚决予以删除，绝不允许其在网上流传、泛滥；要通过网络舆情的监管了解学生的意见和营造关注的热点问题，及时沟通，化解矛盾，维护稳定大局；通过网络采集信息，整理分析，提出对策；要加强规范和引导大学生的网络行为，树立良好的网络道德，增强学生上网的法律意识、责任意识、政治意识、自律意识和安全意识，培养健全网络品行和道德情操，树立良好的网络风气。学校的相关宣传部门通过制定《校园网络管理办法》《校园网络信息发布准则》等规章制度，严肃网络纪律、规范网上秩序，并制定合理的网络思想政治教育信息反馈机制，以完善网络信息反馈手段，有效疏导网络负面情况。

（四）精心策划组织，开展丰富多彩的线上活动

由于网络思想政治教育在形式上的丰富多样，从事思想政治工作的辅导员要根据网络传播的特点，积极开展丰富多彩、生动活泼的网上教育、交流、讨论等活动。要精心策划，开展融思想性、知识性、趣味性于一体的网上校园文化活动；要开设网上论坛，对重大问题和热点问题进行讨论，并加以正确引导；要利用重大节日和重要事件等契机，在网上开展富有冲击力的思想教育活动。不断地创新内容，采用大学生乐于参与的形式，开辟交流热线以实现零距离对话，面对面，心贴心，增加亲和力，提高点击率，最大限度地挖掘网络优势，利用互联网的信息传播特点，突破传统思想政治教育的“单向灌输”模式，把大学生思想政治教育工作导向网络平台，主动占领网络教育阵地，更好地为学生服务、为教学服务、为人才培养服务。

（五）加强理论研究，积极探索网络思想政治教育的规律

网络是信息时代的新事物，如何利用网络进行思想政治工作也是一个崭新的课题。在开展网络思想政治教育中，必须坚持理论与实践的相结合，一方面紧密联系实际，研究网络的特点和功能，研究网络与大学生的成长，研究网络环境下相关道德、法规、文化建设等理论成果；另一方面要在实践中不断探索，在理论研究的指导下提出解决网络思想政治难题的新对策，以加强网络思想政治教育的主动性、针对性和实效性。

第五节　大学生危机事件管理

近年来高校校园危机事件频发，严重影响了校园的安全稳定。校园危机不仅威胁到校园老师和学生的人身财产安全，更影响校园正常的秩序和稳定。大学校园危机事件折射出大学生世界观、人生观、价值观的问题和当下的思想状态，是大学生产生偏离社会方向的意识和行为，从而导致威胁校园稳定的事件产生。此外，在当前互联网发达的背景下，网络信息的传播无形中增加了大学生危机事件的风险，为大学生危机事件的管理带来了新的挑战。

一、大学生危机事件的定义

关于大学生危机事件，有人认为：校园危机事件不仅包括突发事件，也包括一些蓄而未发的事件，即凡是发生在校园内或发生在校园外却与校内成员有关的事件，可能给学校全体或个人带来灾害的紧急事件。校园危机事件包含了显性和隐性的两层意思。从显性层面看，校园危机事件指的是校园内暴力、伤害、冲突等能造成直接面上影响和伤害的事件；从隐性层面看，校园危机事件可以是指具有威胁性的可以诱发危机事件的潜在不稳定因素，其中可以包括学生心理危机、学业危机、情感危机、道德危机、公共安全危机和群体事件危机等多个方面的类型。

二、大学生危机事件的特征

校园危机事件具有突发性、隐蔽性、阶段性、群体性和传播性五个特征。

（一）突发性

大学生的危机事件往往事发突然，前期毫无征兆。无论从时间、地点，还是涉及群体等方面都无法进行准确的预测。因此，一旦发生危机事件，当事人和相关的老师、学生都会产生较大的心理压力，校园舆论也开始发生变化，学校相关部门和人员必须做好第一时间应对和处理。

（二）隐蔽性

在校园危机事件发生的背后，往往会潜伏着更深层次的诱因，并不易察觉。由于这些潜在因素大多来自学生精神层面的反映，如心理活动和性格倾向等，所以从一般观察的角度，如果不是长期关注，很难判断是否具有潜在的诱发因素。一旦受到外部事件的刺激，很有可能会激发极端行为的产生。

(三) 阶段性

大学生危机事件的发生往往是多种因素并发而导致的，并具有阶段性特点。Fink（1986）的研究将危机事件的过程分为四个阶段，即预警期、爆发期、控制期和后续期。预警期主要是危机事件的潜伏阶段，爆发期主要是危机事件的发生阶段，控制期是着手处理解决危机事件的过程，后续期则是危机事件的后续影响和善后事宜的处理。

(四) 群体性

大学生作为相对特殊的一个群体，在思想上还不够成熟，容易受到利益驱使和煽动利用。在大学生群体中，由于个体思维缺乏独立思考能力和甄别意识，加之社会经验不足，很容易受到社会谣言的煽动，从而相互影响，发生集体事件，进而产生一系列的校园危机问题。

(五) 传播性

随着互联网技术的日新月异，大学生获取和发布信息的途径越来越广泛，各种信息可以通过网络途径实现病毒式的传播与扩散。与此同时，大学校园在社会公众的关注对象中一直处于突出位置，因此校园一旦发生危机事件，社会媒体便会无孔不入，甚至还会有不符合实际的报道，从而使舆论影响更加复杂。因此，在发生危机事件后，对于信息的管理和控制必须得到重视，避免不恰当的消息传播，从而无形中增加解决问题的风险和难度。

三、大学生危机事件管理的原则

校园危机事件发生后，危机管理一般应经历三个阶段，即防范阶段、控制处理阶段和善后恢复阶段。对于校园危机事件的管理主要应注重前期的预警防范，如果危机事件一旦发生，就应该集中精力对危机事件进行及时处理和控制影响，防止不稳定因素的蔓延和扩散。在控制住局面并着手处理情况后，还要对整个事件进行有效的善后处理，以消除可能出现的遗留问题。为了在整个过程中能够使危机事件有效管理，校方面对危机事件，应当把握好如下几项原则：

(1) 事件处理的及时性。在危机事件发生时，应当快速反应，及时采取行动，分析问题，体现积极的应对姿态。通过成立危机事件处理小组，对事件成因、责任方、过程等进行大致的了解，并对危机事件带来的影响进行初步的评估。评估主要涉及相关责任的初步界定。在评估中，应当客观公正地进行分析，判断出危机事件中的主要责任人。如果责任涉及校方或校方人员，如校园安全事故、管理冲突、道德危机等问题，校方应该诚恳理性地面对事件，实事求是地作出说明，设法解决问题；如果校方只负轻微或不需要承担责任，则应将工作的重点放在保护学生合法权益的基础上帮助澄清事实，控制事态。

（2）谨慎公布相关信息。危机事件发生后，如果事件本身并不严重或影响较小，校方可以进行低调淡化地处理，适当减弱公共关注度，尽可能防止媒体进行过度渲染报道；如果危机事件影响严重，造成了恶劣影响，不可能做到淡化处理，就应选择在可靠、广泛的信息媒体平台上适度公开事件发生的情况，占领舆论的主动权。对于公布的信息内容应实事求是，宣传口径要仔细斟酌，前后统一，但切不可捏造事实、隐瞒事实引发新的舆论危机。

（3）主动通报工作进展。在处理危机事件的过程中，应该把有效的阶段性成果对外及时、主动地公布，使外界了解和掌握应对处理的有序过程，防止怀疑、猜测甚至以讹传讹的发生。如事件发生后采取的应急措施、安全教育、心理干预、相关责任的界定和问题的补救方法等。

（4）维护学生的合法权益。在应对危机事件的过程中，学校要坚持以人为本的原则，在维护学生合法权益的基础下开展工作。对于学生方面出现的问题应及时教育和引导，对于问题的处理应从维护学生利益出发，着眼于保护其身心发展，早日平息事态，尽量减少事件本身对学生的持续性影响，以最小的时间成本和消极影响妥善解决问题。

四、大学生危机事件管理的内容

针对校园危机事件的产生，学校必须科学应对措施和处理机制。虽然高校危机事件的发生不能完全避免，但是从事件的预防，到事件的控制，乃至危机事件的善后处理工作都需要快速有序、有理有效。为此，高校应当建立健全相关的大学生危机事件的管理策略和处理流程，从而形成机制合理、运作有效的处理模式。

（一）大学生危机事件的防范

大学生危机事件的发生具有突发性，不可能完全避免，但是通过有效的预防措施可以有效地降低发生校园危机事件的可能性。危机事件的预防教育可以从思想上、组织上、制度上多个方面进行。从思想方面，高校的思想政治工作者一定要做好学生的日常心理健康教育，积极关注学生的思想动态，通过开展主题教育活动帮助学生树立正确的人生观。从组织方面，学校学院相关部门通过成立危机事件处理小组，为大学生危机事件的处理提供组织保障。这个小组不是临时性的组织，而是应当长期存在。其主要职责包括了制定危机事件应对的紧急预案、执行处理程序和媒体新闻发布等危机公关方面的工作，以保证在危机事件发生时相关领导、后勤部门、武保处、校医院和心理中心等相关部门共同开展工作。从制度方面，主要是危机事件应急预案的制定。这其中不仅包括了处理的方式和方法问题，更要结合事件发生的实际情况和特点，对危机处理的各个阶段可能遇到的事件进行详细备案并给予建议，从而最大化降低危机事件带来的负面影响。

（二）大学生危机事件的处理控制

由于大学生危机事件具有很强的传播性，一旦事情发生，便没有不透风的墙。因此，在危机事件的处理过程中，要采取相应的手段对事件的影响进行有效控制，以掌控危机发展的态势，为进一步妥善处理奠定基础。在危机事件的处理控制中，首先要做好信息的通畅，保证信息来源的可靠性和真实性，一旦查明真相便可以统一口径，防止各种谣言造成不良影响；其次，危机事件处理小组要根据事件的情况第一时间向外界公布情况，掌握主动权，这其中包括对当事人的安抚教育，对校内师生的信息公开以及与相关学生家长和社会媒体的沟通。在沟通过程中，一定要安排称职的新闻发言人进行信息披露，绝不能刻意隐瞒或口径不一，以免造成误会引发公众的质疑和猜测。

（三）大学生危机事件的善后工作

危机事件的发生会带来一定的损失和伤害，在危机事件之后必然会带来相应的影响。因此，为了尽快恢复正常的校园秩序，对危机事件的善后处理需要在短时间内完成。对于危机事件的善后处理，首先，要对危机事件造成的后果进行合理科学的评估。其中包括对损失程度、社会影响范围等方面的评定，并按照相关法律法规对相关人员进行赔偿。其次，要及时反思和总结危机事件发生和处理的过程。其中包括分析危机事件产生的原因以及在处理过程中是否有制度上的漏洞等。最后，要通过教育和引导的手段恢复正常的校园秩序。其中包括对事件当事人及其家属的安抚、对校内外事件舆情的持续关注、范围更广的心理健康援助和服务，以最大程度消除危机事件留下的负面影响。

五、大学生危机事件有效管理机制

（一）建立健全舆情监管机制

加强对大学生校园舆情的监督和管理，能够有效地为危机事件的处理提供有力的支撑。鉴于网络对大学生思想和行为的巨大影响，要对网络舆情信息做到及时、准确、全面地搜集。因此建立相应的舆情信息搜集制度，以对主流的网络平台如微博、论坛等进行实时监控是必要且可行的，这些信息可以成为危机管理决策的依据。要重视某些大学生的言论和要求，准确掌握危机中大学生思想和心理的真实状况，以利于把握整体态势。由此可以建立起由学生、社团、教师等组成的信息传递和反馈机制，可以使各方面的动态比较完整和快速地传递。有的学校尝试以班长、学生干部、辅导员、分管书记四类用户群的逐层管理，自入学伊始，就建立一份包含学生成绩、道德记录、诚信记录、生理记录、心理记录和职业见习记录在内的电子档案，并随时更新，力图使之成为建立危情搜集机制的重要载体。

（二）完善信息传递网络

在应对突发事件过程中，处理速度、把握尺度和人员协作性居于重要地位，复杂不畅的结构将会阻碍危机事件的处理。校园一旦发生危机事件，相关人员必须与校内相关单位协调、联系共同来进行处理。如果联系不畅、协调不足，则会错失处理问题的机会。因此，优化学校各部门间的沟通，使其网络顺畅，有助于危机事件发生时的协调运作。同时，建立一个扁平化的结构层级，构建应急联系网络，以压缩传统汇报制度组织结构层级，缩减危机管理层次，对于高校危机管理来说也是十分必要的。在网络信息技术的支持下，结构扁平化的应急联络网可以使危机管理的信息节点增多，整体合力增加，从而达到重塑信息传递网络的目的，以实现危机管理信息的即时快速流动。为了保证危机发生时相关信息能够以最快的速度传递到决策层，三级网络是一种可供参考的方法。在这种方法下，当危机发生时，任何发现者都可以利用三级网络与自己对应的联络人进行汇报和反映，从而在最短时间内将危机信息传送出去。运用这种方法相当重要的一点是要搞好策划与设计，保证每位成员能够很容易和清晰地了解和记住三级网络各个节点的相关内容。

（三）建立常态化的危机管理运作机制

通过建立常态化的危机管理机制可以有效减小危机发生几率及降低危害。在日常的危机防控中，应当在危机教育、危机意识培育、危机预测、预防及演练等方面定期进行教育和宣传，做到防患于未然。可采取一定的措施，将校园危机处理的机制案例和行动方案等融入相关的主题教育内容之中。具体来说，这方面的教育可以借校园安全教育活动周等形式，开展应对各种危机事件的知识普及（如刑事犯罪、自然灾害、意外事故等），安全防范知识的学习，安全防护技能的掌握，以及如何通过社会援助体系来保护自己等。此外，常态化的危机管理运作机制还应包括对关键问题和控制环节的分析和判断。这些问题和环节没有把握好可能会加剧危机的演变。在危机处理以后，对危机的分析更为重要，界定责任，评估后果，总结经验，可以有效地防止类似危机的再次发生，可以让师生在面对同类危机的时候，学会如何避免和化解危机，将伤害降到最小。

（四）建立可靠的危机事件组织保障体系

一般来说，危机管理的组织体系由决策系统、执行系统、咨询系统和后勤保障系统组成。危机管理的决策系统应由学校的党政领导组成，其职责主要是针对危机事态进行决策并统一指挥应对危机，制定危机预警方案、危机处理计划和应急处置程序，建立善后恢复与安抚机制，指定合适的对外新闻发言人等。同时，还应合理安排法律、卫生、心理、宣传等部门的负责人或专家为危机的处理建言献策，使危机事件的处理获得专业技术的支持和帮助。危机管理的执行系统应当包括各学院、职能部门、党团组织、学生社团、社区管理部在内的各系统、部处和单位。必要时还应通过一定的机制纳入校外相关的单位和组织，如公安、政法和医院等机构进行支持，其主要职责是具体开展危机防范、危机检测、危机控制和善后处理等工作。后勤保障系统主要是指学校内部那些拥有特殊职能、特殊资源和设备，在危机控制中担负着某些特殊任务的部门（如后勤集团、校医院、武保处等）。它们是危机管理中的后勤保障系统，全程提供危机事件处理的服务保障。

（五）建立完善的心理健康教育工作机制

高校的危机事件中往往伴随着相关人群的心理问题，因此建立并完善应对危机事件中心理问题的工作体系是非常重要的。为此，可以成立专门的心理健康咨询小组，在危机事件的处理过程中通过访谈调查等手段进行心理干预，从而缓解危机事件中学生产生的精神压力和思想波动，进而消除心理阴影，防止事态的进一步扩大和新的危机事件产生。在没有发生危机事件的情况下，校园中也需要有心理健康调适工作团队进行相关的教育和宣传活动，可以通过专题讲座、团队辅导、访谈交流等形式开展，从而在学生群体中强调心理健康的重要性。此外，通过建立联络机制应对心理事件，可以开设一条 24 小时开通的大学生心理危机干预热线，在每栋学生宿舍楼的醒目位置张贴热线电话号码，确保需要帮助的学生能在第一时间内和相关的专业人士取得联系。还可以通过建立心理危机干预的沟通渠道，进一步明确学校心理危机干预中心的职能，以担负相关信息集散及相关资源调配的职责。与此同时，心理健康调适的团队不仅仅是包含专业的从事心理咨询专业老师，其中还应包括学生骨干和辅导员组成的心理联络员队伍。心理联络员队伍主要负责平时有关学生心理状态的信息搜集与上报，在危机事件中，也可以负责当事人或相关学生群体的活动动态的关注和相关信息的传递。最后，心理健康调适工作还需要有规范的工作流程，以保障心理干预有效地进行。

（六）完善和加强校园危机事件的法治化管理

在校园危机事件的处理过程中，必须依照相关的法律法规进行，因此校园危机事件的管理对学校的相关组织和人员的法治意识和能力提出了较高的要求。与此同时，在校园危机事件处理过程中，也能够反映出学校相关规章制度的合理性和有效性。加强校园危机事件的法治化管理，就必须要先从事件本身内容在依照法律法规的前提下，结合学校的规章制度进行责任界定，确保整个事件处理流程和方式上的合法化。其次，对于校园法治内容的相关宣传必须在平时辅助开展，通过开展法制教育活动，培养在校师生的法律意识，懂得依法办事。此外，相应的各学院单位都应设立专门的法务联络人员，加强定期培训和交流，专人负责涉及相关事务的咨询和沟通。提高校内危机事件的法治化管理程度还要通过不断完善相关的规章制度来保障，从而使危机事件的解决有法可依、有章可循，避免事态矛盾的升级和遗留问题的产生。

第五章　高校辅导员职业化的主要问题

党和国家非常重视高校思想政治教育工作。因此，高校辅导员的队伍建设和职业化发展被提升到前所未有的重视高度。教育部、各省、市、自治区相继出台了一系列相关的政策和措施，高校辅导员相关工作得到了强有力的推动，高校辅导员的工作环境得到一定程度的改善，高校辅导员的工作积极性明显提高，辅导员职业化理念在不断形成。宏观政策的制定推行虽然为高校辅导员的队伍建设和职业化发展营造了良好的政策环境。但是在实践中，政策预期的目标并没有完全实现，辅导员职业化的发展遭遇了多方面的阻力，在某些主要问题上既没有理念上的统一，也谈不上行动上的落实，辅导员职业化面临着发展的困境。通过聚焦透视辅导员职业化进程中的主要问题——学科建设、行业组织建设、高校系统、工作管理体制和工作运行机制，层层剖析主要问题的表象和本质，提出具有针对性和建设性的解决方案和发展路径，有助于破解辅导员职业化的发展困境。

第一节　学科建设

学科建设是高等教育发展的基础和龙头，学科建设在学科知识积累创新、高水平人才培养和提升高校社会声誉方面发挥着不可替代的作用。从上面章节的分析中可以得知，知识理论基础建设、同行评议制度都是辅导员职业化建设中的关键要素。加强学科建设对于辅导员职业化发展具有至关重要的指导意义。

一、学科建设的主要问题

辅导员工作的学科基础主要是思想政治教育学，相关学科包括教育学、心理学和管理学等。辅导员的具体实践为思想政治教育学科的发展提供了丰富的实践素材，思想政治教育基本理论与方法为辅导员具体工作开展提供了理论的支持。辅导员工作是在具体的教育环境中展开的教育活动，是由教育主体、教育客体、教育目标和工作方法等要素组成的系统工程，需要遵循教育学的基本规律。辅导员的工作愿景就是成为大学生的人生导师和知心朋友，作为一项和人打交道的事业，必须了解人的心理和行为的基本特点和规律。辅导员只有具备心理学的基本知识，才有可能更加深入地理解大学生的外在表现和内在问题，才能够真正为大学生的健康成长保驾护航，更好地实现辅导员的工作价值。辅导员工作的重要职能之一就是组织管理，无论是班集体、团支部的基层组织活动，还是各类学生社团工作的开展，都需要组织建设和管理力量的支持。辅导员只有坚持管理学的基本原则，掌握科学的管理技术方法，才能够更好地实现辅导员的组织管理职能。

在高校思想政治教育领域，传统的政治思想教育管理方式和高校学生多元的思想状态和现实需求之间的矛盾不断凸显。高校思想政治教育学科面临着时代的挑战和现实的问题，对于辅导员队伍建设的方式方法问题也是各持己见。

（一）学科内部对于辅导员建设意见不统一

在思想政治教育学科内，针对辅导员工作和职业发展的学科建设问题，主要有两种声音：一种声音建议参照美国模式，设置专门的高校学生事务管理或者高校辅导员专业，通过设置新学科和新专业，为高校辅导员或高校学生事务管理人员量身定制相关标准和课程，提高学科平台和辅导员培养的契合度；另一种声音是不断完善现有思想政治教育学科，不断拓展相关内容，增加思想政治教育学科大平台和辅导员培养的契合度。

（二）思想政治教育学科内部缺乏层级交流

思想政治教育学科专家主要从事马克思主义理论和思想政治教育学科理论的研究，对基层工作没有经常性地接触，理论更多具有哲学和宏观的指导意义。而高校辅导员常常在理论功底上比较薄弱，即使有了一定的工作经验积累，但由于工作流动性比较大，科学研究现状不理想等原因很难将经验转化成理论。思想政治教育学科的理论与高校辅导员的实践工作之间存在着一定的真空，没有产生积累递进效应，专家理论对于辅导员具体实践工作的指导性不强，高校辅导员经验层面的积累很难达到理论层面的转化，这不仅仅影响工作中的理论和实践创新，也使得高校辅导员的自我成就感降低，部分消减了职业发展的原动力。

二、学科建设问题的解决对策

（一）思想政治教育学科要形成共识

学科本身有着其自身特定的研究对象、研究方法和研究规律。美国从 1913 年哥伦比亚大学教育学院颁发授予第一个学生人事工作硕士学位以来，至今已经有了近 100 年的历史，即使是这样，在 20 世纪 60 到 70 年代，学生事务是否是一个专业在美国高等教育界还是经历了很长时间的讨论。

在高校辅导员工作是否能够借鉴美国模式的问题上，需要分析美国模式适用的社会环境和时代背景，因地制宜，因时制宜，不能盲目地借鉴和照搬。首先美国本身并不存在思想政治教育学科，这并不是美国没有思想政治教育的需要和实践，而是因为美国属于“小政府、大社会”的社会发展模式，其更多的是通过公民教育、社区教育、文化传播等方式来完成思想政治教育的主要功能。因此，美国的高校学生事务管理工作的工作边界相对清晰，工作内容比较集中，并不包含很多意识形态领域的教育工作，主要是针对大学生经常出现的问题进行咨询指导，如建立学习发展中心、心理咨询中心、职业指导中心等辅助扶持大学生的健康成长，帮助发展提升大学生的社会性能力。同时，美国私立高校的比重和社会影响力非常大，国家行政力量在很多时候只是通过法律规范的形式进行间接地管理，不会直接参与或者主导高校的各项工作，这和中国高校的行政管理层级制度形成了鲜明的对比。因此，从社会模式和管理体制上看，中国高校没有直接借鉴美国模式的社会基础和管理平台，不宜直接使用该模式。但是，美国高校历史发展时间比较长，高校学生事务管理研究起步比较早，从高等教育发展的角度讲，各国之间相似的发展阶段都会出现相似的一些问题。因此，美国模式中的学生管理理念、高校学生事务管理的发展目标、队伍建设的专业化发展、行业组织的发展和从业人员的法律意识都是值得学习和借鉴的领域。对于中国高校辅导员深化发展理念，拓宽工作视野，建设职业化队伍具有重要的价值。美国模式特别提示，在社会结构和社会心理已经发生重大变化之后，是否能够重新认识学科的理论基础，科学调整学科专业的内容，专业的标准和要求是否能够与时俱进地适合学生的需要是十分重要的。例如，美国高校学生事务管理专业在20世纪60年代学生发展理论形成的时候，就进一步明确了专业发展的方向，即高校学生事务管理有着自己独特的教育和发展目标，坚持非学术事务的科学管理是学术事务健康发展的保证。

上述比较分析可以为思想政治教育学科内部达成共识提供一些支持。中国的思想政治教育学科的发展以及其涵盖的教育内容，中国“小社会、大政府”的社会管理模式使得思想政治教育学科成为大学生思想引领、道德培育、学习和职业发展和社会性能力培养的重要平台。我国的思想政治教育学科伴随着时代和社会的发展，学科内容在不断调整，学科地位也在不断提升，从二级学科成为一级学科正是学科发展的具体体现。

无论从辅导员工作的内涵，还是从辅导员队伍的专业化建设上，思想政治教育学科都是基础。明确学科依托，可以使高校辅导员队伍建设工作形成重要的合力和保障。同时，需要根据高校辅导员工作开展的理论和实际需要，在思想政治教育学科内部增加新的研究领域，形成新的研究分支，为高校辅导员事业的科学发展奠定学科的知识论基础，为高校辅导员工作形成其自身独特的教育和发展目标确立根基。

（二）加强层级交流，完善评价制度

增进层级之间交流互动的活力，以及搭建更多的交流平台，对于提高学科水平具有重要的意义。学科内部纵向的交流活动，学科之间横向的交流活动可以增进知识分享，对于全面理解学科内涵和深化各自的领域研究具有重要的方法论意义。其可以有效促进同行评价制度的发展，对于形成学科的权威力量和社会影响力具有重要的价值。在高校学生管理工作中，传、帮、带的模式已经实践了很多年，新入职人员从工作中最初的模仿学习，到逐步适应，自主探索，最后形成自己的学生管理理念和方式方法。相对于传、帮、带这种单向度的交流方式，学科组织的层级交流更应该是多向度和交叉立体的。思想政治教育学科专家可以从层级交流中获悉高校思想政治教育工作的主要问题和基本发展趋势，使得理论研究能够从实际出发，具有重要的实践指导意义；而高校辅导员在学科理论和方法论的指导下，可以将经验通过理性分析逐渐上升为理论的层面，使工作状态从自发、被动转为自觉、主动，提高分析现象、透视本质的思维能力，增进实践中发现问题、解决问题的创新能力。

（三）加强高校辅导员培养的学科组织建设

思想政治教育学科平台建设应该利用现有条件，充分结合辅导员工作的历史传承和现实情况，依托学科的硕士点或者博士点，灵活设置高校辅导员研究方向。通过课程的有效设置，将辅导员工作中需要的马克思主义理论、心理学、管理学、教育学、社会学等学科基本知识和专业技能有机结合，在宽口径的基础上打造高校辅导员的培养平台。在条件成熟的高校，也可以在教育学、心理学硕士点或者博士点的建设中进行类似设置。通过拓展人才培养的学科平台，一方面可以推进辅导员的个人专业能力提升和职业化成长，另一方面可以推动高校辅导员的多元化组成，有助于形成优质的科研团队。

第二节　行业组织建设

美国卡内基促进教学基金会主席舒尔曼教授充分肯定专业社团组织的重要价值，并指出只有通过专业社团的培育，才能够推动专业知识的共享和实践水平的提高。行业组织的完善和发展对于促进行业的职业化具有重要的意义。从国内来看，律师、会计师、医生和教师都是比较明确的社会广泛认可的职业，而上述职业的行业管理组织也有着比较完善的制度保障，如行业自律规范、行业工作标准和行业道德规范，组织成员的权利和义务，以及行业学术交流制度和惩戒条例等。辅导员职业化目前处于发展的关键时期。在这个时候，行业组织在统一思想

认识，贯彻国家政策精神，制定具体标准，培育辅导员的职业伦理和道德，建设职业文化，以及塑造职业社会声誉方面发挥着至关重要的作用。

2006年8月，全国首个高校辅导员协会在复旦大学正式成立。其以“推进辅导员队伍的职业化水平”作为发展方向和建设目标。重视育人与咨询，通过建立辅导员论文库、案例库，将辅导项目制作成目录菜单等方式来开发辅导项目，积极推动学生辅导员进行相关课题的调查和研究。并设立了“青年精英培养基金”作为专项基金，用于辅导员队伍培养，尤其是加强对研究型辅导员的培养。之后，辅导员之家、辅导员俱乐部、辅导员论坛、辅导员沙龙等自发组织如雨后春笋般发展起来，行业组织逐渐呈现从零散到整合的趋势。2005年上海地区开始筹备建立全市范围内的辅导员协会；2007年12月，厦门市成立高校辅导员协会；2008年7月，中国高等教育学会辅导员工作研究分会成立，标志着全国性的辅导员专业共同体的首次成立。

一、行业组织建设的主要问题

（一）缺乏强有力的行政领导和资源支持

全国辅导员行业组织在认识基础上缺乏共识，在价值理念上没有统一，在资源分配中没有来源，在行政管理中缺乏强有力的行政管理权力的参与。虽然形成了全国辅导员行业组织和地方辅导员行业组织共同发展的基本格局，但是从整体上来讲，现有的行业组织凝聚力不足，影响力有限，不能有效地发挥对于辅导员职业化发展的重要导向作用。

（二）辅导员行业组织起步晚且职能有限

虽然辅导员的行业组织发展从无到有，从分散到整合，整体呈现良好的势头，但是和高校辅导员工作的实际需要还存在很大差距。作为全国性的辅导员专业共同体，辅导员工作研究分会是挂靠在中国高等教育学会下的二级分会，其性质定位是全国高校非经营性学术组织，主要从事开展大学生思想政治教育及高校辅导员队伍建设相关工作研究、理论研究和政策研究，组织辅导员工作论文、著作等成果评选工作等。而行业组织承担的其他重要职能如颁布职业标准、制定职业伦理、出版专业期刊、制定并保护组织成员的权益等均没有体现，这大大制约了行业组织的影响力。

二、行业组织建设问题的解决对策

（一）加强行业组织的行政领导

中国“大政府、小社会”的社会结构使得行业组织要和国家行政权力有机结合才能够更好地服务于组织发展。在党和国家高度重视思想政治教育工作的政策优势下，辅导员行业组织要顺势而上，抓住历史机遇，发挥理念先进地区及高校的积极示范作用，加大宣传力度，使得辅导员行业组织的管理逐步纳入政府行政管理体系中，争取到更多的政策、规范、制度以及财力物力的支持，为行业组织的发展奠定必要的物质基础和行政组织保障。

（二）加强基础建设，拓宽职能，制定标准

行业规范对于从业人员明确工作标准，帮助从业人员提高自律意识，规范行为具有重要的指导意义。美国大学人事协会 ACPA、全美学生人事管理者协会 NASPA 作为美国学生事务管理人员的行业组织，为高校学生事务专业化发展提供了必要的职业标准和专业组织保障，其宗旨是为了促进学生的发展，潜能的发挥提供专业性的服务和教育，并通过制定相应的职业标准，保护学生事务管理人员的基本权利，明确学生事务管理人员的基本义务。作为全国性的辅导员专业共同体，辅导员工作研究分会需要统一认识和理念，不断拓展职能，制定辅导员职业标准伦理规范、权利义务、权益保护、学术发展和专业研究等具体规范，使辅导员行业组织在培育行业文化，增强从业人员的职业意识，强化职业行为，营造职业声誉方面发挥更加重要的作用。

第三节 高校系统

伴随着高等教育的迅速发展，高等教育规模不断扩张，高校普遍面临着教学、管理等师资缺乏的局面。实现“教学育人、管理育人、服务育人”，加强管理机制中的合力机制建设，充分调动全体教职员工的教育、管理和服务意识，可以解决高校教育管理中的实际问题，减少冲突；可以提高学校的整体教育、管理和服务水平，培育优秀的校园文化；可以为学校的持续发展提供良好的组织保证。

伴随着高等教育大众化时代的到来，高等教育从计划经济时代进入消费者时代，具体体现在学生的主体性意识提高，学生的权利范围扩展，学生的维权意识提升。为了适应新时期的变化，各高校“为学生服务”的意识也在不断增强。高校多已出台相关具体的教学管理制度来回应学生的强烈要求，如课程成绩的质疑查证，学生处分的申诉听证，校园重大事件的信息披露等。教师也需要适应时代变化，自觉地完善教学方式，改进教学手段，增加和学生之间的教学互动，满足当代大学生的主体性成长需求。管理干部需要更加主动地倾听和及时回复大学生普遍关注的问题。如教务处处长设置处长邮箱，及时回复同学们关于选课、学分换算等教学方面的疑问；学院负责本科教学的院长定期召集学生代表征求对于

课程和任课教师等的意见；后勤管理处定时更新网站信息，在学生普遍关注的住宿、食堂、超市等问题上及时回复咨询，并和学生相关权益组织保持良好的沟通态势。

从社会系统论的角度来说，高校就像是一个系统，高校的发展总目标指导并制约着学校各部门的具体发展，学校的校风校训和教学管理服务理念直接影响着学校各部门的具体工作模式。同时，作为系统的组成部分，各部门之间的和谐相处为整个系统的健康发展提供了重要的保障。学生是高校系统中最核心的要素，只有加强管理机制中的合力机制建设，充分调动各方面的积极性和创造性，才有可能为学生提供最优质的教学、管理和服务。

在高校现实实践中，仍旧存在着德育教育工作弱化和职能部门各自为政的状况。总结高校系统中影响大学生思想政治教育工作及辅导员队伍建设工作的问题，主要集中在以下几个方面。

一、高校系统面临的主要问题

（一）国家指导性政策规定和高校落实不挂钩

很多高校虽然学习了政策，宣读了文件，但没有对学生管理工作进行更加科学的部署和安排，风声大、雨点小的情况并不少见。虽然高等教育主管部门就相关文件的落实情况进行了检查和督查，但是更多的是对一些硬件指标的核查，如辅导员和学生的比例，辅导员的入职资格等。对于一些软性指标，如高校党委的态度和认识，辅导员的现实困难，学生对辅导员工作的期望并没有更多地考量。接待高等教育主管部门检查和督察的更多是学生处、心理咨询中心等职能部门，因此考评结果对于学校领导层面的基本态度和观念认识不会产生重大影响，学校的内部政策环境和辅导员的常态工作环境很难得到真正的改善。

国家宏观政策为辅导员的职业化发展提供了美好的愿景，但是高校环境中的政策落实却成为阻碍宏观政策预期目标达成的难题之一。如果不能够破解这项难题，高校辅导员的基本工作状态就不会得到根本改变，其他相关的问题如辅导员专业素质提升、辅导员职业化发展路径、辅导员职业认同问题等辅导员队伍建设问题都将无从谈起。从某种程度上讲，高校政策环境已经成为制约辅导员队伍建设和发展的“瓶颈问题”。

（二）辅导员工作在高校评价体系中比重较低

改革总是会影响到诸多群体的利益，有时候是显性利益，有时候是隐性利益，高校也不例外。高校的任何改革措施都会遭遇到不同程度的反对的声音。在普通高等学校中，实行的是党委领导下的校长负责制，一般采用党政联席会议、党委常委会、党委常委扩大会议等形式进行重要问题的讨论和集体决策。而在学校党委常委中，一般只会有一名校领导直接负责学生工作，也就是说，从某种层面上讲，学生辅导员的官方代表在高校决策层面只有一个席位，决策权受到一定的局限。中国已经进入高等教育大众化时代，对于各高校来讲，保持特色，创新发展，在日益激烈的高校竞争中占据有利地位，是学校持久发展的重要保证。高校质量评估标准成为学校层面决策的重要指向标，凡是有利于学校质量评估的指标，如国际科研发表、学科带头人、社会科学和自然科学基金项目数量、重点学科建设等在学校人、财、物等资源分配中占据绝对的优势，而对于难以量化的指标，如学生综合素质、学生潜能开发、学生人文素养和科学精神等指标，由于比较长线，很难在短期内见到收益，但又需要一定资源投入，高校决策层面一般保持比较保守的态度。一般来说，高校决策层面对于学生思想政治教育工作，包括辅导员队伍建设的基本态度主要是学生工作不要出事故就好，而不是学生工作要出成绩。

（三）辅导员工作缺乏工作群体理解

虽然国家政策上已经反复强调辅导员工作的重要意义和必要性，但是在高校的传统观念和惯例做法中，辅导员工作经常成为“说起来重要，做起来次要，评起来不要”的角色。在某些高校，辅导员作为思想政治理论课兼职教师，不能得到和其他专职教师的相同待遇；辅导员在各自学院只能按照行政管理人员进行考核，因为学院层面由于专业领域的隔阂不能真正认可辅导员的教师身份；在学校重要开学和毕业典礼上教师发言代表中鲜有辅导员的身影；辅导员在评聘专业技术职称时和思想政治教育专职教师采用同一标准。这些现实中的具体做法直接影响到学校其他职能部门和工作群体对于学生工作的整体认识，使其更多地感受到辅导员工作综合性的一面，而不能认识到辅导员工作专业性的重要价值。对于很多高校来讲，辅导员工作还是处于“上面多条线，下面一根针”的工作常态，处于学校多个职能部门工作的交叉点。在高校管理中凡是涉及学生工作的，最后都直接或者间接地落到辅导员身上，辅导员普遍感觉到工作压力很大。虽然其他职能部门并没有直接考核和管理辅导员的权限，虽然国家政策对于辅导员的工作职责和工作内容进行了明确的规定，但是现实的状况却是辅导员工作头绪多，任务重，学生管理事务经常要由其他职能部门牵着走，辅导员的职业自主感和成就感比较低，辅导员工作的职业吸引力下降。

（四）辅导员工作价值缺乏普遍认同

大学生对辅导员工作的重要意义和必要性也没有完全和根本的认同。在高校期间，大学生最亲密的老师一般来讲都是辅导员，因为辅导员和他们朝夕相处，从新生入校到毕业生离校，从学习、生活中出现的各种问题解决，各种事务性工作咨询和办理，大学生都要和辅导员打交道。但是亲密的关系并不意味着对于辅导员工作的价值认同。在大学生的信息平台 BBS 上，很少有评价辅导员老师的评语，更多的是对专业课老师的褒贬评价。大学生普遍认为辅导员工作没有专业性和创造性，常规性的事务工作占据主要位置，对大学生积极成长方面的指导性不强。这种状态和辅导员工作专业化程度不高是对应的，但是却和辅导员工作的应然目标——成为大学生的人生导师具有较大的差距。

二、高校系统问题的解决对策

（一）决策理念的转变

高校决策层面要坚持贯彻“育人为本，德育为先”的教育方针，将立德树人作为高等教育的根本任务，切实改变高校德育工作弱化不利的工作局面，重视思想政治工作队伍的整体建设，重视辅导员队伍建设，将思想政治教育工作发展与高校教育科研发展、社会服务、对外交流等工作统一规划和部署。通过外力的推动也可以进一步改善思想政治教育工作在高校整体工作中的地位和状态。教育部和国家相关部门可以定期召开高校领导思想政治工作会议，推动高校思想政治教育工作队伍建设问题的研究部署，可以邀请某些高校领导进行经验介绍，使高校党政领导充分认识到思想政治教育工作队伍建设问题的重要意义。高校决策层的思路转变，可以释放积极信号，发挥良好的示范效应，为辅导员工作的职业化建设营造良好的高校内部氛围和环境。

同时，辅导员个人和团体要加强自身学习，加强对于学生问题的研究和学生发展规律的认识，将经验总结不断提升到理论水平，为学生发展献计献策，努力成为高校决策层在重大决策过程中的重要参考，不断提升辅导员队伍的整体形象。通过自上而下和自下而上相结合的方式，积极转变高校决策层的传统观念，为辅导员队伍建设和职业化发展营造良好的高校环境。

（二）增加辅导员工作建设权重

在高校质量评估标准中明确辅导员工作建设的细化指标并给予相应权重，如队伍的年龄、学历、职称结构是否能够适应学生工作的开展，人员是否保持比较稳定的状态，辅导员人均进行专业咨询的次数，辅导员人均发表相关领域论文数目，参与培训情况，参与课题情况等。如果将国家政策期待实现的思想政治教育工作状态和辅导员职业化发展的基本目标细化成高校质量评估标准中的细则和加减分标准，高校决策层会更加自觉主动地投入资源并落实相关政策制度，国家政策在高校落实的效果和效率都会有大幅度的提升，甚至在某些高校会有突破性的发展。

（三）完善育人机制

全员育人可以调动各方面积极要素，共同服务于大学生的思想成长和全面发展，通过形成“教育育人”“管理育人”和“服务育人”的合力机制，营造良好的校园文化氛围。在全员育人体制下，在高校整体生动的社会关系中，大学生充分感受着个体思想品德社会化和社会思想品德个体化的双向作用。

“教育育人”“管理育人”和“服务育人”的合力机制的前提是分工，只有在明确的工作分工基础上才会有真正意义上的合作。高校职能部门应该明确各自的岗位职责，对于新时期的新工作要加强沟通协调，不能够以“这是学生的事情”为理由随便推诿给学生辅导员，增加辅导员工作的负担。辅导员作为思想政治教育工作的重要主体，承担德育中的专项性工作，是大学生日常管理和教育的实施者。辅导员等德育工作主体不应该也不能够取代全员育人机制中的“全体”。大学生德、智、体、美全面发展需要在高校具体的现实社会关系中全面展开，这既是全员育人体制的构建基础，也是德育工作主体不能够替代教职员工“全体”的重要原因。高校的全员育人机制，需要体现学校德育工作的整体性，通过德育工作主体的协调和控制工作，使“教育育人”“管理育人”和“服务育人”中的教育影响要素发挥正向的一致性作用，避免不同来源的教育影响互相矛盾，影响大学生的价值判断和健康发展。

大学生思想政治教育工作主体范畴，包括辅导员和班主任，学校党政干部和共青团干部，思想政治理论课和哲学社会科学课教师。辅导员要和其他主体密切配合，各有侧重地开展工作，共同服务于高校的人才培养。

（四）提高辅导员专业水平和学生的认同度

在高校实践中，辅导员工作的事务性和综合性是显性特征，而辅导员工作的学科性和专业性是隐性特征。特别是在辅导员专业化能力培养机制并不明确的前提下，辅导员的专业发展仍将处于静默的状态。没有相应的知识论基础的支持缺失有效解决大学生发展问题的方法手段，在高校这样的知识王国中，辅导员工作很难得到和其他专职教师相同的认可度。只有不断提升辅导员的专业能力，不断发展辅导员工作的学科基础，不断结合大学生的全面发展开展应用研究，不断创新辅导员工作的理论和方法体系，辅导员工作才能在情感交流方面成为大学生的知心朋友，在健康成才方面成为大学生的人生导师，真正履行党和国家赋予辅导员的重大职责和光荣使命。

第四节 工作管理体制

为了贯彻落实中共中央 16 号文件精神并形成长效机制，中共中央宣传部、教育部、团中央等相关部委连续印发了30余个配套文件，如《关于加强高等学校辅导员班主任队伍建设的意见》《普通高等学校辅导员队伍建设规定》等，逐步形成了加强和改进大学生思想政治教育工作的制度体系。

在领导管理体制中，辅导员管理实行学校和院（系）的双重领导体制，学校的学生工作部门与院（系）共同负责辅导员管理工作。双重领导并不是并行领导，而是在不同层次上明确相应领导责任，学校主要是从宏观角度对辅导员队伍整体建设进行规划、部署和协调，而院系主要是从微观角度对本院系辅导员工作进行直接指导和安排。

在日常管理体制中，辅导员拥有教师和干部的双重身份。双重身份的管理体制是辅导员教育性和管理性兼具的工作职责的客观要求，其为辅导员的职业发展提供了重要的发展空间。作为教师身份，辅导员可以选择职业化发展道路，评聘思想政治教育学科的专业技术职务职称；作为管理干部，辅导员可以按照相关规定和选聘标准晋升行政级别。双重身份的管理体制拓展了辅导员的职业发展前景，提升了辅导员专业化的内在动力，充分调动了辅导员的工作积极性。

一、工作管理体制存在的主要问题

（一）双重管理导致辅导员工作角色的冲突

科学的管理体制对于组织的发展具有重要的意义。在管理科学领域，多重管理一直是困扰管理者的重要问题。由于高校的管理体制是垂直管理，辅导员不仅要直接受命于学院，作为学生工作人员或思想政治教育课兼任教师，还要接受学生处及思想政治教研部门的直接管理，甚至由于高校辅导员岗位职责不明晰等问题还要接受其他相关职能部门的间接管理。

相对于其他专职教师群体和管理群体，辅导员的上级主管部门比较多，多重管理的内在冲突直接影响着辅导员职业化的进程。在多重管理的模式下，不同部门有着不同的组织发展目标，对于辅导员有着不同的管理要求和任务分配。在很多时候，管理要求是有差异甚至是有冲突的，如对待学生考试违纪问题上，一般来说，学院的态度以保护学生的发展权利为主，并不倾向于使用过多或者过于严厉的惩戒性的手段，特别是如受到严厉惩罚的学生出现了其他问题，如心理问题，自杀问题等等。复杂的善后工作主要是由学院承担，对于学院整体工作也具有负面的影响。与此相反，教务处是负责学生学籍管理和纪律处分的部门，从营造良好的学校学习氛围，保证公正严肃的考试秩序，维护良好的学校声誉等角度出发，对于考试违纪的学生态度是非常严厉的，会采用惩戒性的手段处分学生，以达到惩戒错误，警示他人的作用。双方的出发点都有合理之处，但是在实际工作中，在多重管理的机制下，辅导员无疑成为事件解决的具体落实者。无论结果如何，管理部门都至少有一方不满意，工作中尴尬的两难境地，再加上和学生及家长方面的解释、沟通、安抚等工作，辅导员的压力可想而知。

（二）双重身份解构了职业化要求

毋庸置疑，辅导员的双重身份具有政策上的合法性。早在 1980 年，《教育部、共青团关于加强高等学校学生思想政治工作的意见》中明确指出：高等学校的学生政治工作干部，既是党的政治工作队伍的一部分，又是师资队伍的一部分，担负着全面培养学生的重要任务。辅导员的双重身份也具有实践上的合理性。辅导员是开展大学生思想政治教育的骨干力量，是高校学生日常思想政治教育和管理工作的组织者、实施者和指导者。辅导员的双重身份符合辅导员工作的教育、管理的双重功能。

然而，职业化发展作为辅导员队伍科学化建设的基本思路，在辅导员的双重身份的职业地位面前似乎是进退维谷。应该如何认识双重身份的附属职业地位和职业化对独特职业地位的内在要求，在实践中是否仍要坚持辅导员职业化的思路，抑或在双重身份的优惠倾斜政策中各得其所，双重身份更像是一把双刃剑，成为辅导员队伍建设中急需解决的一个问题。

（三）较低的法律位阶弱化了政策法规落实

国家的政策法规，作为根本性、全局性的体制性因素，在辅导员职业化发展中发挥着重要作用。虽然，中共中央、国务院签发了新时期的纲领性文件《中共中央国务院关于进一步加强和改进大学生思想政治教育的意见》，教育部发布了《加强高等学校辅导员班主任队伍建设的意见》等一系列配套文件，各省、市也根据自身情况和发展需要制定了相应的规定和制度，但是困扰辅导员职业化的主要问题并没有从根本上解决。特别是在高校系统中影响制约辅导员职业化发展的各种因素仍旧不同程度的存在，高校和相关组织在落实意见和规定方面具有极大的差异性。

高校和其他组织的政策落实与否虽然有传统理念和资源限制方面的影响因素，但是非常重要且不可忽视的一点就是，上述政策法规的法律位阶较低，不具备法律的强制性、权威性和稳定性的基本特征，不能够对于落实政策规定产生足够的实质性的推动作用。

二、工作管理体制问题的解决对策

（一）双重管理领导体制加快职业化发展

现行的双重管理领导体制是根据辅导员的实然状态确定的基本体制，是实事求是的。然而，不能固化地理解双重管理的领导体制，将其认为是不可更改的，而是应该从辅导员职业化发展的视角，辩证认识双重管理和统一管理的关系，努力提升辅导员职业化水平，使专业从业水平得到广泛的社会认可，逐渐实现独立的职业地位，并在条件成熟时实行辅导员工作的统一领导体制。可以考虑在学校层面设置学生工作委员会，在其统一领导和管理下，按照辅导员职业化建设方向，明确辅导员的岗位职责，明晰辅导员的权利和义务。在具体管理机构设置上，由学生处直接管理负责各院系辅导员队伍建设及相关的选拔、培训、考核、激励等环节。辅导员直接向学生处负责，不再隶属于学院但保持密切的合作关系。这样既保证政令统一，提高工作效率，也可以使辅导员提高工作归属感，增进工作认同。

在辅导员工作管理中，要逐渐实行垂直的条状管理，改变现有的条块管理的模式。当然，在学院层面，还是有专职辅导员负责工作的，只是改变多重管理的状态。在学院工作层面，可以参考借鉴英国高校学生事务管理中“学生导师制”的做法。即在院系一级，由院长和学系主任负责学生事务，并在每个学生入学之后安排一位专业教师作为个人导师，具体负责专业学习和个人日常生活方面的事宜，也可以设有高级导师，负责学院全体学生的指导，也可以指定专人负责职业指导等相关事务。其重要特点就是，学院的学生事务工作人员都是兼职的。学院学生事务部门和学校学生事务部门不存在领导与被领导的关系，只是工作业务上的合作关系。

在学生处的统一领导体制中，按照有利于辅导员职业化发展的原则，设立相应的专业咨询中心，作为辅导员进行咨询、研究、学术发展的基地，为辅导员职业化发展提供必要的组织保证和学术支持。在这方面，可以参考借鉴美国及中国香港高校学生事务管理的比较成熟的做法，和我国学生具体实践相结合，探索适合中国国情的学生工作模式，探索中国辅导员的职业化发展道路。在美国和中国香港，重要的专业咨询中心有心理咨询中心、学生服务中心和职业发展中心等。其中，心理咨询中心主要是通过团队咨询和个体咨询方式解决学生在学习、生活等方面遇到的心理问题，帮助大学生适应环境、发展认知、解决问题和冲突。学习服务中心帮助同学们掌握学习技巧，包括记忆规律、学习方法和考试策略安排等。职业发展中心主要是通过咨询讲座、心理测评、模拟面试等方式帮助学生确定并寻找适合的工作，主要包括就业技巧指导，如个人性格测评、书写简历和面试技巧等，并帮助提供适合的工作岗位和实习岗位。

（二）明确辅导员工作职责和权力边界

虽然《普通高等学校辅导员队伍建设规定》对辅导员的要求与职责进行了明确的界定，但是从各高校普遍实践来看，情况并不乐观。根据全国98所高校的专项调查表明，大部分高校的辅导员职责都超出了规定的职责范围，其中76%的高校辅导员超出一些，20%的辅导员超出很多。具体来说，高校辅导员在日常教育管理工作之外，还较多地从事了院系日常工作、专业课程教学、院系教务工作和其他工作。

由于高校内部对于辅导员的工作职责没有达成基本共识，伴随着高校学生管理难度的加大，辅导员的工作角色冲突问题日益严重。特别是在某些高校，除院系和学生处双重领导部门的直接管理，其他职能部门也会将其权责范围内的工作以各种莫名的理由强加到辅导员身上，无形中增加了辅导员的工作压力和精神负担，降低了工作主体性，削减了工作成就感。如某些高校将入学户籍审核、四六级报名等保卫部门、教务部门的具体明确的工作都转嫁到辅导员身上，辅导员不堪重负。因此，在高校整体范围内明确辅导员工作职责是解决辅导员工作压力大、任务杂的现实途径。同时，作为辅导员两大主管部门的院系和学生处，要明确各自的权力边界。由于这方面的规范很少，更多的是参照传统的管理做法，或者领导具体的做事风格，导致辅导员的工作经常处于不确定的状态，使辅导员的心态很难真正平稳。明确双重管理主体各自的权力边界，加强规范化管理，是非常必要的现实举措。

（三）辩证认识辅导员职业化发展和双重身份关系

辅导员双重身份营造了良好的社会舆论，给予了支持性的物质保障，为辅导员职业化发展创造了良好的政策环境。可以说，辅导员的职业化发展在国家的大力支持下，在双重身份的管理体制中，从社会认同、学科建设、行业组织到个人待遇及职业发展都已经取得了长足的进步，呈现良好势头。按照专业化发展理论，专业的发展都会遵循着从低到高，从初级专业到成熟专业的发展历程。因此，无论从辅导员的集体层面，还是从辅导员的个人层面，都要有一种价值坚持和专业愿景，那就是通过辅导员专业化发展，在专业相对成熟的时候，摆脱双重身份的界定，重塑辅导员作为专业群体的独特的身份特征。虽然这会是一个历史的发展过程，但重塑辅导员身份理应成为辅导员职业化发展的价值目标。

（四）提高辅导员相关政策规定的法律位阶

全国人民代表大会及其常委会制定、修改的法律效力位阶高于由国务院制定的行政法规，而行政法规的效力位阶高于国务院各部委制定的行政规章。目前关乎辅导员及辅导员职业化发展的政策规定大多数属于行政规章，不具有真正的法律效力。为了进一步推进相关政策规定的切实落实，辅导员及相关部门一方面要积极争取多方面的社会支持，促进相关政策规定逐步提升法律效力位阶。另一方面要呼吁提议在《中华人民共和国教育法》《中华人民共和国高等教育法》《中华人民共和国教师法》等相关法律中增补体现辅导员及辅导员职业化的相关规定，为辅导员职业化发展提供刚性的法律保障。

第五节 工作运行机制

在建立健全辅导员双重领导的管理体制的基础上，要通过系统的制度化的方法，形成辅导员实践工作中的运行机制。具体来说，包括准入制度、培训制度、考核制度、激励制度和工作模式。上述环节紧密联系，有机结合，共同形成辅导员工作的运行机制。

一、准入制度

准入制度是辅导员职业运行机制的首要环节，是高校辅导员职业化的重要保障，直接影响着高校学生工作人员的基本水平和辅导员职业的社会认同。目前国内各高校已经进一步完善了辅导员选拔机制，坚持高标准，严把入口关，以公开招聘为主要方式，把德才兼备、乐于奉献、热爱大学生思想政治教育工作的人员选聘到辅导员队伍中来，基本形成了一支相对稳定、结构合理、素质优良、有战斗力的辅导员队伍。

（一）准入制度存在的主要问题

1. “近亲繁殖”现象

中国传统文化的重要特征之一就是熟人文化，体现在高校辅导员选聘工作中就是更倾向于选择本校的学生入职，而职业化的重要特征之一就是社会化。随着时代的发展和辅导员职业化进程的推进，这种“近亲繁殖”的状态已经很难适应时代、高校和辅导员队伍发展的需要。在计划经济时代，选派优秀的毕业生留校工作具有特别的意义，因为计划经济时代的大学教育属于精英教育。“千军万马过独木桥”是当时的真实写照，学生的分配属于统招统分模式，由于社会建设需要各方面的人才，大学生毕业时基本上是供不应求，在可以找到很好工作机会的情况下，选择留在比较清苦的学校环境，的确是又红又专的先进代表，这一点在清华大学“双肩挑”辅导员的具体实践中可以得到很好的验证。随着高等教育大众化时代的来临，大学生就业面临着巨大的压力，高校在众多的就业单位中也具有独特的优势，吸引了众多的大学毕业生。一方面，从整体上讲，留校人员的整体素质和选择留校的具体原因和以往有一定的差别；另一方面，如果过多选择留校人员作为本校的辅导员，会对辅导员队伍的学科发展和公平竞争机制产生消极的影响。

2. 选聘途径单一

《普通高等学校辅导员队伍建设规定》要求新聘任的青年专业教师，原则上要从事一定时间的辅导员或班主任工作。除此之外，各高校也在进行有意义的探索，如对外经济贸易大学优先选聘有西部支教、社区服务、新农村服务经验的基层优秀工作人员作为专职辅导员。但是，从高校具体实践的整体状态来看，在应届毕业生中进行选聘仍旧是目前高校辅导员选聘的主要渠道。

3. 选聘标准不统一

从选聘要求上，虽然《普通高等学校辅导员队伍建设规定》明确指出辅导员的选聘标准为：政治强、业务精、纪律严、作风正；具备本科以上学历；德才兼备，乐于奉献，潜心教书育人，热爱大学生思想政治教育事业；具有相关的学科专业背景，具备较强的组织管理能力和语言、文字表达能力；接受过系统的上岗培训并取得合格证书。但是由于上述选聘标准的描述性较强，可量化的指标少，在具体操作中的灵活空间很大，高校一般都是根据各自单位的需要来界定选聘要求，从高校辅导员队伍选聘角度来讲，标准化程度较低，一定程度上阻碍了辅导员职业化的进程。

4. 选聘数量不符合政策要求

虽然《普通高等学校辅导员队伍建设规定》对专职辅导员的配备比例提出不低于1：200的明确要求，然而实际工作现状不容乐观。以江苏省为例，调查显示，截至2018年底，211工程高校辅导员与学生的师生比平均为1：235，普通高校辅导员与所带学生的师生比平均为1：212，普通职业类高校辅导员与所带学生的师生比平均为1：256，民办本科院校辅导员与所带学生的师生比平均为1：324。甚至于个别民办本科院校的专业辅导员与所带学生的师生比达到了1：1043（甚至1：1325）。这也是高校辅导员普遍感觉到工作压力大的重要客观原因之一。

（二）准入制度问题的解决对策

1. 打造多元化背景的工作团队

辅导员团体既是管理服务的团队，也是教学研究的团队。特别要强调的是，只有依托教育研究的成果和实力，才能够提升辅导员的专业化水平，才能够提高管理服务的水平，为大学生的全面发展提供支持，促进辅导员队伍的职业化发展。辅导员团体作为一个教学研究的团队，和其他专业课的教学研究团队一样具有基本的共同特征和需求，要按照教育规律进行科学的组织和管理。通过打造多元化背景的工作团队，营造多元统一的团队文化，可以使团队成员之间优势互补，形成学科研究合力，促进个人成长和团队发展，形成个人与团队互相依靠、彼此促进的良好互动关系。在实践中，不同的大学在历史发展过程中形成了独特的校风校训，各高校独特的教学科研、学术训练或社会实践也会深刻地影响其中的莘莘学子。可以说，每个大学生，都是高校环境的产物，都会在高校潜移默化的影响下形成相对独特的做事风格和研究特色。在多元化背景的辅导员团队中，不同的校园文化互相交融、互相激发新的灵感，可以有效推动团队的可持续发展。即使是选聘留校毕业生担任辅导员，也不宜超过一定的比例，可以借鉴很多学校的具体规定，如本校的博士毕业生留校不能超过30%。

2. 拓宽选聘途径

职业化的重要特征就是社会化，要从社会范围内建立广泛的选聘途径，逐渐形成社会化、市场化的选聘格局。在中国香港，学生辅导员是专业性很强的工作。如香港科技大学的5位专业辅导员均获得硕士或博士学历，包括临床心理学家、辅导心理学家、心理治疗师和综合社会工作者。有鉴于此，高校辅导员的来源途径可以多元化，在保持应届毕业生的来源基础上，通过社会招聘，对辅导员职业化建设中急需的人才进行有针对性的选择，通过人才的合理配置来提升高校辅导员队伍建设的内在力量。在这方面，很多学校都已经进行了实质性的探索。如高校之间互相派驻专职辅导员到对方交流学习甚至是岗位实习半年或者一年，比较全面地了解其他高校的学生工作经验和特色，为本校学生工作的开展提供支持借鉴。另外，一些政府部门也会根据情况派驻学生辅导员到各高校协助工作。例如，新疆曾经派驻专门负责少数民族事务的专职辅导员负责协助管理高校的少数民族学生工作，由于具有相同或相近的民族文化背景、语言沟通基础和风俗生活习惯，少数民族学生群体中一些深层次的问题和矛盾能够得到及时有效的解决，对于本校专职辅导员提高处理少数民族学生事务的能力也有很大帮助。

3. 高校招聘的标准化建设

在国家政策要求的基础上，以统一的辅导员行业组织为依托，完善辅导员职业能力的标准化评估工作。在此基础上，高校可以根据各自的办学特色和学生工作传统，进行岗位职责的具体规范。一方面可以使应聘者对照具体的岗位职责衡量自己是否适合上述岗位，进行个体评估和岗位申请；另一方面可以节省招聘委员会和相关决策人员的时间成本，既降低了人力资源管理的复杂程度，也使得辅导员选聘工作的科学性基础得到保证。

4. 选聘配齐专职辅导员

辅导员作为大学生思想政治教育的引导者和日常事务的管理者，在常态工作环境下要面临着繁重的事务性工作和复杂的个性化问题。辅导员的管理幅度和辅导员的工作效果直接相关。管理学理论对于管理者的管理幅度有着严格的规定，在此科学理论基础上，参照高校具体情况，国家制定了1∶200的选聘比例。高校应该将辅导员选聘数量作为辅导员队伍建设的基本要求纳入到学校招聘计划中。教育主管部门应该将辅导员选聘数量是否达标作为高校质量评估的考核标准之一。另外，教育主管部门在监督检查辅导员队伍建设工作时，要明确界定专职辅导员的外延，避免将专职辅导员与兼职辅导员，辅导员与班主任混为一谈，督促高校真正落实“选聘配齐专职辅导员”。

二、培训制度

辅导员培训是提高辅导员的综合素质和职业能力的重要途径，也是社会发展、知识更新和学生成长的客观需要。在政策支持和实践需要推动下，高校辅导员培训形式多元化，主要有岗前培训、日常培训、专题培训、骨干培训和学历培训。岗前培训一般由学校统一组织，主要是提高辅导员的基本理论修养和业务知识能力，帮助他们提高认知水平，提高适应能力。日常培训机制依托辅导员基地、协会、论坛等形式具体开展，注重理论和实践的结合。专题培训可以有效地提升辅导员的实际工作技巧和水平。如对外经济贸易大学引进国际标准认证的职业发展提升项目，投入专门的经费，提高专业辅导员的就业辅导水平，开阔了辅导员的理论视野，得到了辅导员的广泛认可。骨干培训可以逐步培养造就一批热爱学生思想政治教育工作，关心学生发展的专家队伍，通过培养专家化的辅导员进一步提升辅导员队伍建设的专业化水平。

（一）培训制度存在的主要问题

1. 重培训形式、轻培训效果

虽然培训形式多元化，培训重点比较突出，但是由于各级培训没有严格的考核制度作为配套措施，培训更多地表现为一种福利待遇，激励效果强，制约效果弱，这种状态和辅导员培训活动的初衷是不相符的。

2. 学习机制有待完善

中共中央16号文件颁布以来，国家及地方各个层面相继出现了辅导员培训的热潮，为辅导员工作水平的提升发挥了积极的作用。但是，学习更应该是持续性的学习，是教师灌输性和个人自觉性有机结合的过程。阶段性的培训工作与持续性学习的内在矛盾并没有真正解决，学习的长效机制没有有效的建立。

3. 培训内容综合全面但缺乏针对性

由于培训时间有限，培训内容较多，如理想信念、职业发展、组织管理、心理咨询诸多涉及辅导员岗位职责的理论和实践内容。虽然培训内容比较全面，但却不能够深入解析。对于已经了解学生工作基本情况需要进一步提升的辅导员来说，指导意义不突出，一定程度上造成了教育资源的浪费。

4. 学历培训覆盖面窄

由于资源有限和政策规定，真正能够通过单列指标完成辅导员学历提升的人数是非常有限的。学历提升作为辅导员专业化能力提高和职业归属感增强的重要途径，在实践中没有发挥更加广泛的作用，加上辅导员其他专业化发展路径有限，严重影响了辅导员的职业化建设进程。

（二）培训制度问题的解决对策

1. 优化培训资源配置

高校辅导员队伍建设起步较晚，加上各高校的具体情况不同，对于培训的需求是不一样的。如果改变自上而下的培训规划，实行自下而上的培训需求上报，可以更加有效地分配教育资源，提升教育效果。同时，各高校亲自参与培训规划，有利于提高责任意识，增进培训效果，促使高校不断反思自身建设的现状、需求和发展方向。

2. 灵活学历培训机制

学历培训是培养专家型辅导员的重要途径，学有所成的辅导员在学科建设、应用理论研究、实践指导方面可以发挥重要的带头作用。通过建立学历培训的灵活机制，可以帮助更多有意于终身从事辅导员事业的人员提升专业能力。如开设假期学校，可以集中时间完成学历培训的基本要求，同时并不影响辅导员自身的工作。

3. 拓展国际化视野

英美等国的高等教育发展历史悠久，其理念和做法都有值得借鉴之处。但是，目前在高等学生事务管理方面的国际比较研究成果数量不多，领域较窄。其重要原因之一就是国内学界对于其理论和实践的研究没有达到一定的深度。通过国外短期培训和国外学历教育相结合，不断翻译引介相应前沿著作，可以对辅导员工作和思想政治教育工作的国际化视野拓展发挥积极作用。

三、考核制度

考核制度是对组织成员的工作过程和状态的一种评估。通过考核，可以使组织成员对工作状态有一个比较明确的认识。考核制度是高校辅导员运行机制中承上启下的关键环节，其和培训制度、激励制度密切相关。《普通高等学校辅导员队伍建设规定》（以下简称《规定》）明确指出，各高等学校要制定辅导员工作考核的具体办法，健全辅导员队伍的考核体系。在高校辅导员考核中，一般采用全面性、公正性、目标性、适应性和应用性原则。全面性原则要求考核的内容全面反映辅导员工作情况；公正性原则要求以工作实际成绩为基础进行评估；目标性原则体现个人目标和组织目标的一致性；适应性原则要求根据情况变化调整考评体系；应用性原则强调考评结果的激励价值。

（一）考核制度存在的主要问题

1. 考核主观性强，流于形式

虽然考核内容明确在德、能、勤、绩四个主要方面，但是量化的考核指标很少。无论是个人述职，还是学院、学生、主管部门、领导同事的评价，主观性都比较强。特别是在考核结果与激励措施不直接相关的时候，考核更多是流于形式。

2. 考核指标一刀切，没有针对性

由于关于高校辅导员的胜任素质体系的研究不是很深入，因此在实际工作中，无论是新入职的辅导员，还是任职多年的辅导员，抑或主管学生工作的学院副书记，只要属于辅导员编制的，基本都是按照统一的考核指标进行考核，没有适用对象的区分，针对性比较差。

3. 考核与培训、激励联动较少

辅导员的考核虽然名义上由组织人事部门、学生工作部门、院（系）和学生共同参与，但是考核结果，特别是考核优秀的辅导员与考核较差的辅导员在培训和激励方面的差距并不是特别大，考核经常和职务聘任、奖惩、晋级及培训等不直接挂钩。

（二）考核制度问题的解决对策

1. 逐步建立考核的主客观标准

从学科的发展趋势来看，标准化的过程正是专业化能力提升凝练的过程。标准化对于职业内部来说，是统一职业理念，贯彻职业原则，形成职业规范的过程；标准化对于职业外部来说，是专业化的外在表现，是赢得社会认可的重要基础。在辅导员职业化的过程中，需要在充分调研的基础上，理论和实际相结合，逐步打造具有可操作性的考核标准，通过与考核标准的对照，可以使得个人更明确地认知工作状态，形成自觉的发展动力，进行有目标的个人调整，从而在保证个人发展的基础上，实现与组织发展的良性互动。

2. 考核标准要具有适用性

考核标准要根据高校辅导员的结构体系进行相应区分，要和不同对象的特征相匹配。如新进辅导员，重点考核其适应能力和工作态度，工作五年及以上的辅导员，要重点考核其发现、分析和解决问题的能力，对于领导岗位上的辅导员，要重点考核其学生工作发展规划能力和重大问题的解决能力。

3. 将考核纳入人力资源管理体系

科学的考核过程固然重要，但是考核作为人力资源管理中的一个环节，不是结果，而是手段，必须要和激励、发展等环节结合起来，才能实现考核的真正价值。只有将考核的科学性和考核的应用性完美结合，才能够真正促进高校辅导员的队伍建设，提高辅导员的工作积极性和创造性。特别是对于考核优秀的辅导员，要根据个人的实际情况给予有效的激励，从而营造高校辅导员队伍中积极上进的良好氛围。

四、激励制度

从辅导员的队伍建设方面，《关于加强和改进高等学校辅导员、班主任队伍建设的意见》（以下简称《意见》）指出：要建立完善大学生思想政治教育专职队伍的激励和保障机制，完善思想政治教育队伍的专业职务系列。从辅导员的具体发展方面，《意见》指出：要着力建设一支高水平的辅导员、班主任队伍，学校要从政治上、工作上、生活上关心他们，在政策和待遇方面给予适当倾斜。

（一）激励制度存在的主要问题

1. 物质激励水平较低

物质报酬作为激励因素中的保健因素，虽然大幅度提升不能够产生显著的激励作用，但是不合理的物质报酬会严重削减工作动力。高校辅导员承载着教师和管理干部的双重身份，担负着双重甚至更多的责任。但是从高校平均薪酬来看，辅导员的物质报酬处于中等偏下的水平。虽然《规定》指出高等学校要积极为辅导员的工作和生活创造便利条件，应根据辅导员的工作特点，在岗位津贴、办公条件、通讯经费等方面制定相关政策，为辅导员的工作和生活提供必要保障。但是在实际落实的过程中仍存在较大难度。

2. 缺乏荣誉激励

按照马斯洛的需求层次论，生活和安全是基本的需求要素，荣誉是更高层次的需求要素。在高校评价体系中，由于辅导员的双重身份和职业地位的不明确，在高校评选优秀教师和优秀管理者的时候，辅导员都处于比较尴尬的境地。这一方面影响了高校辅导员的自我认可，另一方面也影响了其他教师群体和职能部门对于辅导员的看法。

3. 发展激励不到位

职业化的核心要点就是职业人可以在职业内成就事业，实现自我价值。相应来说，影响自我实现的发展性因素也是最重要的激励因素。而在辅导员职业发展过程中，发展激励措施常常处于缺失的状态。在高校环境中，对于教师来说，自我实现的最重要的表征就是职称；对于管理者来说，自我实现的最重要的表征就是职务。对于高校辅导员整体来说，在职业化过程中，无论是职称，还是职务，都处于比较被动的局面。高校在辅导员的评聘过程中，要综合考虑，统筹安排，将科研工作和实际业绩有机结合，制定相应的倾斜照顾政策，不断完善辅导员的职称评定体系。虽然有政策的规定，但是在普遍的高校实践中，职务和职称问题仍旧是困扰辅导员工作队伍，影响辅导员职业化稳定发展的重要因素。辅导员和其他专职教师相比，需要投入更多的时间精力打理学生事务，在学术研究上很难投入太多。辅导员专业化建设在全国高校也是刚刚起步，专业化团队模式还没有成熟，团队研究实力还没有形成，辅导员普遍自我信心不足，不愿意尝试不可能的任务，这是影响辅导员职称晋升的重要内在因素。根据北京和上海两地高校的座谈访问，发现高校关于专职辅导员的职称评定标准基本是一致的，即参照两课（马克思主义理论课和思想政治教育课）教师的标准，以科研发表为主要考核指标，参照学校不同层次，刊物级别随之调整。以对外经济贸易大学为例，评选副教授要求在相关学科 CSSCI 目录期刊至少发表三篇以上文章。目前，学科发表难度较大，综合性期刊由于办刊宗旨和导向的因素对于思想政治教育类的论文不是特别支持，而思想政治教育的专业期刊非常少，有一些辅导员专业期刊却级别不高，这是影响辅导员职称晋升的重要外部因素。

（二）激励制度问题的解决对策

1. 保证辅导员薪酬不低于同级别教师水平

只有对于辅导员的工作付出进行合理的评价，才能够实现相对的公平，保护辅导员的工作热情。辅导员弹性工作制度的规范执行以及岗位津贴的考核发放也可以构成辅导员薪酬的组成部分。专门针对辅导员的岗位津贴不仅仅是物质报酬上的补偿，更意味着对辅导员工作的认可。在北京，从 2008 年开始，由北京财政专项拨款支持辅导员队伍建设，辅导员岗位津贴标准为每月 500 元，在全国各省市产生了广泛的示范作用。这一点极大地提升了北京高校辅导员的工作认同感，也从社会认同意义上提升了辅导员的职业地位，发挥了重要的激励作用。

2. 增加荣誉性奖励措施，奖优罚劣

全国高校优秀辅导员网上评选工作得到了全国大学生的广泛响应和参与。北京、广东等20多个省市定期评选表彰“全省高校优秀辅导员”，树立先进典型。天津市广泛宣传，创作了辅导员工作的歌曲《辅导员之歌》、诗歌《我骄傲，我是青春引路人》，上述措施在社会范围内营造了良好氛围，极大地鼓舞了辅导员队伍的工作士气。需要强调的是，对于绩效考核不合格的辅导员，也要根据具体情况进行调岗、再培训或者解除劳动关系，坚决避免和杜绝不能够胜任辅导员岗位职责的人继续在岗位上任职，既损害了广大学生的利益和权益，也影响了辅导员队伍职业化建设。

3. 事业留人，发展留人

舒伯的生涯发展理论是职业发展的重要理论。该理论整合了心理学和职业社会学的发展成果，将个人的发展提到了重要的地位，重视人类的探索活动和自我发现，强调个人的长远规划，强调生涯发展就是自我实现的过程。辅导员的发展对辅导员的自我实现意义重大。只有在辅导员工作中能够实现自我价值，辅导员才能够全身心地投入到职业发展中，并将辅导员工作作为毕生的事业进行追求和探索。而职业能力的发展是辅导员成就职业荣誉，实现自我价值的重要途径。

在职务和职称问题上，为了进一步落实中央和教育部精神，加强高校辅导员队伍建设，某些高校已经进行了非常有意义的试点，参照辅导员教师和管理干部的双重身份，在职务和职称问题采用双轨晋升的方式。在行政职级晋升方面，根据工作考核结果、工作年限、工作研究成果等多项指标综合考察，重点考核工作实际业绩，进行相应的职级晋升。在专业技术职务评聘方面，对辅导员实现标准单列、序列单列和评审单列，充分考虑到辅导员工作的实践性和综合性。在各方面给予倾斜政策，鼓励和支持符合标准的辅导员拓展职业空间，实现自我价值，重点扶持有意愿从事学生思想政治教育工作的辅导员创造发展，成为专业学科梯队的骨干力量甚至是专家级的领军人物，为建设稳定的辅导员队伍提供制度的保证。上海市已建立了一套符合辅导员岗位要求和队伍实际的评聘标准和程序，上海高校已有123位辅导员获得高级专业技术职务，占辅导员总数的4.6%。

除了上述的纵向流动，即按照职务和职称问题采用双轨晋升的方式流动之外，横向流动，即转向职能管理岗位、专职教师系列或地方管理部门，也成为高校辅导员发展的方向之一。《规定》中明确指出：高等学校应把辅导员队伍作为后备干部培养和选拔的重要来源，根据工作需要，向校内管理工作岗位选派或向地方组织部门推荐。横向流动是在保证辅导员队伍基本稳定的基础上实现的合理流动，有助于实现辅导员队伍的优化配置。无论是纵向晋升，还是横向流动，都

要体现辅导员工作的专业化特征。只有专业化的发展，才能够成就个人的自我价值实现，才能够成就辅导员职业的良性循环发展，才能够成就高校学生教育管理工作的社会地位。

五、工作模式

模式的本源含义是指事物发展变化的特定方式，体现了事物普遍联系和相互作用的一定规律。但是在广泛的实践运用中，模式更多被认为是具有示范价值的系统的工作方式方法，如管理模式、组织模式和发展模式等。在辅导员职业发展的历史中，辅导员工作积累了丰富而宝贵的经验，为中国革命和社会主义建设时期的发展提供了重要的思想保障。随着时代的发展和社会需求的变化，传统经验式的工作方式，师徒相授式的技能传承已经不能够适应辅导员职业化发展的客观要求。如何推动辅导员工作从传统的经验型向时代呼唤的科学型的转变，是促进辅导员职业化科学发展的重要课题，特别是微观层面上辅导员队伍组建模式和发展模式存在的诸多问题，需要不断进行探索。

（一）辅导员队伍的组建

1. 辅导员队伍组建存在的问题

在辅导员职业发展的长期实践中，在国家政策导向和社会需求转化的影响下，形成了各有特色的辅导员队伍组建模式，主要有兼职模式、专兼职模式、专业化团队模式和生活共同体模式。辅导员队伍组建模式的主要问题有以下几个方面：

（1）兼职模式不能够适应大学生发展的实际需要。清华大学首创的“双肩挑”式的兼职模式在新中国成立以来的高校思想政治工作中发挥了重要的示范作用。但由于兼职模式的实施需要具备一定的基本条件，如健全的组织管理、深厚的校园文化氛围、优秀的生源和完善的岗位培训机制等要素，客观上造成了兼职模式使用范围的局限性；另一方面，兼职式具有工作周期短、工作流动性大和工作专业积累性弱等内在特征，这和大学生的发展诉求之间存在着不可调和的矛盾，极大地制约了大学生的全面发展和辅导员职能的有效发挥。

（2）专兼职模式存在着多层面的结构矛盾。目前，专兼职模式是各大高校普遍采用的辅导员队伍组建模式。从辅导员职业发展历程中可以发现，在相当长的一段时间内，不论从国家政策层面的规定，还是高等学校的具体实践中，以兼职为主成为默认选择。从辅导员职业化正式提出以来，专职辅导员的地位和认同明显提升。即便这样，专职辅导员的编制在众多高校仍然不能够得到保障。虽然目前大多数学校已经采用“专兼结合，以专为主”的队伍组建模式，但是从高校学生总数与专职辅导员的比例来看，专业辅导员的配备是相当短缺的。在上述的基本状态下，专职辅导员的工作压力大，辅导员没有时间和精力关注和发展自身的核心竞争力，在职业发展路径不明确的前提下，会导致专职辅导员职业选择中的短期行为，并将辅导员工作看作一个过渡性的岗位，这对辅导员的职业化发展有着巨大的冲击。

(3) 专业化团队模式缺乏制度支持和发展动力。专业化团队模式是提升辅导员职业化能力的重要举措。美国和中国香港高校在教育实践中充分运用专业化团队建设模式，在为学生提供专业化咨询和服务的同时，不断深化学生事务管理人员对于专业领域的认识和研究，形成教学相长的良性循环，取得了良好的学生辅导效果，也得到了社会的普遍认可。在中国高校，专业化团队模式在理念上得到认同，在实践中不断推进。然而，在辅导员的双重管理体制下，很难确定专业化团队模式的管理主体和资源投入主体。只有职业化理念，没有政策制度的支持和持续规划的资源投入，专业化团队缺乏发展的组织动力和物质保证，更多表现为面子工程或者挂牌工程，难以进行实质性发展。

(4) 生活共同体模式难以承载多项专业性职能。生活共同体模式的产生和发展伴随着高等教育的改革进程。在高等学校后勤社会化改革过程中，很多高校在政府规划下统一迁至大学城，规模较大的宿舍园区逐渐形成，这是生活共同体模式产生的客观条件。伴随高等教育学分制的逐步实施，原有的班集体组织模式和小班授课的方式发生了深刻变化，这是生活共同体模式产生的组织背景。生活共同体模式有利于集中管理，这一优势使其成为众多高校特别是综合性大学的选择。回顾高等学校后勤社会化改革的初衷，就是为了帮助高校解脱社会性负重从而能够专心投入高校的改革建设和战略发展。然而，生活共同体模式恰恰是在辅导员已经非常繁重的教育、管理和服务工作中增加了新的内容。生活共同体模式的“一揽子”功能解构了辅导员专业化的诉求。

上述主要问题的存在不仅制约了辅导员工作模式自身作用的发挥，更深层次的问题就是影响了辅导员职业化和专业化的发展进程。在高校具体实践中，上述模式更多的是在解决日常管理方面发挥作用。很多高校并没有从大学生全面发展与辅导员队伍科学化建设角度研究、设计和实施辅导员工作模式。

2. 辅导员队伍组建问题的解决对策

辅导员工作模式关系到辅导员队伍的建设和发展，更关系到大学生非智力领域的拓展和深化。应该根据各校具体情况，采取长期战略和短期战术措施相结合的方式，按照辅导员职业化的基本要求进行组织设计和制度完善，不断推进辅导员工作模式的科学化发展。长期战略措施就是要逐渐弱化，甚至取消兼职辅导员和生活共同体模式加强专职辅导员模式与专业化团队模式的建设，立足于辅导员的职业化专业化，有利于大学生的全面发展。短期战术措施就是要针对各模式存在的主要问题进行整改和完善，在逐渐改革完善的过程中推动辅导员教育、管理和服务能力的提高，形成思想政治教育工作队伍普遍的理念共识。具体解决路径包括以下几个方面：

（1）以专业化的要求明确兼职辅导员的基本职责。兼职辅导员在辅导员发展历程中占据了重要地位，在很长一段时间内发挥了重要的思想政治和意识形态保障作用，功不可没。现阶段，辅导员职业化水平不高，辅导员工作队伍相关管理体制和运行机制还没有完全理顺，兼职辅导员在高校思想政治教育工作中仍旧发挥着一定的作用。但是，兼职并不意味着非专业化。专业化对于从业人员的专业素养、专业伦理和专业技能方面具有规范性的要求，对于个人专业能力的培养、个人潜能的发掘和提高从业水平具有重要的意义。回顾辅导员职业的发展历程，辅导员队伍中涌现过相当数量的治国英才和行业精英。虽然他们离开了具体的辅导员岗位，但是辅导员岗位的历练使得他们具有坚定的思想政治素质、无私奉献的敬业精神、统筹兼顾的组织能力，这对于他们个人的成功发展是至关重要的基础。通过兼职模式的专业化建设，可以部分弥补兼职辅导员工作周期短、工作流动性大和工作专业积累性弱等内在缺陷，为更好地完成辅导员的光荣使命奠定必要的专业能力基础。

（2）以充足的编制配备专职辅导员队伍。无论辅导员是以教师身份进行教育活动，还是以管理者身份开展组织管理工作，合理的管理幅度都是取得良好工作效果的前提条件。只有高校认真落实国家及教育部的相关政策，给予辅导员队伍发展相应的重视和充足的编制保证，辅导员工作的科学化、精细化才有可能真正实现，大学生的全面发展才有可能真正实现。

（3）明确管理主体和资源投入，促进专业化团队模式的健康发展。专业化团队模式是推动辅导员职业化的重要载体。专业化团队模式作为新生事物，在辅导员双重领导的体制下缺乏明确的管理主体。作为管理主体之一的院系，其精力和资源集中于学科建设、专业教师和高层次人才的培养，对于辅导员专业化建设既无暇管理也少有资源投入。作为管理主体之一的学生工作职能部门，虽然从整体上负责全校学生的教育管理工作，负责辅导员的管理培训等事宜，但是其行政管理经费相当有限，面对专业化团队模式的建设投入实是心有余而力不足。强有力的管理主体和必要的资源投入是专业化团队模式的基本条件。因此，在专业化团队模式建设上，需要明确更高层级的高校管理主体，可以尝试在高校党委直接领导下成立高校学生工作发展委员会，即由学校党委书记担任主任，由分管学生工作的党委副书记担任副主任，学生处、教务处、财务处、各院系主要领导参与的组织管理机构。对于专业化团队模式的构建和发展可以由学生工作职能部门提交方案，由委员会审核通过并付诸实施。

（4）以专业性发展为原则重构生活共同体模式。目前的生活共同体模式更多体现为辅导员工作地点的变化，以及工作内容的泛化。辅导员主要是依托院系专业、年级、班级组织开展工作，工作范围广泛，很难在工作中培养专业化能力，这对于辅导员工作水平的提升和大学生问题的有效解决都是根本性的制约要素。因此，必须在专业性发展原则基础上重构生活共同体模式的价值，如可以尝试打破院系管理的壁垒，在学校层面统一配备生活共同体模式下的辅导员。辅导员可以根据自身的专业兴趣和专业发展方向，在涉及大学生全面发展的学习指导、心理辅导、社团活动和职业规划等领域开展相应工作，在工作量稳定的基础上实现专业化的质性发展。从另一个角度说，也是专业化团队模式与高校规模化集中住宿形势的一种有机结合。只有坚持专业性发展的原则，生活共同体模式才能够具有强大的生命力。从辅导员队伍组建模式的主要问题和解决路径分析看来，专业化发展是辅导员开展工作需要依据的黄金定律。非专业化的建设理念，非专业化的建设途径，都会对辅导员职业化的进程产生消极影响。在辅导员大力争取外部权利和资源的时候，也要时刻谨记自身的责任和使命，坚持内外兼修，对内提高辅导员从业人员的专业素质，对外加强辅导员体制机制建设，通过自身的作为赢得广泛的社会认可，最终实现职业化水平的提升。

（二）辅导员队伍的发展

1. 辅导员队伍发展存在的问题

辅导员的职业化发展离不开辅导员队伍的发展，辅导员队伍发展模式在提高辅导员个人专业素养和综合能力，提高辅导员群体的凝聚力和战斗力方面具有重要意义。从辅导员工作的普遍实践中归纳总结，辅导员队伍发展模式主要有组织推动型模式、学习型团队模式、项目管理小组模式。辅导员队伍发展模式的主要问题有以下几个方面：

（1）组织推动型模式重视外延拓展而忽视内涵建设。在国家政策的积极影响下，为进一步推动辅导员队伍建设，辅导员主管部门和相关组织给政策、搭平台、出经费。通过培训基地建设、学位发展计划等具体措施为辅导员职业化发展提供组织支持。北京、上海等城市在组织推动方面发挥了示范作用。但是由于组织推动型模式较多关注覆盖范围，缺乏对过程的科学设计和有效监控，对于内涵要求没有明确的界定，客观上影响了组织推动型模式的长期效果。从各省市的普遍实践来看，培训工作是组织推动型模式的重要途径。而辅导员培训工作中重视广泛性，缺乏针对性；重视灌输性，缺乏主体性；重视资格认证，缺乏监督考核等内在矛盾也严重制约了组织推动型模式的发展。

（2）学习型团队模式呈现零散化、自发性，缺乏行政整合和学科专业力量支撑。学习型组织是指能够有意识、有系统和持续地通过不断创造、积累和利用知识资源，努力改变或者重新设计自身以适应不断变化的内外环境，从而保持可持续竞争优势的组织。学习型组织在高校辅导员实践中呈现出不同的表现形式，如组织性较强的辅导员协会，交流互动性较强的辅导员沙龙和论坛，以及研究性较强的科研课题团队等。其在辅导员队伍职业化建设中发挥了重要意义，特别是在统一内部认识、扩大对外宣传方面提供了更加民间化、生活化的渠道。然而，从全国来看，学习型组织模式发展很不平衡。现有的辅导员协会、辅导员沙龙和论坛、辅导员专业期刊和以辅导员为主体的科研团队，没有广泛的学科影响力。这种零散化、自发性的学习型组织基本状态不能够适应辅导员队伍建设和发展的需要。

（3）项目管理小组模式非常态化特征明显。重视实务工作，而忽视理论建设项目管理小组模式最初是管理科学中的概念，主要是指在组织任务完成需要多层面人员参与的时候，从传统的组织机构中抽调相应人员组成特定项目管理小组，有利于灵活机智、及时有效地解决问题，实现组织目标。从项目管理的基本要求可以看出，其具有暂时性、灵活性和平等性等特征。项目管理小组模式在高校教育实践中占据了重要地位。无论是承办国家重大任务，还是学校的各项重大活动，项目管理小组模式都发挥着重要作用。然而，由于项目管理小组模式只是与重大、紧急任务相联系，其在日常学生管理和辅导员持续发展中发挥的作用非常有限。同时，重大活动积累的宝贵经验难以转化成理论，项目管理小组模式的意义、价值很难得到广泛的推广和深入的传承。

2. 辅导员队伍发展问题的解决对策

总结辅导员队伍发展模式的主要问题，可以发现集中在两个方面：第一，辅导员队伍发展缺乏明确、权威的管理主体；第二，辅导员队伍发展缺乏学科专业力量的有效支撑。因此，解决上述辅导员队伍发展模式的主要问题应该从以下几个途径入手：

（1）明确辅导员管理的权威行政主体。教育部作为教育的宏观管理部门，更多是在辅导员发展的政策和规章制定方面发挥重要的作用。从辅导员队伍建设的具体规划和运作角度来考察，行政权力的分散运作，不利于资源的统筹安排，也不利于辅导员队伍的建设。如果在教育部相关规定的基础上，设置全国性的辅导员工作主管机关，对各省市、各高校不同层面的辅导员工作发展目标和任务进行规范，搭建辅导员工作管理主体的立体组织架构，对于辅导员职业化的发展将是重大的组织保障。明确辅导员管理的权威行政主体，有利于统一发展理念，明确发展目标，整合发展资源。在明确的组织管理体制中，辅导员工作的主要问题可以及时反映给各层次的主管部门，上级主管部门可以通盘考虑辅导员工作的部署安排，在征求各方面专家学者意见的基础上，制定科学决策和具体制度，并以行政命令的方式及时有效地贯彻到各高校的具体实践中。

（2）重视学科价值，大力发展辅导员专业组织。学科发展在专业化发展中具有根本性的意义。在辅导员职业化水平较低的现今阶段，更要重视学科发展及其知识论基础对于辅导员工作科学化的指导价值。根据高校辅导员工作实践性的特点，努力在思想政治教育学科的应用理论研究和实证研究方面寻找学科生长点；根据高校辅导员工作综合性的特点，在交叉学科视野中，运用多学科的理论和方法进行创新研究。复杂的组织是以其任务的高度专业化和高度分工为特色的。这种差异出现在两个方面——以等级系统为代表的垂直方面和以部门化为代表的水平方面。如果说辅导员的权威管理主体代表着等级系统的垂直方面，那么从某种意义上讲，辅导员的专业组织就代表着部门化的水平方面。因此在统一高效的行政管理体制之外，还要充分调动专业组织的活力，发挥专业组织在专业发展、工作标准制定、伦理道德规范方面的重要作用，使行政管理和专业组织管理优势互补，搭建多层次、全方位的组织管理体系。辅导员职业化发展是时代发展的呼唤，是社会建设和人才培养的需要，是辅导员队伍建设的主体性诉求。在国家的政策支持和各方面的协同努力下，辅导员职业化进程顺利展开。辅导员的双重身份为辅导员职业化的现实发展创造了良好的政策环境，营造了良好的社会舆论，给予了支持性的物质保障。辅导员职业化的发展，一方面要依托双重身份的政策优势，抓住历史发展机遇，实现内外兼修；另一方面要积极应对挑战，努力解决学科建设、行业组织建设、高校系统、管理体制和运行机制建设方面的深层次矛盾和问题。只有以科学发展的态度面对历史机遇与挑战，积极推动辅导员职业化进入更加成熟的阶段，才能逐渐摆脱辅导员双重身份的界定，最终塑造辅导员独特的身份特征。这将是辩证发展的历史过程，但无论从辅导员组织层面，还是从辅导员个人层面，都应当有这样的价值坚持和专业愿景。

第六章　高校辅导员职业化的交叉学科分析

在复杂多变的国际国内形势下，思想政治教育工作日益综合化和复杂化，单一的学科理论和方法很难解决复杂的思想政治教育工作问题和难题。在自然科学和社会科学互相交叉渗透的学科发展趋势下，交叉学科的研究视野逐渐成为思想政治教育学科的新的成长点，也是开展辅导员职业化研究的重要视角。辅导员作为高等学校教师队伍和管理队伍的重要组成部分，具有教师和干部的双重身份。辅导员的双重身份并不是简单的职业标签，而是进行辅导员职业化发展分析的重要逻辑起点之一。辅导员专业性不强是制约辅导员职业发展的软肋，而专业性的提升首先需要对专业要素进行合理的界定。本章通过对教育学学科的教师专业化及教师专业要素理论的解析，根据辅导员的具体情况，逐步明确辅导员职业化所需要具备的专业要素，为辅导员的专业能力发展划定版图。辅导员素质建设是辅导员职业化的基础。传统的辅导员素质理论内容全面却缺乏针对性，具有普遍指导意义却缺乏情境适应性。在系统描述辅导员素质的基础上，通过对管理学学科的管理者职业化及胜任素质模型理论的解析，模拟描述辅导员的胜任素质模型，进一步提高辅导员素质理论的针对性和适应性。无论是辅导员的专业要素分析，抑或是辅导员的胜任素质模型描述，均旨在发现影响辅导员职业化进程的关键要素和主要问题。

第一节　交叉学科的理论方法

人们在对某一客体进行研究时，经常会运用不同学科的知识、思想、方法和手段，而逐渐形成一门前所未有的新学科，这种新学科就是交叉学科。当代自然科学迅速向社会科学渗透，传统意义上自然科学定量研究的方法也出现在新型的社会科学研究中，学科之间渗透交融的状态日益普遍，交叉学科的研究理念和方法日益推广。

交叉学科的研究方法在现代科学发展研究领域中具有重要意义。《国家中长期科学和技术发展规划纲要（2006—2020 年）》指出：多学科的交叉渗透正在不断创造新的知识领域，成为科学突破性发展的重要动力，需要给予高度的关注。伴随着全球化的发展趋势和现代性的构建，现代社会中的重大问题常常呈现复杂综合的形态，单凭一个学科的力量很难科学地进行描述阐释和有效地解决问题。大学生思想政治教育研究作为社会科学的一个分支领域，其研究对象和问题都带着极大的综合性质，具有相当的复杂形态，客观上要求使用多学科交叉研究的理论和方法进行研究。思想政治教育学界的专家学者也明确指出交叉研究对于学科发展的重要意义。《现代思想政治教育学》一书指出：科学发展到今天，既深度分化，又高度综合，这一学科发展的客观趋势表明，任何一门现代科学（包括现代社会科学）都是在综合应用多学科知识基础上发展起来的横向学科。冯刚指出：学科的交叉融合，是学科发展成熟到一定程度后的必然要求和表现，只有以不同学科的视角来审视本学科的发展，本学科才能不断获得新的生长点，这是学科发展的客观规律。而且，学科的交叉融合、不同思想理论之间的相互借鉴与相互渗透，也是促进学科发展、推进理论创新的必由之路。骆郁廷指出：德育问题的多维性、多样性和单一学科的独特性、专门性，产生了巨大的差距和矛盾。单一学科难以解决复杂多维的德育问题，解决客观存在的复杂多维的德育问题往往需要多学科、跨学科的共同合作，需要不同学科之间的相互交叉与融合。唯此，才能集众多学科之长解多维德育问题之难，满足高校德育创新之需。

一、交叉学科分析的理论方法

创新是高校思想政治教育工作发展的动力之源。辅导员职业化作为高校思想政治教育工作的重要课题，需要遵循创新的基本规律，积极吸纳多学科的研究成果，将交叉学科的研究方法作为创新的科学方法论。虽然说无论在自然科学还是社会科学领域，交叉学科的蓬勃发展已经成为显性的重要特征，但是从交叉学科的角度解析大学生思想政治教育的研究在国内还属于起步阶段。目前国际环境复杂多变，国内经济转型调整，利益格局深刻变化，大学生思想政治教育工作承载了更多的社会期待。传统的大学生思想政治教育理念、方法和手段客观上需要不断创新。而遵循科学发展规律，借鉴共享其他学科的研究成果，是增强大学生思想政治教育生命力和创造力的重要源泉，也是发现思想政治教育学科生长点的重要渠道。辅导员职业化发展一方面要立足于思想政治教育的基本理论和方法，另一方面也要根据科学发展的规律和要求不断创新，交叉学科的研究方法在现阶段呈现了突出的意义和价值。在应用交叉学科研究方法研究辅导员职业化发展的过程中，需要将立足思想政治教育学科和借鉴多学科理论成果相结合，需要将理论分析与解决实践问题相结合，更需要以问题意识为导向拓展和深化辅导员职业化发展研究。

（一）立足思想政治教育，借鉴多学科成果

以交叉学科的研究方法开展辅导员职业化发展研究，必须要处理好立足和借

鉴的辩证关系。辅导员职业化发展问题作为思想政治教育学科的特定研究问题，具有特定的内涵和外延。辅导员职业化发展研究是在如何促进大学生思想政治教育工作科学有效开展的维度上展开的分析研究，是为了探索新时期思想政治教育工作规律和方法进行的分析研究，是为了提高辅导员队伍日常思想政治教育管理水平的分析研究。辅导员职业化发展研究无论借鉴何种学科的理论、方法或技术手段，归根到底都是要为大学生思想政治教育工作服务，绝对不能“种别人的田，荒了自己的地”，要正确处理好立足和借鉴的辩证关系，以立足为根本，凭借鉴求创新。

作为新兴学科，思想政治教育学科的建设发展工作非常艰巨，甚至在其他学科中还存在着该学科“非学术化”“意识形态化”的偏见误解。但是面对着复杂多变的国际国内形势，面对亟须解决的大学生发展诸多问题，从事大学生思想政治教育理论和实践活动的工作者更多的是要树立学科意识和学科自信。冯刚指出：思想政治教育队伍的学科意识和学科自信是事关思想政治教育学科创新发展的一个关键性问题，要不断提升思想政治教育队伍的学科自信。从事辅导员职业化发展研究，特别是以交叉学科的研究方法研究辅导员的职业化发展，更需要有这样的学科自信。只有这样才能够更加从容、更加合理地借鉴其他相关学科的研究成果，更好地服务于大学生的全面发展。

（二）理论与实践相结合，科学开展交叉研究

思想政治教育学科的理论基础是马克思主义。只有以马克思主义科学体系为指导，坚持马克思主义科学体系与时俱进的理论品质，才能够保障思想政治教育学科的科学健康发展。理论与实践相结合作为马克思主义科学体系中认识论的重要原则，在思想政治教育的具体领域研究中，发挥着重要的指导作用。思想政治教育学科是综合性很强的应用学科，在学科内部，大学生日常思想政治教育工作以及与其密切相关的辅导员职业化发展问题更是体现着鲜明的实践性特征。然而，在现实生活中，大学生日常思想政治教育工作经常呈现着经验性的总结状态。辅导员对于大学生中普遍存在的问题有一定的认识和了解，但对于问题的本质分析得不透彻，对于问题的规律不能够全面科学地认知。其重要原因就是辅导员工作的实践性要求解构了辅导员工作的理论性要求，纷繁琐细的事务性工作消耗了辅导员的大部分工作时间和工作精力，再加上辅导员学科背景差异，辅导员职业化发展路径不明确等因素的影响，辅导员在大学生日常思想政治教育工作中很难将理论和实践有机结合，对经验进行总结验证和理论提升。以交叉学科的视野创新性地开展辅导员职业化研究，必须坚持理论和实践相结合的道路，自觉地避免辅导员职业化研究中的实务化倾向，一切从实际出发，以促进大学生全面发展为根本目标，将交叉学科的理论与大学生日常思想政治教育工作密切结合，借

鉴多学科的理论和方法，不断激发辅导员职业化研究中的新思路和新方法，真正做到“他山之石，可以攻玉”。

（三）以问题意识为导向，自觉开展交叉研究

改革开放以来，马克思主义哲学的发展，从初期关于真理标准、人道主义和异化问题的讨论，一直到现阶段领域哲学的蓬勃兴起，无不彰显了问题意识的导向。时代和发展带来的现实问题，社会和公众对于问题的呼应，客观上要求当代的社会科学研究要以问题意识为导向，积极回应各种思潮和诉求。无论是理论上的前沿问题，还是实践中的重大问题，都蕴含着科学发展的要素。从问题出发，并不意味着所有大大小小的问题一把抓，不分主次，不论层次。问题意识要求研究者能够运用智慧和理论思维，透过现象把握本质，在众多纷繁复杂的问题中找出重点问题和关键问题，牵一发而动全身，形成一系列的理论和实践问题的突破。

马克思曾经说过：“问题就是公开的、无畏的、左右一切个人的时代声音。问题就是时代的口号，是他表现自己精神状态的最实际的呼声。”现阶段，大学生思想政治教育状况不容乐观，思想政治教育工作的队伍建设也有待进一步加强。而在大学生思想政治教育工作队伍建设中，辅导员队伍建设更是机遇和挑战并存。虽然在国家政策、学科建设和职业发展等方面能够普遍认同辅导员职业化发展的基本取向，但是在现实中，辅导员职业化发展仍旧面临着诸多的瓶颈问题。无论是从社会科学研究总体趋势出发，还是从辅导员职业化发展的现实困境出发，辅导员职业化发展研究都要坚持问题意识的基本导向，在发现重要问题和解决关键问题的过程中逐渐改变辅导员职业化发展的现实困境。而在这一过程中，需要自觉运用交叉学科的知识、思想、方法和手段，更好地服务于大学生思想政治教育的创新研究。

（四）以辅导员职业双重身份为起点，开展交叉研究

从辅导员职业发展的历史进行考察可以发现，辅导员双重身份的规定既是历史发展的结果，也是新时期职业发展的一个逻辑起点。辅导员的双重身份既是大学生日常思想政治教育工作的实践需要，同时也标示着辅导员由于专业化程度较低还不能形成独立的职业。在明确辅导员职业化发展目标，确定基本发展思路的情况下，需要审时度势，解决职业化发展中的主要问题和难题。在现阶段，辅导员专业化程度较低极大地制约了辅导员个人能力的提升，也严重地影响着外部对辅导员工作的认可，成为阻碍辅导员职业化发展的瓶颈。

在辅导员专业化发展水平低的现阶段，更多的是要寻求保障性和发展性的因素，为辅导员专业化发展创造良好的环境和条件。辅导员独特的职业身份应该是

辅导员专业化充分发展后的必然结果，如果现阶段一味强调辅导员独特的职业身份，只能是欲速而不达。从这个角度思考，辅导员双重身份正是党和国家从大局、从长远出发为辅导员专业化发展做出的政治保障。现阶段的辅导员无论在物质报酬、职称系列还是社会认可、职业发展方面都比以往得到更多的支持和保障，而能够有效推动辅导员职业化进程的其他发展性要素还需要在实践中不断探索。作者以辅导员教师和管理者的双重身份作为研究的逻辑起点，开展与教育学和管理学的学科交叉研究，正是基于上述思考的一种尝试。

二、教育学中的教师专业化及专业要素理论

在教育学学科领域中，围绕教师专业化已经形成相当的理论成果。下面将借鉴教育学的教育专业化及专业要素理论，和辅导员具体实践相结合，全面解析辅导员专业化意蕴和辅导员的专业要素。

（一）教师专业化的发展历程

无论中国还是西方国家，教师都是古老的职业。但是从中西方教师的发展历程来考察，教师的专业化建设是在工业文明发展到一定历史阶段才出现的。中国虽然自古以来就有尊师重教的传统，但是纵观中国古代的教师，在“以吏为师”的制度中，只是做官的附庸，教师的社会意义更多地体现于工具价值而不是教师的自身价值。教师作为“传道”的载体，在维护统治阶级利益，传播强化阶级社会等级观念等方面发挥重要作用，从而成就其“天、地、君、亲、师”的崇高地位。无独有偶，在西方中世纪的神学统治下，“僧教一体”的体制使得神父、牧师等宗教僧侣成为教师的代名词。在中西方传统中的“以吏为师”“僧教一体”的兼职教师模式中，不会产生教师专业化发展的内在需求。随着现代社会的发展变迁，特别是“二战”以后对人才培养的需求，使得教育发展和教育质量成为社会各方面关注的焦点，教师专业化得以产生和发展起来。

1966 年《关于教师地位的建议》明确提出：应把教育工作视为专门的职业，这种职业要求教师经过严格的、持续的学习，获得并保持专门的知识和特别的技术，它是一种公共的业务。这标志着教师专业化运动的正式启动。进入 20 世纪 80 年代，教师专业化研究进入实质性阶段。美国霍姆斯小组于 1986 年、1990 年和 1995 年分别发表《明天的教师》《明日之学校》和《明日之教育学院》报告，彰显了教师专业发展的时代价值，引领专业领域内对于教师专业标准、权利与责任、教师伦理展开深入讨论，推动教师专业化运动在实践层面广泛展开。

（二）教师专业化的内涵演变

教师专业化的内涵在不同的历史发展时期有着不同的表现形式。从 20 世纪

中叶开始，初期的教师专业化内涵体现为特质模式，专业群体通过对知识的垄断获取独特的专业地位，通过专业组织的发展履行专业责任。20世纪70年代以来，教师专业化内涵体现为权力模式。在权力模式中，特质模式中的专业知识、专业理想和专业组织等要素都被看做教师专业和其他专业获取权力资源的手段，只有国家政策的支持和法律法规的明确才能保证教师的专业自治，并在与其他专业享有的资源差异中凸显教师的专业特质。20世纪末，教师专业化内涵体现为环境模式。该模式在认同特质模式和权力模式的主要内容基础上，更加强调立足教师专业的独特性，并在与政治、经济、文化、历史等外部环境要素的互动中进行考察。

在深化认识教师专业化内涵的过程中，教师专业化的发展集中于理智取向、实践-反思取向和生态取向。理智取向（Intellectual Approach）强调知识基础对于教学专业的重要性，而这种知识主要是科学的知识，主张教师通过掌握这些知识提高专业性。而实践反思取向（Practical Reflective Approach）则对知识的理解有很大不同，它将教师的专业性建基于个人和实践的知识，教师通过反思，自我理解并实现专业发展。而生态取向（Ecological Approach）则更关注教师专业的社会、政治、经济、文化背景和相关因素之间的关系。

（三）教师专业化的发展

伴随着高等教育大众化的发展和学生人数的增加，高等教育和学术专业在教学科研中掌握了更多的社会资源。与高等教育大众化阶段相适应，西方学术专业逐步摆脱了一直以来的宗教、国家和其他外行控制，成为社会上的关键性专业，形成了内部的自治特权。在20世纪中期，英美等高等教育强国的学术团体的专业化程度和社会性影响达到了历史新高度。随着高等教育改革逐步推进，教师专业化的危机也逐渐体现出来。具体表现为知识生产中的商业化倾向日益严重，学术专业需要在不断变革的社会和高校环境中寻求发展和突破；需要在日益严峻的高校竞争和日益多样化的学生需求中保持学术专业的特性；需要在不断改革的教师评价体系强化教师的专业主导地位；需要加强学术专业和外部系统要素的互动。

在现代化的语境中，教师专业化的发展和现代性社会的内在冲突更加明显，具体体现为在知识论基础上科学知识对人文知识的压抑，在权力资源分配中行政权力对专业权利的侵占。教师专业化在人文理念缺失，教师专业自主权受到挑战的环境中，专业技能化的趋势明显，教师作为专业群体的独特地位和权威形象受到严重影响。21世纪初期，在美国甚至出现了教师发展“去专业化”的呼声和趋势。在高等教育质量日益受到质疑的时代，美国政府也对教师教育产生了更多的不信任，相关政策进一步强化了教师发展的“去专业化”倾向。如布什政府颁布的《不让一个孩子掉队》方案中，将那些掌握了学科知识却不具备传统的大学本位教师教育的人看作是准高素质教师。美国前教育部长罗德·佩吉曾明确提出，雇佣教师只需要根据其学科知识的掌握和口头表达能力来进行。

（四）教师专业化的专业要素理论

综合专业社会学领域内许多学者的意见，作为一个科学术语，专业（Profession）被看成一个富有历史、文化含义而又变化的概念，主要指一部分知识含量极高的特殊职业。在综合审视代表性学者所关注的成熟专业的标准条款之后，概括提炼出充分成熟专业的六条标准：一个正式的全日制职业，专业组织和伦理法规，知识和教育，服务和社会利益定向，社区的支持和认可，自治。

陈伟借助韦伯的“理想类型”方法论，从教师专业化研究论域出发，详细阐述了西方大学教师的神圣化特权、西方大学教师的专业化变革、西方学术专业的基层建制和身份模式，并遵循历史和逻辑的统一性，从职业发展、伦理规范、繁衍机制、服务承诺、专业组织、合法化和专业自治七个方面对学术专业的专业要素进行了系统的界定。辅导员群体作为教师群体中的一个学术部落，应该以教师专业化的专业要素理论审视自己，根据自身的实际状况有步骤地推进专业化建设。

三、管理者职业化及胜任素质模型理论

管理者职业在短短百年的发展历程中，在西方国家已经具备了专业性职业的诸多特征，符合了职业化的基本要求。美国作为管理者职业化的发源地，具有代表性的意义。从美国管理者职业化的演变过程中，可以更加深刻地认识管理者职业化的发展趋势和内涵特征。管理者职业化的进程推动了管理科学的发展，管理科学的知识体系也日益成为管理者职业化的重要保障和前进动力。

（一）管理者职业的发展历史

追溯人类社会的发展历史，会发现管理活动一直都没有停止。即使在社会生产力低下的原始社会，在原始部落和氏族组织中，仍旧存在着管理活动。在组织发展的过程中，管理活动不断深化。如果说在传统的社会组织中，管理者权力来源于血缘、社会身份和财富占有，那么在现代的社会组织中，随着工商业企业和市场经济的发展，社会化大生产需要更加专业化的管理。现代企业所有权和经营权逐渐分离，管理者逐渐从原有的权力来源中脱离出来，以自身特有的专业能力负责日益复杂的企业运作。1841 年美国第一家经理制企业的建立标志着管理者职业的形成。

1841 年，美国西部铁路公司发生两车对撞事故，造成严重人员伤亡。这一事件直接导致西部铁路公司成为世界首家以现代管理为特征的企业。铁路经理人

成为专业管理群体，获得了社会的认可。西部铁路公司产生了广泛的示范作用，其他行业更多采用了现代企业管理方式，经理人职业群体规模不断扩大。进入20世纪，伴随着经济发展，美国职业经理人发展迅速，职业专业组织不断增加，管理学科得以发展，管理教育日益普及，管理者职业得到迅速发展。

伴随着现代企业制度的迅速发展，企业经营权和所有权日益分离，职业经理人群体迅速成长起来，并在现代化的进程中适应组织发展的需要，逐步走向职业化发展阶段。职业经理人具有专业的教育背景，依靠知识和技能而不是家族和财富获得管理权力，获得较高的物质报酬，拥有较高的社会声望，已经具备了职业化的基本要素。20世纪60年代美国绝大多数企业采用了经理管理制度，短短100多年的发展历程，管理者职业化已经成为主要趋势。

（二）管理者职业化的内涵及特征

管理者职业化是管理者作为一个职业群体，在构建和履行专业标准的过程中，获得社会认可并获得专业地位的动态过程。一方面意味着管理职业本身的管理机制和专业特质得到认可，符合职业化的要求；另一方面也意味着管理者业务素质和管理伦理的不断完善。

在现代企业发展阶段，管理者职业化的主要特征体现在以下四个方面：

（1）管理层级制度的出现；

（2）职业组织的出现和发展；

（3）管理知识的深化和普及；

（4）管理者独特的职业地位的形成。

如果说管理者层级制度和职业组织是管理者职业化的外在具体表现，管理知识的深化和普及是对管理者职业化的内在要求，那么管理者独特的职业地位的形成就是在内外条件成熟的情况下得到的自我认可和社会认可。

（三）胜任素质模型理论及意义

胜任素质是能够将工作（或组织、文化）中表现优异者和表现平平者区分开来的个人潜在的、深层次的特征，它可以是动机、特质、自我形象、态度或价值观、某领域的知识、认知或行为技能。是任何可以被可靠测量或计数的，并且能够显著区分优秀绩效与一般绩效的个体特征。从美国学者麦克利兰在1973年提出胜任素质以来，胜任素质研究已经成为人力资源管理和职业心理学等领域研究的重要内容。

随着胜任素质研究在商业运作中的成功，在西方管理组织中掀起了胜任素质建模浪潮，甚至从国家层面也非常重视该项研究的科学价值和实践价值。在英国政府的支持和主导下，英国MCI公司通过对胜任素质的研究，制定出150种行业和专业的职业绩效标准，建立了统一的职业资格体系。美国领导效率工程以两万名管理者和主管为研究对象展开胜任素质分析，成为公共管理领域中最大的政府研究项目。

第二节 应用教师专业要素理论与辅导员职业化

辅导员职业化产生发展的现实环境和研究的微观语境都是高等教育与高等学校。教育学作为研究教育发展基本规律的学科必然是本文研究的重要依托。辅导员作为高等学校教师队伍的重要组成部分，其职业化发展需要借鉴教师专业化的理论和方法。在辅导员职业化发展起步阶段，教师专业要素理论具有重要的规范意义和指导价值。

在经济全球化、现代化的时代浪潮中，标准已经成为专业的另一个代名词。辅导员所从事的学生教育管理工作没有得到广泛认可的重要原因之一，就是没有科学严谨的专业标准体系。因此，树立标准意识应该成为辅导员群体的普遍共识，通过借鉴教师专业要素理论，结合辅导员队伍建设实际，逐步打造具有中国特色、中国风格、中国气派的辅导员专业化标准，从根本上提升辅导员工作的内在价值，并逐步获得自身的认可、学生的认可、高校的认可及社会的认可。某些高校已经开始尝试标准化管理，如上海海事大学已经将辅导员队伍发展纳入学校ISO9000 质量管理体系认证。

一、辅导员职业化应用教师专业要素理论的基础

（一）辅导员归属教师身份但身份模糊

谈到辅导员，不能够离开高等教育系统，不能够脱离高等教育活动的基本规律。作为教师群体中具有个性特征的一个职业群体，辅导员应该参照教师专业化的发展，借鉴教师的专业化相关理论，推进辅导员的职业化进程。依托国家政策认可的教师身份，辅导员在日常教育实践中履行着教育学生的职能，在教学体系中承担思想政治教育理论课、心理健康课和就业指导课的授课任务。然而在中国高校环境中，辅导员的教师身份不能够得到普遍认同，辅导员的专业能力常常受到质疑。在如此严峻的发展环境中，辅导员职业化需要充分借鉴教师专业化的理论，明确辅导员专业化发展的标准，以专业标准的意识塑造培育职业化辅导员队伍。

（二）辅导员职业化与教师专业化的发展背景相似

西方关于教师专业化的讨论是在西方高等教育进入大众化阶段才开启的，辅导员职业化作为高等教育大众化阶段凸显的重要命题，与教师专业化具有相似的社会教育背景。教师专业化特别是西方教师专业化的发展已经形成了相当的研究

成果，在辅导员职业化中接纳吸收教师专业化的理论。一方面，可以从更加开阔的理论视野理解辅导员职业化进程，寻找更加适合中国国情和时代发展的辅导员职业化建设道路；另一方面，通过对教师专业化特别是西方教师专业化过程中已经出现的危机和矛盾的分析，在借鉴的基础上采取适宜的前瞻性措施，有利于更加科学化地构建辅导员职业化的理论和方法体系。

（三）辅导员职业化应用教师专业要素理论的基本方法

在某种意义上，美国、德国、英国等发达国家代表着学术发展的水平，掌控着学术标准，对于学术专业具有霸权性的话语控制权。但在研究辅导员职业化的过程中，一定要坚持历史唯物主义和辩证唯物主义的世界观和方法论，既要深入研究西方国家教育专业化等相关理论，借鉴成熟的学术发展逻辑和学术专业规范，又要结合中国特色社会主义的基本国情，避免生搬硬套，坚持本土化的研究路线，切实解决中国社会自己的问题。

二、辅导员职业化应用教师专业要素理论的具体内容

作为一个特殊的学术群体，辅导员一方面要体现出学术专业普遍性的要求，按照教师专业化的基本规律不断完善辅导员职业化发展的体制机制；另一方面也要体现出辅导员职业的特殊性要求，在借鉴的基础上，不断凝练具有中国特色的辅导员专业要素。按照普遍性和特殊性相结合的原则，参照教师专业要素理论，辅导员专业要素具体体现在以下几个方面。

（一）时间要素

这是专业性职业的最基本的要求和最显著的客观特征。从事本专业的人应该和专业服务对象形成合法稳定的关系，全日制参与工作，且以此份工作收入作为主要收入来源。从最基本的含义来说，专业性职业是专业人士的安身立命之所。时间要素在保证专业个体稳定和长久发展的同时，也为专业群体的稳定和长久发展奠定了必要的组织基础。

辅导员在高校具体实践中既包括专职的辅导员，也包括兼职的辅导员，这是和辅导员的历史发展与社会、高校的具体情况密切联系着的，也是辅导员职业化过程中的特定现象。伴随着高等教育大众化的发展和国家人才战略的实施，大学生的全面发展被提到了关系中国特色社会主义建设和中华民族伟大复兴的历史新高度，国家对于大学生的人才培养给予了积极关注和重大扶持。在这样的社会背景下，高校原有的学生管理体制也在不断地改革完善，辅导员职业化成为加强和改进大学生思想政治教育的重要保障。由于兼职辅导员的多重身份，学生在发展、自身发展上的矛盾难以解决，传统意义上的兼职辅导员正在逐步退出历史舞

台。专职、全日制辅导员成为辅导员队伍中的中坚力量，辅导员职业化已经形成共识。

综上所述，从专业性职业的时间要素来说，辅导员专业群体还是处于正在进行时的发展状态，辅导员专业化发展的道路还很漫长。

（二）组织要素

专业群体作为一个组织化结构，会依托官方组织或者各类专业组织，如行业协会、学会、联合会等方式进行专业群体的组织运作。古德认为，专业社群具有以下系列特征：

（1）他的成员由一种共同的身份所维系。

（2）任何成员一旦加入专业社群，很少有脱离者，因此这是一种终身性或持续的身份。

（3）它的成员共享某些价值观念。

（4）它对于成员和非成员的角色确定是互相认同且全体一致的。

（5）在社群行动领域中存在着共同的语言，这种语言对于外行而言仅能部分理解。

（6）社群对其成员拥有影响性权利。

（7）社群的局限性。虽然不是物质的或地理的，而是社会的局限性非常明显。

（8）专业社群虽然不从生物学意义上生产下一代，但它通过控制专业受训者的选择，通过控制新成员的社会化过程和训练过程而在社会学意义上控制专业社群下一代的生产。

在专业社群中，大学教师作为特定的学者社群，除了共享上述的专业社群组织特征之外，在实际的专业组织运行中主要依托两种组织模式。一种是以学科界定的专业学会或者协会。归属同一学科的学者在专业学术交流中成立专业组织，伴随着“科学无国界”的普遍共识，伴随着网络技术的飞速发展和技术支持，跨国界的学术交流日益普遍，国际化的“无形学院”在学科的交流广度上提供了重要的组织支撑。在实践中，高校特聘教授经常是外籍人士，但是由于其在该学科领域的影响力，其能力和学识可以在世界各地被高度认可，这也是“无形学院”组织力量的重要体现。另一种是以学术人员为管理服务对象的协会，如中国青年教师协会，对于青年学术专业人员提供相应的管理和服务。

高校辅导员群体作为专业群体，特别是学术专业群体的建设还属于起步阶段。虽然，辅导员具有教师身份，并且按照教师入职要求考取教师资格证书，但由于高校辅导员的学科背景不强，且自身的专业组织还刚刚起步，极大地约束和阻碍了学术交流的广度和深度，极大地限制了学术生产力和同行评估制度的推进，很难形成内部权威和学科话语权利，在与其他学科和外部系统交流和沟通的过程中没有对等的组织力量。

教师专业化的组织核心就是学科的建设和发展。作为教师身份，高校辅导员群体和其他专业教师群体，甚至和思想政治理论课专业教师都是沟壑分明。没有学科组织的发展，没有学科的精神家园，缺失学术主体性和学术生产力产生的场域，辅导员群体难以产生自身对学科的认同，对教师职业的认同自然无从谈起。同时，由于没有学科组织的有力支撑，在高校生态中，辅导员群体缺失了和其他专业学术团体平等对话的话语平台和话语权，使得高校内部其他专业学术团队对辅导员群体的教师身份和教育实践不了解、不认同。高校辅导员在与外部系统相关群体交流的过程中，没有自己的话语权，不能够彰显自身学科的独特性和社会价值，不能够将学科的科研和实践成果以适当的方式传递到其他社会群体中。因此，很难得到社会各方面的认同。

辅导员教师群体日常工作的综合性和实践性常常解构了辅导员教师群体的专业性存在。只有通过高校辅导员在学科组织上的逐步发展，确立相应学科组织的社会地位和学术权威，辅导员作为教师群体的专业性才具有深厚的组织基础。

（三）伦理要素

专业群体作为一个职业群体，需要以利他主义为宗旨。专业群体尊重保护服务者利益的伦理规范体系有利于内部达成基本共识，更可以通过内部修炼实现社会声誉的提升和社会地位的稳定。但是，由于专业群体在服务社会，服务消费者的过程中会以利益群体的形态出现，利益群体自身的利益保护机制会倾向于自我保护主义和对于专业资源的垄断。这种深深根植于专业群体内部的矛盾必然会形成专业群体对外和对内的两种张力。只有通过伦理规范的约束，通过对群体和个人的世界观、价值观进行改造，才能达到两种张力的平衡，保证专业群体的社会地位，也保证其合法利益的获取和对专业资源的合理性使用。辅导员群体作为教师群体来讲，伦理道德规范可能比其他专业性职业更加重要。如果说医生和律师解决的是人的外在的问题，那么教师群体更多的是关注人的内在素质，辅导员群体更是直接关注于如何培养人的思想政治道德品质。与传统的职业相比较，教师更类似于西方牧师的职业，倾向于改造人的主观世界，提升人的内在修养。

辅导员群体的伦理规范要求包括两个基本层面，即群体的规范性要求和个人的行为表现。在这里，美国大学人事协会（ACPA）的道德规则和规范宣言可以为辅导员工作提供一定的借鉴和参考。该宣言指出，学生事务专业人员的道德规则包括以下几个方面：

（1）利他行为。促进学生在社会、身体、学业、道德、认知、职业和人格方面健全发展；以发展的眼光看待高校整个教育进程和学习环境；为高校功能有效运作做出贡献；提供与这个规则一致的计划和服务。

（2）推进公正。学生事务专业人员致力于为学术共同体的所有个人保证基本的公平性。在追求这个目标的过程中，公正、平等、互惠是基本的准则。当资源有限，或共同体成员利益冲突时，需要诚实公平地考虑所有人的需求，对公共产品和服务进行公平分配。提高公正性的关键在于对人的差异性的尊重，反对非宽容、偏执的行为。

（3）尊重自主性。学生事务专业人员尊重并提升个体的自主性和保护隐私。学生的自主选择和行为不受影响，除非他们的行为严重影响到他人的利益，或者妨碍高校使命的完成。

（4）忠实。学生事务专业人员是诚实的、信守承诺的，在行使他们的职责时是值得信赖的。

（5）杜绝伤害。学生事务专业人员不会参与伤害他人生理或心理的活动。除了保证自己的行为之外，学生事务专业人员还特别警觉以保证高校的政策没有阻碍学生从已有的环境中获得学习经验的机会，威胁个人的自我价值、尊严和安全感，不公正或非法歧视。

从上述描述中，可以强烈地感受到对于学生个人权利和利益的尊重，学生事务管理人员和学生之间是一种平等的关系。作为学生事务管理工作，各国之间存在着共性的问题，这也为辅导员借鉴其他国家的学生事务理论和实践经验提供了可能性，但是学生事务管理工作又和各国具体的历史、文化、政治传统和现实紧密联系。因此在借鉴的同时又要充分考虑到这个因素，争取把握共性的因素，结合本身的问题实事求是地进行分析。美国文化的代表特征之一就是个人主义及对于个人权利的珍视，个人的自我实现是美国典型的国民特性之一，这一文化背景也充分体现在上述道德宣言中。

高校辅导员作为中国语境中的学生教育管理人员，他的工作不仅仅是一份社会职业，更要和国家的政治需要和发展要求紧密结合在一起。虽然辅导员和学生在法律上是平等的，但是在辅导员的工作定位和工作愿景中，组织者、实施者、指导者和人生导师的提法实际上都代表了一定的权威，这种权威在中国特定的文化传统和管理机制中，处于利益各方都可以接受的水平。因此，对于美国“大社会、小政府”的社会模式来讲，专业群体更多地要承担社会性的服务承诺，而对于“大政府、小社会”的中国社会模式来说，专业群体需要同时承担社会导向和国家导向的服务承诺。因此在辅导员道德规范和伦理要素中要充分体现社会导向和国家导向的双重特征。

（四）认识论要素

知识和教育指代的就是专业的认识论基础，这是所有专业群体的一个重要特征。专业的外在形式多种多样，就如同会计师使用借贷记账方法，医生进行望闻问切，但相同的是专业都需要利用理性和学问去理解和解决问题。和其他专业群体比较而言，教师学术专业群体的认识论基础尤为重要。学术专业教育研究机构的首要职能——保存、传播和创造知识正是彰显其认识论基础的重要证明。围绕着认识论基础，追寻着理智的魅力，专业群体特别是学术专业群体对科学研究有着孜孜以求的态度。与传统的家庭传承式的专业化相比较，在现代社会中，已经形成了社会化的专业繁衍发展机制，从而不断维护和创新群体赖以存在和发展的认识论基础。大学阶段的体制化教育是学术专业人员培养不可或缺的重要环节。一方面是因为大学教育是准备性社会化的重要阶段和标志；另一方面，高等教育已能够为专业科学知识和技能体系的系统化（发展成课程）、结构化（组合成专业课程体系）、合法化（课程或课程计划获得权威或社会认可）和传承等提供必要且充分的服务。在某种程度上，高等教育机构介入专业人员繁衍过程的力度和深度，能相对明确地反映出该专业的成熟程度和社会认可程度。

辅导员职业化发展的历史比较短，辅导员职业化的内外部认同程度比较低。其中，认识论要素是非常重要的一个影响指标。作为专业而言，认识论基础就是生命力，就是说服力，就是社会信任度。认识论基础客观上要求学科的良性上升和专业的繁衍发展两个要素的有机结合。两者相互独立，又相互依存，互相作用以共同发展。学科的良性上升发展可以凝练学科的理论基础，增进学科的理智水平和对人类社会的深层次的探索性认知，促进专业人士的科研水平；专业繁衍发展的科学机制可以向社会领域输送合格的专业人士，促进专业的社会认可度，增进专业的权威，为学科的发展赢得良好的社会外部环境和内在精英参与的动力。

辅导员群体所依托的学科是思想政治教育学科，近年来取得了长足的发展。而辅导员专业的繁衍发展机制还在酝酿阶段。具体来说，从事辅导员职业的人员教育背景多元化，来源渠道多样化，发展路径差异化。辅导员从业人员的上述特征淡化了专业繁衍发展机制的内在要求，泛化了辅导员专业的专业特征，使得辅导员的专业化受到严重的冲击，认识论基础遭受到忽视和破坏。虽然，在党和国家的重视下，辅导员的岗前培训和在职培训的力度已经大大加强，对于提高辅导员的专业化水平具有重要的意义，但是培训并不能够真正代替系统的教育，辅导员专业化的认识论要素更需要系统的教育体系来打造。可以说，认识论基础是辅导员职业能够安身立命的核心要素。专业人士能够做的事情必须经过相当一段时间理论和实践的学习和考验，能为服务对象带来独特的教育体验，而这种教育效果是和个人的认识论基础密不可分的。

（五）服务承诺要素

学术群体的服务承诺是职业特征的具体体现，在不同的历史发展阶段，学术群体的服务承诺具有不同的表现方式。从历史的发展脉络来看，学术群体的服务承诺要素的分量在不断加重。

在中世纪大学萌芽时期，通过教学活动培养人才是学术群体提供专业服务的主要形式；随着现代大学制度的逐步确立，对专业的认识论基础达成了共识，科学研究成为学术群体的内在逻辑要求，科学研究和教学功能有机组合；随着美国实用主义观念和功利主义观念的渗透，社会服务也成为学术群体的重要功能之一。学术群体的服务承诺在某种程度上意味着社会责任的增加，但是由于在认识论基础上的服务双方具有较大的落差，服务对象常常不具备理解和评估专业的基本能力，如病人相对于医生的诊断一样。因此，在服务承诺的具体落实上，学术群体的集体自觉和个人自觉是非常重要的。集体自觉意味着在专业组织的科学管理下，所有专业从业人员能够形成与本专业共生共荣的集体意识，并将集体共识逐渐转化为集体常识，从而不断提升专业水准；个人自觉更多的是体现学者本人的知识探索和精神追求，学术工作首先是学者谋生和获取物质资料的手段，但不仅限于此，学术工作是从业人员的事业，学者更要有为事业献身投入的精神，即无法数量化的内在责任。

辅导员群体的服务对象和服务领域都是明确的，服务于大学生的成长发展，具体到思想政治、道德、心理和就业等相关领域。在传统的教学科研的服务承诺中，辅导员的实践性承诺要素凸现在重要的位置。这是因为辅导员的工作场域很多都是在特定的实践性教育情境中完成的，如班级活动、党团活动、第二课堂实践与社会实践。人的发展是连续性和全方位的，基于这样的理论假设，教学活动虽然在人的知识积累、能力塑造方面发挥着不可替代的重要作用，但是对于人的全面发展是不充分的。从时间角度来说，单纯的教学活动具有片段性的特征，和人连续性的生命活动具有内在的矛盾；从领域角度说，单纯的教学活动具有特定的内容和功能，与人的全方面发展存在着不可调和的冲突。对高校辅导员来说，其工作重心就是要和教学单元充分融合和配合，功能互补，达成服务承诺要素。

在服务承诺要素中，学术群体的集体自觉和个人自觉对于辅导员群体有着特殊的意义，是由于专业组织方面的初始状态，使得学术群体的专业规则还没有形成，集体自觉意识还处于蒙昧状态。个人自觉方面，在辅导员访谈中会发现很多辅导员谈到“这是一份良心活”，说明辅导员的个人自觉也是处于比较基础的阶段。由于没有比较行之有效的工作评价标准和机制，由于没有科学合理的学生发展评估机制，辅导员的工作很难得到量化计算，很难得到普遍的认可，辅导员群体的自我认同和自我实现受到影响。辅导员这种难以量化的工作和其他学者群体无法数量化的内在责任具有本质上的差别。因为后者的内在责任是指在学科基础体系已经建立的情况下，对于真理知识的不懈探索，指向知识的发展空间；而辅导员这种难以量化的工作，更多是因为学科基础的不充分发展，使得辅导员没有可以凭借的技术方法和管理途径。由此可见，从服务承诺要素这个角度来说，辅导员专业化发展的道路还很漫长。

（六）支持认可要素

国家、政府、主管部门和社会公众作为社会权威，它们的认可是专业存在和发展的合法性基础。但是，由于专业群体是在社会系统环境中运作，除了社会权威，其他相关利益群体也会成为支持认可要素的组成部分，如工作协作群体、其他专业协会、教育训练机构等。

外部主体的支持和认可，深刻影响着专业群体的生存和发展。社会权威认可保障了学术专业群体的合法性。在历史上，教会、国家和政府都为学术专业提供过合法性的必要基础。西方学术专业从宗教合法性、政治行政合法性到法律合法性的发展，德国、美国在高等教育发展过程中对于立法的重视，可以提供很多的借鉴。在中国传统文化发展的基础上，建设社会主义法治社会的中国，其政治行政合法性和法律合法性是学术专业开展活动必须要重视的一个基本要求。

同行评估认可也是重要的支持认可要素。因为外部权威认可一般不能够直接触及本学科的认识论基础，而学术专业群体从自身的长远发展角度考虑，都会建立自身的评价监督体系——同行评价机制。同行评价机制在评估发展认识论基础的同时，也会制定严格的监督制约体系，维护学术专业的特权地位和社会声誉。

消费者的认可也是支持认可要素中的组成部分。学术专业以自身的专业特性服务于不同的消费者群体，在市场经济条件下，消费者的认可直接或间接地影响着学术专业的发展。举例说明，高校各专业就业情况作为消费者对于高等教育消费投入的重要参考指标，在很大程度上影响着专业的未来。对于连续评估不佳的专业，学校会考虑逐渐减少招生人数，原有专业人员要逐渐分流转岗，如果市场状况继续低迷的话，还有可能合并专业或者取消专业。因此，学术专业群体虽然是思想自由的群体，但是并不是在各方面都可以无拘无束的。从维护学术专业整体利益的角度，学术专业群体和个人都担负着重要的社会责任和专业责任。

按照上述的支持认可要素分析辅导员群体，会发现情况并不乐观。在社会权威认可方面，辅导员群体虽然在国家、政府层面得到了相当程度的重视，特别是中共中央16号文件颁布以来，教育部、各省市在推动辅导员队伍建设方面都采取了很多重要举措，营造了良好的发展氛围，辅导员专业群体的政治行政合法性和法律合法性得到了巩固和发展。但是社会权威认可作为自上而下的力量，却没有得到辅导员群体内部的呼应，这样一种失衡的状态，常常会使很多政策无法落地或者落地无声。因此，辅导员专业群体的自身发展成为重要的环节，同行评价机制的确立和发展也将成为维护专业地位的重要举措。

消费者认可这个因素对于辅导员群体来说，也具有一定的挑战性意义。归根到底，得不到大学生的普遍认可，辅导员群体的社会声望也就无从谈起。但是在毕业生离校问卷调查中，在谈到大学校园里对你影响最大的人的时候，选择辅导员的比例非常低。由于辅导员工作的综合性解构了专业性，学生本身感受不到专业力量的影响。大学生虽然和辅导员很亲密，但在专业层面上并不是非常了解和高度认可辅导员的工作。这个问题的根本原因还是在于辅导员专业群体的自身发展。因此，自力更生，从完善和发展自身做起，打造辅导员专业群体的专业特质，将是辅导员专业群体突破困窘境地的关键抉择。

（七）专业自治要素

学术群体的专业自治作为学术群体的专业特点，使其能够以自己独有的认识论基础和专业判断赢得声望，并且可以使从事学术专业的人能够享有比其他专业更加自由的精神王国。正是因为具有这样与众不同的专业特点，学术专业队伍才能够吸引更多的青年才俊和杰出人士。毕竟，在市场经济规律下，物质收入和精神感受都是选择就业的重要影响因素。在物质收入方面，学术专业并没有特别的优势和市场回报率，但是从精神层面来讲，从事学术专业的人士可以获得巨大的精神自由，较高的社会地位和充分的自我认同。教授治校的现实虽然还没有完全实现，但是在高校具体实践中，尊重教师的意见和选择还是形成了普遍的共识，应该为教授们保留尽可能大的自治天地，应该允许教授们选择自己的研究课题和实施研究的方法。

作为学术群体的专业自治主要体现在专业服务领域的充分自主，拒绝外行的干涉，学术上的自由，稳定的工作聘用机制及拥有终身教职。其自治特权的权力来源来自于：

（1）知识资本。在资本时代转向知本时代的今天，知识资本越来越受到市场的垂青和人们的眷顾。知识资本和物资资本一样，在市场经济条件下可以得到评估和回报，更由于学术群体要在严格的系统教育中产生，知识资本成为独特的社会资源。在科技就是生产力的时代，这种社会资源是经济财富和社会财富的重要发动机和孵化器。

（2）评价制度。学术群体在横向的评价制度和纵向的评价制度中发挥作用。横向评价制度就是同业评估制度，它维护的是自治特权的知识论基础；纵向评价制度是指学术专业群体在本专业管理范围内，通过考试、论文答辩等方式进行的考核性评价。这种考核性评价经常和某些资源获取和利益分配机制紧密结合在一起，从而具有广泛的影响力。横向的评价制度和纵向的评价制度中将内在和外在的权力整合起来，形成其维护专业独特地位的综合合力，如果将学术专业群体比喻成生产者的话，那么通过评价制度可以保障学术专业的生产力和人才培养的合理标准和质量。

（3）文化社会心理。中国重视学术专业群体的文化心理可以说是源远流长的。从文化传统角度来说，“天、地、君、亲、师”的文化传统将师道尊严提到了相当高的权威地位，“万般皆下品，唯有读书高”在千年来的文化传承中已经积淀为中国人的文化心理，中华民族尊师重教的传统深刻地影响着个人的选择。从现实需求出发，高等教育的象征性意义和实质性影响在我国人才培养中仍然发挥着不可替代的作用。从改革开放刚刚恢复高考的“千军万马过独木桥”到大众化教育的今天，高等教育一直发挥着重要的社会作用。伴随高等教育的发展，高等教育已经承担起全方位的社会责任，成为各行各业内涵式发展的智囊，担负起培育社会良知的任务，为现代化发展培养各行各业的人才。高等教育虽然没有直接促进生产力的发展，但是高等教育及其学术团体提供的智力支持和精神引领、真理探索将是国家社会发展的重要航标。传统和现实的交织影响下，沉淀为中国人对于高等教育的一种内心敬仰，一种现实选择，这是高等教育及其学术群体可以享受专业自治的社会环境和公众信任。

学术群体的自治特权的表现方式体现在个体和集体两个层面。在20世纪以前，学术自治主要体现为个人自治，而随着学科的进一步分工细化，单打独斗的状态已经远远不能适应学科建设发展的需要，学科研究团队应运而生，在学术自治权呈现集体运作特点的同时，学科研究的领域进一步细化，内涵进一步深化，专业化程度进一步加强。

参照学术专业自治要素，辅导员群体还有较大差距。由于辅导员在认识论基础比较薄弱，同业评价机制还很缺失的状态下，在内行数量不足以产生足够社会影响力的时候，是不可能拒绝外在干涉的。至于学术上的自由，现阶段，辅导员在非常宽松的政策环境和相对支持的高校环境中，学术研究的自由是有的，但是由于辅导员工作的事务性和综合性等特点，辅导员没有更多的时间和精力进行相应的科学研究，辅导员的学术研究更多呈现零散化、随意化的自发特征。这种消极的学术自由对于学科的贡献价值不大，对于个人的学术成长不利。也许这是辅导员专业发展不可避免的一个阶段。但是如何借鉴学科普遍的发展规律，并在体制、机制建设上进行合理规划，促使辅导员的学术自由不断由个体化的自发状态过渡到组织化的自觉状态，是值得思索的问题。

专业自治所要求的工作稳定性因素，对于辅导员群体现状而言也是有着巨大的落差。由于辅导员职业化发展道路并不明朗，辅导员的职业认同感并不强，很多辅导员都存在过渡性心理，工作一段时间后经常会选择其他的党政管理和教学研究岗位，职业发展没有长久的规划，缺乏辅导员专业研究的基本动力。敬业才能够爱岗，如果辅导员职业不能够为从业人员提供完整的职业发展道路，从业人员即使用心努力也不能够在职业的发展过程中获取物质满足和精神满足，不可能寻找到自我实现的境界。那么辅导员职业对于从业人员，特别是优秀人员的吸引力会大打折扣。针对这种情况，国家及相关部门出台了很多政策，特别是中共中央 16 号文件颁布以来，改变了以往很多文件中提到的“专兼结合，以兼职为主”的辅导员队伍模式，明确提出了辅导员职业化、专家化的发展道路。

从上述专业要素的分析中可以发现，从教师角色的视角出发，辅导员的专业要素相对于成熟专业来说还有着巨大的差距。而在这些要素中，学科建设和专业组织建设等主要问题，必须行之有效地加以解决。只有抓住了辅导员职业化发展的主要问题，解决了主要矛盾，辅导员的职业化才能实现科学化发展。

第三节 应用管理者职业化胜任素质模型与辅导员职业化

伴随着工业社会的变迁，西方国家的职业管理者群体形成了相当的规模，承担着专业的管理职能。特别在管理科学迅速发展的时代背景下，职业化管理者已经逐渐从营利性组织扩展到非营利性组织，管理者的服务领域日益具有普遍性，管理的科学化、专业化要求日益突出。

辅导员作为管理者的身份定位，客观上要求辅导员在职业化的过程中要遵循管理者职业化的基本规律，规避管理者职业化发展中出现的普遍问题。管理者素质范畴在管理者职业化中具有重要意义。在传统的思想政治教育者素质理论中，素质要素缺乏层次性和情境适用性，“大而全”的素质要求实际上是泛化了和淡化了素质要求。思想政治教育者传统素质理论需要不断完善。而在管理者职业化理论中，胜任素质模型理论方兴未艾，对于我国思想政治教育者及辅导员素质理论的建设具有重要的参考价值。

一、制约管理者职业化发展的主要问题

（一）职务化消解了专业化

管理者的管理劳动是随着社会分工的发展从一般劳动中独立出来的专业化劳动。专业化的管理劳动要求必要的管理知识、能力和伦理道德，在市场经济运作中，上述专业要素会被市场合理评估。在美国，不仅是营利性组织，即便是非营利性组织，也要按照管理者职业化的内在要求组织管理。很多学校的校长都是一种受聘于市场的职业，按聘约规定的岗位要求，凭职业能力履行管理、经营学校的责任，成为“职业化校长”。

我国管理者在政府主导的行政管理机制中淡化了专业化的要求，强化了职务化的倾向。这种倾向使得管理者将时间和精力都投入到行政级别的晋升中，职务级别成为管理者追求的首要目标和主要工作动力。管理者对管理岗位本身专业化

的要素没有特别看重或者没有足够的时间精力的投入，管理劳动的专业性地位被职务化摧毁了根基。管理者职务化使得管理者在从事工作的时候更多以行政级别的提升和行政业绩的创造为导向。即使管理者在工作期间积累并表现出一定的专业化水平，但是随着管理岗位的调整，原有的管理岗位所特有的知识积累和能力也就失去了用武之地，专业化的系统性和积累性特征被破坏，管理劳动的专业化被职务化所消解。

（二）政府目标消解了管理目标

组织发展的目标在组织发展壮大过程中发挥着重要的战略性作用。但是在行政管理机制下，国有企业和事业单位的管理者均由行政命令选派，因此在现实情况中，管理者更多选择政治目标而不是组织发展目标。从 1998 年中国企业经营者成长和发展的专题调查结论中发现，绝大多数的国企管理者由上级任命且未接受过管理方面的基本培训。

官本位的思想使得管理者职业化的市场需要缺位。管理者作为一种资源，并没有形成一种市场机制，使管理者的专业能力可以得到中肯的评估，并且在资源流动中不断实现其价值。目前很多管理者实际上是兼任政府官员和管理者的双重角色。政府目标和组织目标的冲突解决需要依托管理者的职业化发展。虽然政治目标非常重要，但是可以通过国家法律规范、现代企业管理制度和监督检查机制来实现。通过法治的力量，促进组织在符合政府政治目标的框架下按照市场机制进行运作。

（三）行政化消解了市场化

虽然市场经济在合理配置资源，在提高生产力方面发挥了重要作用，但是国家对政府部门和非政府部门，如企业、高校等的行政控制权没有改变。无论是国有企业的管理者，还是高校的管理者，都是参照政府公务员的行政管理机制进行选拔和任用，并规定着严格的行政级别。这种管理机制使得官僚化的倾向在日常管理中非常普遍，极大地影响了组织效率的实现。在计划经济时期和特殊时期，统一管理可以发挥统一意识和统一行动的作用，但是在市场经济不断深化的今天，除了一些关系到国计民生的行业和领域需要政府的直接控制，在很多管理领域，需要借鉴发达国家的管理者市场发展的经验和教训，有效地提高管理组织的工作效率，提高管理者职业化的水平。

（四）泛化研究消解了基础研究

相对于西方较长时间的职业社会学的研究，我国的管理者职业化研究起步较晚，管理者职业化的实践经验不多。虽然在管理者职业化发展趋势、管理者职业化的宏观影响因素、管理者职业化的机制制度建设和具体途径方面进行了相关研究，但是深入细致研究不够，其主要缺陷就是泛化研究消解了基础研究。

我国的管理者职业化研究偏重国外经验借鉴和现象的片段描述，更多的是从宏观的视角进行泛化研究，不能够和我国的管理者职业化环境有机结合，缺乏实证研究分析，基础研究的缺位使得我国管理者职业化研究解决实际问题的能力匮乏。只有进一步加强基础研究和系统研究，并找到影响管理者职业化发展的关键问题，才能解决管理者职业化进程中的主要矛盾。

二、辅导员的传统素质结构

素质是人们在一定的生理条件和社会生活条件基础上，通过教育培养和个人实践积累起来的稳定的内在品质。20 世纪 80 年代至 90 年代初期，思想政治教育工作人员的素质内容理论主要归结为"二要素论""三要素论""四要素论""五要素论""六要素论"。随着思想政治教育学科的发展，思想政治教育工作人员的素质研究工作进一步深入。其中，张耀灿、陈万柏主编的《思想政治教育学原理》将思想政治教育工作人员素质归纳为"九要素论"，即从政治、思想、道德、法律、知识、能力、创新、心理和身体九个方面进行了阐述。辅导员是思想政治教育工作人员的重要组成部分，"九要素论"也是指导辅导员素质开发的理论基础。下文的辅导员素质解析正是依据"九要素论"展开。

（一）政治素质

政治素质是一种特殊的素质，是人们为实现本阶级根本利益而进行各种精神活动和实践活动的特定品质。政治素质是教育者从事思想政治教育活动所必需的政治条件和政治品质，是教育者的政治立场、政治观念、政治品德、政治鉴别力和政治敏锐性的综合表现。政治素质主要包括政治立场、政治信念、政治品德、政治水平和政策水平等要素。

在历史发展沿革中，思想政治教育工作一直是辅导员的主要工作，从"政治辅导员"的称谓中也可以很清楚地辨析出该项工作的主要任务和职能。随着社会的发展，高校大学生思想状态日益多元化，高校学生成才需求日益多样化，辅导员的工作外延日益扩大。即使是这样，思想政治教育工作仍然是辅导员工作中的重中之重。作为大学生的人生导师和知心朋友，作为高校学生日常思想政治教育和管理工作的组织者、实施者和指导者，高校辅导员在引导大学生树立正确的政治立场和政治信念方面发挥着重要作用。

良好的政治素质首先要求辅导员具有正确的政治立场和科学的政治信念，是一个真正的马克思主义者。这意味着辅导员要将马克思主义作为自己的信仰，真诚向往并在实践中切实履行马克思主义者的基本要求。这意味着辅导员要认真学习马克思主义的基本原理，善于学习和钻研，不断提高马克思主义的理论水平，提高个人理论修养，敢于并善于和似是而非的伪马克思主义及反马克思主义做斗争。在高校教育实践中，辅导员作为从事思想政治教育工作的教师和从事日常思想政治教育的管理者，必须以科学的马克思主义正确引导广大学生树立正确的政治立场和信念。

良好的政治素质要求辅导员要有良好的政治品德，能够将政治觉悟和个人修养紧密结合，能够将理论要求和自身实践紧密结合。辅导员要成为学生的人生导师和知心朋友，必须要严于律己，在政治、思想、学习、生活和其他方面发挥模范带头作用，做到身为人师，行为示范，树立自身的良好形象，充分发挥榜样作用。辅导员的首要职责就是大学生的思想政治教育工作，辅导员的政治品德在个人品德建设中也占据着核心的地位。良好的政治品德要求辅导员善于学习，在个人成长中进行反思学习，在学习型团队建设中进行团队学习，在实际工作中进行实践学习，在问题解决中进行经验积累的学习，不断提高理论认识水平。良好的政治品德要求辅导员善于实践，要在学生教育管理工作过程中真切地体现良好的政治品德，要实事求是地分析情况和解决问题，要按照“以学生为本”的理念进行工作规划和活动设计，要按照公开、公平、公正的工作原则处理学生事务，要真诚关心每一位同学在人生发展中遇到的困难和问题。只有让每位大学生深切地感受到辅导员良好的政治品德、公开公平和真诚友爱的工作作风，才能够建立坚实的沟通基础，为辅导员工作的顺利开展创造条件。

良好的政治素质要求辅导员要有良好的政治水平，具有政治敏锐性和对学生思想、舆论状况的判断和预测能力。当今国际国内的政治形势和社会状况复杂多变，而大学生虽然思想活跃，信息渠道多元，但是鉴于大学生的年龄、阅历和心理等方面的特征，其对问题的分析判断常常是非理性的。这一切都要求辅导员发挥积极的舆论引导作用，及时把握大学生中的热点焦点问题，引导帮助大学生解疑释惑。辅导员不仅仅要具有正确的政治立场和科学的政治信念，也要广泛涉猎人文社会科学的有益成果，完善自己的知识结构，开阔自己的理论视野，提高分析问题和解决实际难题的能力，提高自身的政治水平。辅导员要善于用科学的世界观、方法论来科学合理地解释政治现象，使大学生相信马克思主义理论的科学性，并通过集体讨论、案例分析、历史回顾等方式使同学们确信中国的选择是符合社会历史发展规律的，符合人民利益需要的历史选择，从而将传统灌输的教育方式转变为大学生自觉理解和自觉接受的方式。

良好的政治素质要求辅导员要有良好的政策水平，具有一定的策划、组织、管理和领导能力。辅导员平均每人带领200名学生，在部分高校，这个数字可能会达到300或400。在这样的现实状况下，如何完成首要的思想政治教育任务，科学设计学生组织，合理配置学生干部是关键的手段，也是国家政策贯彻落实的重要途径。辅导员在班团、党支部的组织建设中发挥着重要的导向作用，要按照有利于个人和组织发展的原则，在民主集中的原则基础上，建立学生组织并制定组织规则，组织规则要经过充分的集体讨论和意见发表，最终形成大家共同遵守的公约；在干部选拔过程中，要尊重广大同学的意见，按照德才兼备的标准，通过公开、民主的选举进行干部选拔，选出学生们满意，有利于工作开展的干部，有效地配合辅导员的整体工作。

辅导员政治素质最直接的重要意义在于辅导员的政治素质直接影响到大学生的政治素质。辅导员是大学生日常思想政治教育工作的主要实施者，也是大学生在大学期间最熟悉的教师之一。辅导员的活动策划、组织安排、干部选任等各个方面都会引发学生利益格局的一些变化。大学生会切身地体会到辅导员的工作作风和政治水平，对思想政治教育的认识从书面走向实际，促使大学生自觉思考什么是合理的，什么是科学的，自己应该信任什么，选择怎样的信仰。辅导员的政治素质归根到底都是体现在具体的活动和细节中，辅导员对大学生这种潜移默化的影响和导向是非常明显的。

辅导员是维护高校安全稳定的重要力量。无论是社会群体事件还是校园突发事件之后，辅导员都是走在最前面的人。在引导舆论、答疑解惑、问题解决包括善后处理等方面，辅导员都是重要的参与者和执行者。辅导员在维护稳定，保护大学生正当权益方面体现出的政治立场和政治表现将直接影响到大学生的政治认识，发生在自己身边的事件更容易促使大学生深入思考问题和做出自己的政治选择。

辅导员是指导大学生健康成长的引路人。大学生虽然已经成人，但是在高校应试教育体制没有根本变化的情况下，大学生在高校前阶段教育过程中的综合素质教育远远不够，大学生在大学阶段的个人适应过程和社会化过程是不能够逾越的。在这个阶段中大学生会不同程度地面临问题，如学习方式的转变、人际关系的磨合、心理问题的解决和就业发展的问题等，而辅导员经常是帮助大学生认识和解决问题的第一人。辅导员的政治素质和工作作风、态度直接影响到大学生的心理感受，进而影响到大学生对于思想政治教育的认知和态度，影响大学生的选择和行为。

因此，无论从辅导员的工作定位和职责要求，还是从高校学生的成长成才；无论从国家社会的安全稳定、社会核心价值体系的维护，还是从大学生对社会发展的重要意义，作为一个辅导员，良好的政治素质都是最基本、最重要的素质要求。

（二）思想素质

思想素质包括思想意识、思想观念、思想方法和思想作风等因素，涉及世界观、人生观的问题。辅导员的世界观、人生观科学与否，直接影响着大学生的思想素质教育的质量。辅导员的思想深度，决定了其进行大学生思想素质教育工作的深度。

辅导员要具备科学的思想意识和思想观念。人在一生中，在学习、生活、工作和社会实践等方面要面临各种各样的选择。如何进行选择，思想意识和思想观念发挥着重要的导向作用。当今时代，国际形势风云变幻，中国社会也处于重要的转型时期和发展时期。辅导员要不断更新观念，与时俱进，树立反映时代要求的价值观念、竞争观念、法制观念和创新观念，以科学发展的思想观念指导做好具体的思想政治教育工作。辅导员在大学生的学习、生活、心理和社会实践方面都发挥着重要的教育指导作用。辅导员内在的思想意识和思想观念，辅导员的世界观和人生观，以及辅导员外在的具有一致性、稳定性的行为表现，都是直接影响大学生世界观和人生观形成的重要因素。

辅导员要具备科学的思想方法，能够多维度地全面分析、解决问题。如果说思想意识和思想观念的重要作用在于为正确认识和理解世界和人生提供价值上的判断和抉择，那么思想方法的重要作用就在于为解决世界和人生的诸多问题提供方法论上的指导和技术路径上的突破。首先，作为最根本的思想方法，历史唯物主义和辩证唯物主义发挥统领全局的作用。辅导员要重视全面和辩证地分析问题，抓住问题的主要方面，深刻认识事物的本质。其次，要重视问题的产生环境，从系统论的思想方法出发，分析影响事物发展的诸多因素。最后，辅导员要树立科学的思维方式。思维方式是一个人思想素质的重要表现，在某种意义上决定一个人认识世界的能力。只有不断创新思维方式，才能够调动人的最富有创造力的因素，为问题的解决开拓新思路、新视野。辅导员必须坚持历史唯物主义和辩证唯物主义的思想方法，坚持系统论的思想方法，掌握整体性思维、开放性思维、层次性思维和立体性思维，不断创新，才能够更好地解决工作中出现的新问题，才能够更加有效地指导大学生的全面发展。

辅导员要具备优良的思想作风，要民主平等、平易近人，真诚关心大学生的困难，实事求是，研究规律，为大学生的成长发展保驾护航；要严于律己、宽以待人，以自己的实际行动赢得大学生的信任和认可。作风是一个人在思想、工作、生活上表现出来的一贯态度和行为，是思想素质的重要内容和综合表现。辅导员要继承军队建设中的政治指导员的优良传统，能够以高标准严格要求自己，悉心指导每一位大学生的学习、生活和发展，为高质量人才培养提供重要的组织保证。辅导员要以“全心全意为学生服务”为工作宗旨，坚持优良的思想作风，努力成为大学生的人生导师和知心朋友。

（三）道德素质

道德素质包括道德认识、道德信念和道德品质等，包括无私奉献、义务感和反省等。辅导员工作的特点是隐性工作比较多，道德水平要求高。辅导员的道德品质和道德行为，对于处于成长期，世界观、人生观、价值观正在形成中的大学生具有重要的榜样力量和指引作用。辅导员高尚的道德品质和良好的职业道德修养可以发挥润物无声的教育引导功能。辅导员优秀的道德素质可以具体表现为：

（1）全心全意为人民服务的道德观念。辅导员作为直接从事思想道德教育的工作者，其工作定位意味着更高的道德操守和更多的奉献牺牲精神。

（2）热爱教育事业，尊重教育对象和教育规律。

（3）具有强烈的社会责任感和职业意识，以身作则，无私奉献。辅导员作为思想政治教育工作者，特别是作为基层一线的教育引导者，必须要严格地要求自己，自觉地践行良好的道德规范，真正成为大学生心悦诚服的领路人和人生导师。

（4）清正廉洁，艰苦奋斗。辅导员在工作中负责大学生的日常管理和综合评估等工作，应该秉承民主、平等的价值原则，按照科学、规范、公开的要求加强对于奖学金、助学金、勤工助学、助学贷款等涉及学生重要权益的学生事务的管理，使学生在具体的高校实践中真正领会到价值原则和道德规范的强大力量。

如果书本上、会议上灌输的是一套理论，而在实践中却是另一套做法，那么不仅仅会对大学生造成理论上的困惑，更会影响教育者和教育理论的可信性和权威性，使得辅导员全方位开展工作缺失了信任基础。因此，辅导员作为教育主体，必须时时刻刻加强自我教育，提高自我道德修养，这是有效开展思想政治教育工作的基本前提和必要条件。

（四）法律素质

法律素质包括法律观念、法律知识和依法行事。辅导员的法律素质首先体现为辅导员要秉承法律观念，要自觉树立社会主义法治观念，在日常思想政治教育工作中，能够坚持社会主义方向，坚持中国共产党的领导；辅导员要自觉贯彻平等自由观念，特别是在高校教育环境中，只有具备了平等自由的观念，才能够打造和大学生对话的语境和平台，这是实现教育目的的基本前提；辅导员要自觉坚持公平正义观念，公平正义是建设社会主义和谐社会的重要目标，也是维护高校稳定发展的基本原则，辅导员在具体实践中要坚持公平正义原则，从而树立辅导员的形象和威信。

辅导员的法律素质还体现为了解法律知识，能够依法行事。在高等教育大众化的时代，在市场经济环境中，高校和大学生之间的关系已经不是计划经济时代简单的管理与被管理的关系，特别是高校收费制度的实施，使得高校和大学生之间的服务契约关系成立。伴随着大学生主体权利意识的增强，高校的法制化、制度化和规范化管理也在不断发展。辅导员对于常识层面的、高校学生教育管理层面的法律知识要有明确的认知，并能够身体力行，在学习和实践中提高自身的法律素质。

（五）知识素质

知识素质包括基础理论知识、基础文化知识、专业知识和相关知识。辅导员的工作是一项综合性、专业性、知识性很强的工作，具备良好的知识素质是胜任该项工作的基本条件，其包括：

（1）辅导员要具备比较系统的马克思主义基本理论知识。辅导员的首要工作职责是思想政治教育职责，马克思主义基本理论知识是科学开展思想政治教育工作的知识储备，较高的马克思主义理论修养是辅导员开展实际工作的基本功。

（2）辅导员要具备比较广博的基础文化知识，如文学、美学、艺术、历史、地理和现代科技等。广博的知识可以增强辅导员的文化底蕴，提高辅导员驾驭知识的能力，拓展工作思路，可以形式多样化地开展大学生思想政治教育工作，使教育工作更加富有感染力。

（3）辅导员需要具备思想政治教育的基本理论和专业知识，思想政治教育学科的理论基础和方法体系是辅导员知识结构的重要组成部分。

（4）辅导员需要具备相关学科的知识，特别是心理学、教育学、管理学、社会学和伦理学等，它们与思想政治教育工作具有千丝万缕的联系，辅导员要着力加强对于上述相关知识的理解和把握。

另外，知识结构、知识生成和发展的理论对于辅导员知识素质的提升也具有重要的意义。特别是在信息爆炸的知本时代，如何构建合理的知识结构，如何围绕着个人发展进一步理解知识的生成和发展，在某种程度上既是一种重要的实践过程，更有着方法论上的指导意义。

（六）能力素质

能力是基本素质在实际工作中的综合体现。辅导员作为教育者和管理者的工作定位，使得辅导员必须打造复合型的能力素质，才能够适应实际工作的需要。辅导员需要的能力素质主要包括：

（1）分析研究能力，主要包括调查研究能力和理论研究能力。一方面辅导员能够运用观察、访谈、问卷调查等多种方法调研分析，并且通过分析总结经验，指导工作，深化和拓展学生工作内涵；另一方面辅导员必须加强理论方面的研究，通过对思想政治教育学科及其他相关学科的主要问题和前沿问题的研究，提升自身的理论素养，锤炼思维方式，改善思维结构。

（2）计划、组织、协调、决策的能力。此类能力是辅导员作为管理者的重要特征。辅导员作为学生事务管理者，必须具备相应的管理能力，并且可以在特定的教育情境中具体化，使得辅导员的管理和教育两大支柱职能互相支持，共同作用，促进大学生的成长和发展。

(3) 自我发展的能力。如果说前两者分别是从教育者和管理者的角度对于辅导员的能力素质进行了比较具体的界定，那么辅导员自我发展的能力则是从主体角度规定的能力素质要求。只有充分发挥辅导员的主体性，才能不断提高辅导员的自我调控能力和自我发展能力。

(七) 创新素质

创新素质具体包括创新观念、创新人格和创新能力。辅导员的创新素质直接影响着大学生的创新素质的培养。在世界多极化、经济全球化的社会背景下，国别之间的综合国力竞争更加激烈。而在综合国力的影响要素中，创新型人才是至关重要的因子。大学生的全面发展，创新型人才的培养客观上要求辅导员要从观念、人格和能力三个方面不断锤炼创新素质。首先，辅导员要善于思考，敢于突破，能够根据学生发展的需要创新观念；其次，辅导员要具备良好的创新人格，在个人意志品质、心理能力和个性特征等方面能够与创新的内在要求相匹配；最后，辅导员要在认识和实践中发展创新能力，在认识层面进行思维创新，在实践方面开展活动创新。

(八) 心理素质

心理素质在人的素质结构中发挥着重要作用，是其他各种素质形成和发展的重要基础。辅导员的心理素质具体体现为丰富健康的情感、宽厚良好的性格和坚定果断的意志。辅导员丰富健康的情感可以增进教育工作的感染力，情理融合更加富有说服力，可以激发学生的内在情感的呼应，教育工作更加具有实效性；辅导员宽厚良好的性格可以消除和学生之间沟通的障碍，增加师生之间的亲近感，使得学生敢于和愿意倾诉自己的苦恼，在和谐的人际氛围中释放压力；辅导员坚定果断的意志使得辅导员在解决各种学生问题和难题的时候能够保持良好的工作状态，坚持原则，妥善安排，用锲而不舍的工作精神赢得学生的尊重和信服。现阶段，大学生心理问题凸显，作为第一线从事思想政治教育工作的辅导员来说，辅导员的心理素质直接关系到大学生心理问题的有效解决。

(九) 身体素质

身体是革命的本钱，朴素的话语却道出了真切的道理。人的一切主体性的发挥，人的一切聪明才智和创造力的发挥必须以良好的身体素质作为物质基础，否则一切都将成为空谈。对于辅导员来讲，其工作的特性决定了其要在与学生日常交往、指导学生实践、开展日常教育过程中消耗大量的精力和体力。因此，辅导员要充分认识到身体素质的重要意义。在指导学生德、智、体、美全面发展的同时，自己要树立健康意识，选择适合自己的健康生活方式，使自己的工作开展和身体锻炼做到张弛有道，不断提高身体素质，保持个体良好的精神状态、身体状态和工作状态。

三、应用素质模型整合辅导员传统素质结构的意义和原则

思想政治教育“九要素”理论简明扼要地概括了思想政治工作者所需要的基本素质。但是由于素质要素只是平铺陈列，要素之间的关系和结构并不明确，对于实际开展工作的针对性不强。在大力推进辅导员职业化发展的今天，需要在规范性描述的基础上提出更加有针对性的素质要求，明确具体的行为规范、行为表现和行为禁忌，并将素质要求和辅导员准入、培训、激励和发展等运行机制紧密结合起来，成为准入、培训、激励和发展工作的重要前提和基础，从而改变传统意义上辅导员素质要求大而全的状态，科学推进辅导员队伍建设。

辅导员的工作职责涉及教育学、管理学和心理学等多学科领域。传统素质理论主要立足思想政治教育学科对思想政治工作者的素质进行界定，缺乏交叉学科的视野。随着管理科学的发展和进步，管理职业所服务的领域开始具有普遍性，从营利性组织逐步扩大到非营利性组织，同时管理者的职业也日益走向专业化，从而使管理者职业化成为一种必然的趋势。从管理者角度来讲，管理科学领域的成果可以为辅导员职业化提供很多理论上的借鉴和实践上的应用。管理科学特别是人力资源管理中的重要理论成果，可以进一步完善思想政治教育工作者素质理论，不断拓展和深化对于高校辅导员素质的内涵理解，更加有效地指导高校思想政治教育工作的开展。

无论何种职业的职业化，最终都要体现在从业者的专业知识技能和道德伦理规范上。因此，管理者专业素质的构建和发展成为管理者职业化过程中的核心内容。管理者是否具有职业化素质，需要科学的资格认定过程，如制定认证标准，建立评估程序，对管理者的专业知识技能和道德伦理规范进行科学的评估。辅导员作为从事思想政治教育工作的主体，其管理者的身份特征与具体工作中的管理职能是非常显著的。在管理科学中，管理者胜任素质模型在西方已经得到广泛的普及甚至是官方的推广，在我国管理实践中也发挥着重要的指导意义。针对我国管理者职业化存在的主要问题，在充分借鉴胜任素质模型的基础上，结合辅导员自身的工作特点和要求，形成辅导员胜任素质模型，将会是辅导员职业化过程中的重要思路和关键举措。

为了提高辅导员胜任素质模型的适用性，进行辅导员胜任素质模型的构建需要坚持以下原则：

（1）个人绩效和组织绩效相结合。如果说原有的胜任素质模型还是主要与

工作相匹配，那么随着各国研究的深入，胜任素质研究的中心已经从提高个人绩效发展到提高组织绩效的阶段。未来的胜任素质研究呈现的趋势是，发展高层管理者、部门管理者和员工之间的网络化胜任素质已经成为必然。高层管理者要从组织战略和愿景的角度来辨析部门的核心胜任素质，领导组织发展；部门管理者要把握岗位的素质要求和标准规范，激励员工的积极性；个体要努力以高标准发展自己的胜任素质，提高个人绩效水平。个人的岗位胜任素质是和组织整体要求的文化胜任素质密不可分的。因此，不能够“只见树木，不见森林”，必须将个人岗位的胜任素质还原到真实的组织环境中，使得两者能够共生共荣，并根据组织战略的调整不断完善胜任素质模型。

（2）胜任素质构建和人力资源管理各环节密切结合。胜任素质构建虽然是管理者职业化的核心内容，但是如果不能够和人力资源管理各环节有机结合，也就不能够发挥实质的作用。具体到辅导员胜任素质模型的构建，需要将胜任素质的要求纳入到人力资源管理工作的整体设计和运行中，纳入到辅导员准入、培训、激励和发展的环节中，从而在不断完善辅导员胜任素质的基础上，提升辅导员的工作满意度和工作绩效，帮助辅导员提高自我认同和赢得社会认同。

四、辅导员胜任素质模型构建方法

传统的素质要求只是区别一般和差的标准，但是胜任素质模型却是区分优秀和一般的标准。在辅导员职业化的发展过程中，要重视胜任素质的发展，要明确优秀的标准，使得整个人力资源管理发挥积极的导向作用，不断提升和凝练个体和群体的专业化水平。构建辅导员胜任素质模型，既要参考国际通用的管理者胜任素质模型的构建方法，也要结合辅导员工作自身的要求和特点，在管理科学的相关研究成果基础上，构建具有中国特色的辅导员胜任素质模型。

（一）辅导员胜任素质的基本内涵

胜任素质是能够将工作（或组织、文化）中表现优异者和表现平平者区分开来的个人潜在的、深层次的特征，它可以是动机、特质、自我形象、态度或价值观、某领域的知识、认知或行为技能。是任何可以被可靠测量或计数的，并且能够显著区分优秀绩效与一般绩效的个体特征。在辅导员的胜任素质界定上，应该包括两个方面的基本内容。一方面是具体的显著提高绩效的行为表现；另一方面是取得绩效的人格特征，如个性、价值观、态度、动机等。只有将上述两方面有机结合，才能够科学全面地界定辅导员的胜任素质。

（二）明晰组织发展目标

了解组织与员工的共同利益和共同目标，在此基础上构建和发展员工的文化胜任素质，即对员工具有普遍性要求的，与组织战略发展和文化氛围相契合的行为特征。在此基础上，对于特定的岗位，明确需要具备的个性、知识和技能等要素，即岗位任职者胜任素质。具体到辅导员，作为高校思想政治教育工作的主体，辅导员首先要明确中国高校的使命和任务。同时，还要结合学校的发展战略、工作愿景和学科特点等具体情况发展相应行为特征，形成适合高校情境的文化胜任素质。高校辅导员的岗位不仅要具备最基本的文化胜任素质，还要结合辅导员的具体职责要求形成独特的岗位胜任素质，注重发展自己的潜力，改善自己的态度和价值观，并在与岗位胜任素质相配套的一系列绩效评定、培训和激励活动中不断提升自身的专业水准。

（三）构建辅导员胜任素质模型测评指标体系

辅导员岗位职责直接对应着岗位素质要求，参照“九要素”理论中思想政治教育工作者应该具备的基本素质，可以将辅导员胜任素质要求首先聚焦到两者的交集。这样既能够体现辅导员从事思想政治教育工作的基本特点，又能够反映辅导员的岗位职责要求。因此，思想素质、知识素质和能力素质作为重要交集成为模型关注的关键因素。在构建胜任素质的理论框架下，对于个性和动机、价值观、兴趣等要素的考量也是不可缺少的。为了更加有效地解决胜任素质模型的构建问题，必须立足于已有的管理科学方面的重要成果，并在具体的情境中加以细化和明确。

在这里，采用心理学家斯班瑟构建的管理者通用胜任素质模型作为进一步研究的基础。斯班瑟的管理者模型研究了 36 种不同的管理模式，其在不同等级、不同部门和不同环境的管理工作的相似性基础上提炼出管理工作的核心特质。其中，按照重要性排列，管理者通用胜任素质分别是冲击与影响、成就导向、团队合作、分析性思维、主动性、培育他人、自信心、命令、信息搜寻、团队领导和概念性思维。其中的冲击与影响、成就导向、团队合作、分析性思维、主动性、培育他人、自信心和团队领导在上述指标中占有较大权重，因此上述指标体系可以很好地模拟管理者通用胜任素质模型。

第七章　高校辅导员绩效考核体系

第一节　高校辅导员绩效考核体系的基础理论

高校辅导员的工作涉猎面极其广泛，不仅要将大学生的日常事务性工作落到实处，同时也要有效地开展党建、班团、帮困、心理和社区等方面的工作。如今，随着“00 后”学生不断成为大学校园的主流，高校辅导员的工作对象发生了变化，这也使得辅导员的工作面临全新的挑战。辅导员要如何应对新的挑战，成为学生的灵魂工程师，在使学生形成正确的世界观、人生观和价值观的同时，提升大学生的综合能力，是辅导员工作与时俱进的体现和要求。如何加强高校辅导员的职业归属感，有效地对辅导员队伍进行管理和培养，是高校面临的重要课题。建立高校辅导员的绩效体系并不断完善，对于高校思想政治工作的开展具有深远的意义。

一、绩效考核的内涵

绩效考核也称成绩或成果测评。绩效考核是为了达到组织的目的，运用一定的标准和指标，采用科学的方法，对在达到目的过程中承担工作责任和效果的人员完成任务所带来的效果作出的价值判断。绩效考核是一项系统性的项目，其实质是做到人尽其才，使人力资源作用发挥到极致。

绩效考核包括以下三个层面的含义：

（1）绩效考核是从高校今后发展的目标出发对员工工作进行的考评，并且使考评结果和员工培训、职位升迁和薪酬管理进行结合，促使高校更好地发展。

（2）绩效考核是人力资源管理系统的一个组成部分，它是运用一套考核体系与执行标准、程序进行考核。

（3）绩效考核是对辅导员在日常工作中所表现出来的工作能力、态度和成绩进行规范的考核。

现代绩效考核和管理是从提高单位核心的竞争力出发，以提高员工的综合能力为目的，通过绩效管理为手段，实现单位和员工的利益共享与双赢。简单来说，绩效考核是指考核主体对照工作目标与绩效标准，采用科学的考评方法，评定员工的工作任务完成情况，并且将结果反馈给员工的过程。绩效考核体系是一组既独立又相互关联，并且能够较完整体现出考核指标的评价系统。绩效考核体系的建立，有利于考核辅导员工作状况，促进辅导员个人能力和素质的提高，完善高校对辅导员的管理。

高校辅导员工作的绩效考核不仅只是为评优等提供依据，更重要的是为了更科学、有效地培养一支高素质的管理队伍提供保障。

二、高校辅导员工作绩效考核的意义

高校辅导员是与大学生联系最密切的一支教师队伍，他们是开展大学生思想政治教育的骨干力量，是大学生成长道路上的引路人。《普通高等学校辅导员队伍建设规定》中明确规定，高等学校应当把辅导员建设作为教师队伍和管理队伍建设的重要内容，并要求加强辅导员队伍建设，坚持育人为本、德育为先，促进高等学校改革、发展和稳定，促进培养造就有理想、有道德、有文化、有纪律的社会主义建设者和接班人。高校辅导员的职业化建设成为目前队伍建设的方向之一，辅导员队伍的稳定性、职业性、长期性与之前相比将会有很大提高。辅导员已经成为当今高校一支不可或缺的重要教师与管理队伍，很多高校都把辅导员作为重要的行政储备干部来进行培养。

由于辅导员工作的性质与内容的特殊性，要求辅导员具备较高的综合素质和积极的工作态度。辅导员的工作比较繁杂，周期较长，所以导致辅导员的工作弹性大，工作付出较难衡量，管理效果也难以评估，需要有一个规范有效的工作绩效考核体系。否则，如果辅导员的工作只有分工，没有检查，只有要求，没有考核，就会逐渐形成干多干少一个样、干好干坏一个样的局面，肯定会导致辅导员中的一部分人存有侥幸和投机心理，工作偷懒，对学生工作不认真负责，脱离学生，表面上好像没有什么问题，但实际上学生问题都没有得到解决的危险境地。

从辅导员的多种身份可以看出辅导员的重要性。如何了解辅导员的工作效果并激发辅导员的工作热情，持续保持辅导员队伍的活力是很值得探讨的问题。这需要通过合理有效的绩效考核来评定他们的成绩，给予指导、鼓励和提醒，辅导员的绩效考核成了辅导员队伍建设中的一项重要内容。教育部规定各高等学校要制定辅导员工作考核的具体办法，健全辅导员队伍的考核体系。对辅导员的考核应由组织人事部门、学生工作部门、院（系）和学生共同参与。考核结果要与辅导员的职务聘任、奖惩和晋级等挂钩。

（一）高校辅导员工作绩效考核的积极意义

只有将高校辅导员工作绩效考核不断规范化和科学化，才能有效地、客观地对辅导员工作进行管理与考核。同时，还能不断调动辅导员的主观能动性，努力做好本职工作的同时，与时俱进地做好学生工作，不断提升辅导员的职业归属感。只有这样，高校辅导员队伍才能成为维护高校稳定工作的骨干力量，才能提高大学生思想政治教育工作的成效性。

从心理学的角度看，绩效考核应当具有导向性、反馈性和惧怕性的特点。导向性是指考核的内容和标准应该是人所共知的，并在考核之前就已确定。辅导员便能自觉地用这些考核标准来严格要求自己，有效地控制自己的工作状态和成效。考核的反馈性是指要将考核的结果具体地反馈给被考核者，使其知道自己需要在哪些方面继续保持，哪些方面仍需改善，提高工作的有效性。考核的惧怕性是指考核给辅导员带来的心理压力，这种压力在某种程度上能够调节辅导员的工作行为。

（二）高校辅导员工作绩效考核的目的

鉴于辅导员工作绩效考核的以上特点，高校辅导员工作绩效考核的目的也更加明确，基本可以分为以下几个方面：

（1）为学校的科学管理提供依据。辅导员工作绩效考核为学校的人事管理工作提供了支撑性的服务，也是高校薪酬管理的重要工具。绩效考核是制定人事决策的根据，同时也是一种控制手段。通过绩效考核进行调职和奖惩等人事决策，以便达到调整控制的目的。高校根据绩效考核的结果制定报酬标准，如辅导员的奖金和晋升等问题。工作绩效考核为辅导员提供了工作标准，为学校奖惩工作提供了依据，有助于建立辅导员工作绩效档案，从中不断发现学校管理制度中存在的问题，改进辅导员队伍的建设，为提高高校思想政治工作的有效性提供保障。

（2）帮助辅导员进行科学有效的职业规划。辅导员工作绩效考核作为一种沟通活动，并非单纯地评价辅导员的工作业绩，而是为评价个人工作优缺点和提高工作绩效提供反馈的渠道和改进的方式。绩效考核的结果能够使得辅导员定期地对自己的职业发展进行思考，不断更新自己的职业发展规划，更有效地开展学生思想政治教育工作。同时，通过辅导员绩效考核的结果，学校也可以针对性地为辅导员开展培训工作，这样也能帮助辅导员综合能力的提升，促进高校辅导员队伍的综合素质得以不断提高。

（3）调动辅导员的工作积极性。就目前中国高校整体而言，辅导员的工作价值还没有被完全认同，有些高校只是认为辅导员是学校的一般行政人员，甚至认为是学生的“保姆”和“消防员”。辅导员的地位和价值，还没有被认可和重视起来。这就在一定程度上挫伤了辅导员的积极性，在这种情况下，辅导员的工作绩效考核就成了调动辅导员工作积极性的重要手段。通过对辅导员的绩效考核，给辅导员评分，奖励表现优异的，鼓励表现良好的，督促表现一般的等等。另外辅导员通过考核了解到自身的需求层次、结构、自身水平、优势和不足之处。通过自我总结，提高自身需求层次，通过向领导和前辈请教，向同事学习，增强自信心，弥补不足。辅导员坚持考核中对自己肯定的部分，改正不足的部分，开展自我激励，激发努力工作的热情和积极性，提高工作绩效。因此，建立科学的绩效考核体系是调动辅导员工作积极性，稳定辅导员队伍的重要基础，同时也是现如今辅导员队伍建设的难点所在。绩效考核体系的规范与否，直接关系到辅导员工作的积极性，影响到高校的思想政治教育。

（三）高校辅导员工作绩效考核要制度化、规范化、科学化

建立健全辅导员工作绩效考核体系，逐步实现辅导员考核体系的制度化、规范化和科学化，在辅导员的队伍建设和管理方面有着非常重要的作用。

辅导员工作绩效考核是辅导员队伍职业化的重要保证。辅导员队伍的职业化建设是目前高校建设的一个重要任务，是为了建设一个结合思想政治教育、心理健康教育、职业生涯规划、学生事务管理等方面的专门人才的团队。辅导员队伍必须按着“高进、严管、精育、优出”的原则不断优化。辅导员工作绩效考核是建立专业化、职业化辅导员队伍的前提和基础，它能够更加高效率和职业化地做好辅导员的管理工作和队伍建设。辅导员考核包括绩效计划、实施、考核和反馈，是一个全程化的管理过程，通过这一过程评价辅导员的工作效果，可以引导辅导员努力工作的方向，积极参与相关业务的培训，钻研业务知识，提高自身各项素质，促进辅导员整体水平的提高，逐步实现辅导员队伍的职业化和专业化以及整个队伍素质的提高。

辅导员工作绩效考核是明确和增强辅导员职责的重要手段。辅导员工作绩效考核体系的具体指标应当根据辅导员的具体工作内容和责任而确定。通过对具体的工作内容进行考核，辅导员可以主动积极地承担自身工作过程中各项职责，从而更加认真明确地落实其所承担的责任所在。辅导员站在大学生思想政治教育工作的第一线，面对的工作对象是思维活跃的青年一代，这也要求辅导员自身应当不断增强责任感，在思想、学习等方面对大学生进行科学有效的引导与教育。辅导员的工作成效不具有立竿见影的特点，而是有一定的持续性和延续性。如果辅导员的日常工作能够通过工作绩效考核来进行反映和评定，这将有助于明确责任，激励辅导员的责任心。

辅导员工作绩效考核是进行奖惩和工资调整的重要依据。高校辅导员不仅是学校教育教学以及科研工作的重要后备力量，也是学校以及社会党政后备干部培养和选拔的重要来源及重要的预备军。对于辅导员的工作应该进行科学的奖惩，即辅导员有了一定的工作积累并取得成绩后，可以获得相应的奖励。也可以向学校的其他岗位进行调整和流动，或者有机会提升职级或晋升职称。反之，在辅导员工作中出现失职的情况下，应当受到批评教育等形式的处罚。辅导员的奖惩均结合实际工作，这也是辅导员绩效考核的重要依据。高校应该将辅导员工作绩效考核的结果作为辅导员队伍建设的重要内容和依据，并存入档案，为学校和其他组织部门使用这支队伍提供科学的、公正的、客观的依据。

科学、规范的辅导员考核体系是辅导员队伍建设工作中不可或缺的部分。绩

效考核着眼于辅导员未来综合能力的提高，强调更人性化、科学化的对辅导员队伍进行管理的激励机制。因此，辅导员工作绩效考核体系的确立，可以实现学校对于辅导员队伍进行更加科学的管理，为辅导员奖惩提供重要依据。

三、高校辅导员工作绩效考核的内容和范围

（一）高校辅导员考核的主体

这里所提到的考核的主体是指考核者，即对辅导员工作绩效进行考核的人。高校辅导员在日常工作中直接与大学生打交道，同时相关职能部门和学院领导都与辅导员有着直接的工作关系。因此，学院领导、学生工作部门的其他辅导员、学生以及被考核的辅导员本人都应该对被考核者进行工作成效的评定，这样才能更加全面地做出对辅导员工作客观的评价。

（二）高校辅导员工作绩效考核内容的宏观分析

1. 理想信念

高校辅导员入职条件必须是中共党员。中国共产党人应当具备坚定的理想信念，坚定理想信念是对共产党员最基本的要求。辅导员作为共产党人，其坚定信念不仅仅要体现在重大事件的党性原则上，更要在平时的学生工作中得以体现。在具体工作的开展中，辅导员应当从以下几方面着手：

（1）高校辅导员应当注重对学生定期进行国家形势与政策的宣传和教育，帮助学生理智地认清国际形势，正确理解党的路线、方针和政策，坚定党的领导，积极投身现代化建设伟大事业。通过丰富的教育平台引导学生的思想，从而帮助学生培养正确的世界观、人生观和价值观。

（2）高校辅导员应当以学生为本，尊重学生的人格，理解学生，爱护学生，努力满足大学生全面发展需要。尊重学生的个性，发展学生的个性，能够用实际行动来做到“一切为了学生”的工作理念，切实做到对学生要有爱心，为学生服务要尽心，对学生工作要关心。

（3）辅导员应当有针对性地将日常思想政治教育渗透到学生的学习、生活和工作中去。辅导员要结合本职工作，努力学习，开拓创新，不断提升育人的能力。通过多方面了解学生的思想动态，向学生传达思想政治教育的内容，与学生进行心贴心的交流。日常工作中，辅导员应当围绕学生关注的热点，注重学生心理健康的疏导，必要时多与学生进行一对一的交流和指导，更加细致、有效地开展日常思想政治教育工作。

（4）辅导员要做好党团组织和班级建设的工作，鼓励并指导学生开展各类健康向上的兼顾思想教育功能的活动，对学生进行与时俱进的素质教育，为学生的社会实践和职业规划出谋划策。高校辅导员应当增强党员意识，树立模范作

用，用心指导党团组织和班级各项工作的开展，加强对广大青年学生的培养，吸收更多的优秀学生加入中国共产党的组织中来。在实践中出成效，努力提升自我管理和业务水平，让更多优秀的学生成长起来。

2. 职业追求

高校辅导员的职业追求体现在其是否能够将各项工作以一定的工作业绩和工作成效体现出来，这也是辅导员工作中的重点考核对象。辅导员的每一项工作都是围绕着大学生而展开的，他们的工作成效能否最终在其所带的学生身上得以体现，各项学生工作是否有条不紊地开展并落实，学生的总体心理健康状况、就业状况是否良好，这些都是辅导员工作业绩和成效的体现形式，也就是辅导员职业追求的表现之一。高校辅导员职业追求考核的内容可以包括以下方面：

（1）日常管理工作。辅导员应当帮助学生营造良好的学习氛围、积极的生活态度，做好青年时期的学生教育与事务管理工作。

（2）心理健康辅导。辅导员应当主动学习大学生心理健康辅导的相关知识，开展心理健康培训，为学生提供心理咨询，做学生的“知心人”，防止学生因心理健康问题而走弯路。

（3）职业发展指导。辅导员应当在大学生不同的阶段做好不同的职业生涯规划的指导，认真做好实习和就业的指导工作，为学生提供一些就业和学习的信息，传达就业形势和就业政策等。

（4）优秀生的培养工作。辅导员应当学会对学生进行分类教育，通过党团组织、班级建设以及各项活动，挖掘和培养优秀的学生干部，提高其综合素质，使得他们能够在校内外给身边同学起到模范带头作用。

（5）服务指导帮困工作。辅导员应当按照国家扶贫帮困的政策精神，去了解家庭经济困难学生的情况，审核家庭经济信息，多关注他们的生活学习状况，为他们提供各项勤工助学、减免学费、助学金申请、助学贷款申请等信息与机会。

3. 奉献精神

辅导员工作种类多、变化多。随着“00后”学生不断成为大学生的主要学生群体，辅导员的工作对象在发生着明显的变化，这对辅导员有效地开展思想政治教育工作提出了较高的要求，也需要辅导员具有充分的奉献精神。首先，辅导员所带学生对其工作的满意度，某种程度上是对辅导员奉献精神的肯定。其次，辅导员的工作态度是影响辅导员工作成效的直接因素。辅导员自身的业务水平、对学生的熟识程度、辅导员的出勤率等都是辅导员工作态度的体现。总体来讲，对于辅导员奉献精神的考核可以从以下几方面着手：

（1）出勤率。辅导员应当按时上班，在特殊时期坚持学校的值班安排。在遇到特殊情况时，甚至牺牲自己的休息时间处理学生事务。

（2）参加培训情况。辅导员在处理繁琐的事务性工作的同时，更应注重自身的提高，积极参与各类培训，提高自身水平，提升工作的成效。

（3）工作完成情况。辅导员应当有计划地开展各项学生工作，注重工作质量，更好地为学生服务，将各项学生工作落到实处，真正实现育人的效果。

（4）突发事件的处理能力。辅导员在日常工作中，遇到突发事件是难以避免的。辅导员应当积极面对，做好预案，深入考察，细心研究，快速反应，用自己的专业水平和对学生的关爱之心将问题妥善解决。

4. 专业素养

高校辅导员作为管理者和教师的双重身份，应当具备基本的调查分析能力，敏锐的洞察力，及时解决处理问题的能力，能够应对突发事件、维护稳定的能力，组织管理学生开展活动的能力，探索学生工作规律、创新学生管理方法和手段的能力，以及相应的表达、写作能力和创新实践的能力。对于专业素养的考核，主要基于以下几方面：

（1）日常问题解决能力。辅导员要能够高效开展学生工作，清楚相应程序，研究学生工作方法，独立处理日常学生工作中出现的问题，熟悉学校应对和处置各类突发事件的预案，及时妥善处理学生突发事件，能够做到防微杜渐，做好善后工作。

（2）组织管理能力。辅导员应当对学校学生工作相关的规章制度熟记于心，积极帮助学生开展活动，对日常的学生生活和学习等进行服务和指导。

（3）实践创新能力。辅导员应当有较强的实践意识和创新意识，能结合学生工作的特点，积极主动地在学生工作中运用创新能力，善于创新学生思想政治教育工作理念、方法与手段，要多尝试，善总结，推进学生思想政治教育工作的深入开展。

（4）表达和写作能力。辅导员在日常的工作中，能够清楚明白地传达工作精神和工作要求。除此之外还要完成学校或所在院系的必要的文字宣传任务，做好工作规划和工作总结，积极撰写与工作相关的论文或者报告。

（三）高校辅导员绩效考核内容的微观分析

通常将辅导员工作绩效考核从德、能、勤、绩、廉五个维度进行考察，结合辅导员的工作内容，大致可分为以下具体内容：

（1）学生日常事务管理。学生日常事务管理占用辅导员日常工作中的很大一部分时间和精力，涉及请假考勤、通知发布、奖学金评审和评先树优等。除此之外，辅导员还要做好突发事件的预案、防控和处理工作，做好学生特殊群体的教育工作。通过设计新颖和形式多样的活动，开展各类主题教育，帮助大学生树立正确的世界观、人生观和价值观。

校园稳定工作是大学生工作中的重点，其包含了日常的安全稳定和突发事件两个方面。日常安全稳定需要辅导员准确把握学生平日里的思想动态，定期开展相关的教育活动，将问题和矛盾解决在萌芽阶段。而突发事件的处理对辅导员的危机处理能力有着较高的要求，对于敏感时期的稳定工作辅导员更是要具有较高的思想觉悟，及时防范，做好学生的思想疏导工作。

（2）校园文化建设。大学校园中的团委学生会的建设、班级团支部的建设和学生社区的建设都属于大学校园文化建设的范畴之内。辅导员应当通过团学活动、班团活动和社区活动等平台，培养优秀的学生干部，使其榜样的力量辐射到更广泛的学生群体之中。利用学生干部的辐射力，吸引更多的同学积极主动地参与各类集体活动，提升自己的综合能力，也使得校园文化更加丰富多彩、和谐向上。

（3）学风建设。学风建设是高校辅导员开展大学生思想政治教育工作的重要部分。优良的学风可以带动集体的成长，辅导员可以借助优秀学生的力量，在集体中营造浓厚的学习氛围。要加强考风考纪的宣传工作，要教育大学生做一个诚信的人，真诚做人、坦诚做事。要借助集体活动、网络宣传等平台加强学风建设。

（4）帮困育人工作。大学生中必定有一部分同学由于家庭经济条件的限制无法及时交学费，或者生活比较拮据。作为辅导员，应当给他们提供申请助学金的信息，建立帮困助学渠道。更为重要的是，不仅要在生活上对他们进行帮困，更是要在精神上、思想上对他们进行帮助和引导，避免这一部分学生陷入自卑、自暴自弃的境况，鼓励他们自强不息，自立自助，用自己的努力改变现有的状况，让他们在精神上、行动上成长。

第二节　不同绩效考核体系的比较分析

本节主要探析高校辅导员绩效考核体系与其他类型的绩效考核体系的异同。采用类比方法，在不同类型的考核体系中进行比较分析。从高校作为国家事业单位，探究高校与其他事业单位的考核体系的异同之处。同时，如前文所述，高校辅导员担任管理者的角色和职能，应当借鉴其他类型的考核体系，如国家机关（公务员考核体系）和企业单位等。通过借鉴学习，不断提升高校辅导员的考核体系的完善性、合理性和有效性。

一、事业单位绩效考核体系

（一）事业单位和事业单位人力资源

事业单位是指国家为了社会公益目的，国家机关举办或者其他组织利用国有资产举办的从事教育、科技、文化、卫生等活动的社会服务组织。通俗解释的事业单位一般是国家设置的带有一定的公益性质的机构，但不属于政府机构，与公务员是不同的。一般情况下国家会对这些事业单位予以财政补助，补助分为全额拨款事业单位，如学校等；差额拨款事业单位，如医院等。还有一种是自主事业单位，是国家不拨款的事业单位。

目前，国务院共有社科院、中科院等 14 个直属事业单位，有国资委、科技部等 29 个相关部委，税务总局、工商局等 18 个直属机构，以及部委管理的国家局 10 个。在这些机构下面，基本上都有数目不等的相关事业单位。现有事业单位包括教育事业单位（高等教育事业单位）、科技事业单位（自然科学研究事业单位）、文化事业单位（演出事业单位）、卫生事业单位（医疗事业单位）、体育事业单位（体育竞技事业单位）、交通事业单位（公路维护监理事业单位）和社会福利事业单位（托养福利事业单位）等。

事业单位的人力资源主要包括行政事务管理人员、专业技术人员和后勤服务人员。实行企业化管理的事业单位，经营管理人员占有较大比例，他们都具有人力资源基本特征。同时，事业单位的主要使命是服务于社会，维护社会公平，促进国家发展，这又要求事业单位的人力资源在政治道德、职业道德和科学文化素质等方面高于社会平均水平。

（二）事业单位的考核体系

绩效考核是人力资源管理的一个重要组成部分。通过对员工工作绩效进行有效考核与控制，获得反馈信息，为管理者的管理活动提供依据，从而促进组织目标的顺利实现。事业单位人力资源绩效考核是国家行政机关和国有企事业单位组织等，依据法定的管理权限，按照一定原则和工作绩效测量标准，定期或非定期地对其所属公职人员在政治素质、工作业务表现、行为能力、工作成果等方面，进行系统、综合、全面的考察和评价，并以此作为公职人员奖惩、职务变动、工资增减、培训和辞退等管理活动的客观依据。

1. 事业单位绩效考核的要素分析

事业单位通常所见到的考核，一般指标包括“德”“能”“勤”“绩”，如果是领导干部还包括“廉”。这似乎已经成为天经地义的规范。“德”指思想、作风、道德水平；“能”指学识、智能和技能，通常涉及组织能力、决策能力、分析能力、判断能力和解决实际问题的能力；“勤”指出勤、纪律性、干劲、责任心和主动性；“绩”指工作效率、工作效果和工作业绩。

横向比较全国各高校对于辅导员的评价体系基本都参照以上几项要素：

（1）德，主要考核思想政治表现和师德表现。包括：遵纪守法，职业道德表现；热爱党的教育事业，教书育人情况；服从组织安排，完成工作任务情况；关心集体，团结协作情况；作风正派，治学严谨情况。

（2）能，主要考核履行岗位职责能力。包括：组织思想教育活动的能力；运用现代教育手段组织教学的能力；思想研究的能力；提高自身综合素质的能力等。

（3）勤，主要考核工作态度、勤奋敬业等履职情况。包括：遵守各项工作规章，出勤情况；有事业心、责任感，精益求精，工作踏实勤奋，自觉履行岗位职责情况；积极参加政治学习和业务学习情况。

（4）绩，主要考核教育教学工作任务完成情况。包括：完成工作任务的数量、工作效率、工作效果情况；服务对象（学生）满意度情况。

（5）廉，主要考核廉洁从业情况。包括：道德情操高尚；正确履行岗位职责；能积极发挥奉献精神；不利用职权之便从事有偿家教或谋取个人私利等。

2. 事业单位绩效考核的标准

事业单位通常都依据考核要素，对于单位领导和员工实行“等次”划分，考核结果一般会分为优秀、合格、基本合格和不合格四个等次。通常在当年度事业单位工作人员年度考核操作过程中，也有比例限定，各等次都对应相应比例。

优秀的标准为：拥护中国共产党和国家的路线、方针、政策，模范遵守国家法律、法规及各项规章制度；具有较高的思想政治素质，工作责任心强、勤奋敬业；精通业务，教育教学能力强、提升快；积极开拓创新，工作成绩突出；廉洁奉公；民主评议和服务对象满意率高。

合格的标准为：拥护中国共产党和国家的路线、方针、政策，自觉遵守国家法律、法规及各项规章制度；思想政治素质高，工作积极，认真负责；业务熟练，教育教学能力较强或提升较快；能够正确履行岗位职责，完成工作任务；廉洁自律；民主评议和服务对象满意率较高。

基本合格的标准为：思想政治表现与业务素质一般，勉强能适应工作要求，工作积极性、主动性不够，没有全面完成工作任务，在工作中造成一定失误，或有轻微违纪现象，民主评议和服务对象满意率一般。

不合格为：思想政治表现与业务素质较低，组织纪律较差，难以适应工作要求；教育教学业绩居下游，提高幅度不明显；工作责任心不强，履行岗位职责差，不能完成工作任务；在工作中造成严重失误及责任事故，或有违纪现象；民主评议和服务对象满意率较低。

3. 事业单位绩效考核的办法

一般事业单位常用的办法是将对工作人员德、能、勤、绩、廉五个方面的要求结合本单位实际予以分解、细化、量化，确定具体考核指标体系及分值，由专门工作机构统计汇总每一名工作人员的过程性考核量化数据，形成过程性考核汇总材料。再将五个方面要求在考核中所占分值分别指定相应的比例。

4. 事业单位绩效考核的操作程序

事业单位绩效考核的操作程序为：

（1）被考核人个人总结、述职、自评等方式。

（2）民主评议。单位年度考核领导小组、单位全体或部分职工分别对被考核人进行量化评议，评议结果分别占一定分值。组织服务对象代表参加评议，评议结果占一定分值。

（3）将过程性考核结果和民主评议结果汇总，在两个岗位上考核的，还应当将两个岗位的考核成绩汇总。主管领导人在汇总结果的基础上，参考个人总结写出评语，提出考核等次建议。

（4）单位年度考核领导小组对主管领导人提出的考核等次建议进行审核。

（5）单位行政主要负责人确定被考核人考核等次。

（6）将拟定为优秀等次的人员在本单位范围内公示。

（7）将考核结果以书面形式通知被考核人，并由本人签署意见。

（8）被考核人对年度考核结果如有异议，具有申诉、要求复核的权利，考核工作结束后，单位被考核人的考核结果填写有关表册，上报上级主管部门备案，年度考核登记表存入本人档案。

5. 事业单位绩效考核结果的使用

一般事业单位在年度考核结束后，根据考核结果作为续聘、解聘、增资、晋级、奖惩、申报专业技术职务资格等的重要依据。

（三）高校辅导员考核体系与其他事业单位考核体系的比较

教育事业单位（高等教育事业单位）与卫生事业单位（医疗事业单位）存在许多相似之处，同时也存在相互借鉴之处。根据我国公立医院对于医务人员的绩效考核体系的分析研究，将高校辅导员与医务人员的考核体系做比较分析。

1. 共同之处

同为事业单位的考核对象，在考核要素有相同之处。比如：遵纪守法，职业道德表现；热爱党和国家，服从组织安排，完成工作任务情况；关心集体、团结协作情况；作风正派、治学严谨等表现情况。两者同样都是以服务为宗旨，以服务的“质”与“量”为重要依据，方式上也全都用问卷调查，前者的调查对象为学生，后者调查对象为患者。

2. 差异点

医务人员更偏向于专业技术人员，而高校辅导员兼具专业技术和管理双线条职业要求。因此，高校辅导员的考核体系在量化程度更为复杂。比如：医务人员的考核量化指标可以计算接诊患者数量，数量会根据实际情况和时间的推移有较大幅度的变化，而服务对象总量不确定；而高校辅导员却无法单一用“所带学生数量”来考核，高校辅导员的学生数量根据相关条例规定必须控制在相应固定的总量，而短时间内这一总量将不会有较大幅度的变化。

3. 比较分析

同样属于专业技术人员，目前大部分高校都按照统一的考核标准，而医务人员则按照岗位不同，职级或职称不同从而实行不同考核标准。医疗机构有机地结合“统一”与“分类”考核制度。如今，高校辅导员在职业发展上和工作方向上也存在分层分类，也有相应职级和职称，应当借鉴医务工作人员的考核体系，进一步完善高校辅导员绩效考核体系。

另外，医务人员的技能水平已经形成了相对标准化和统一化的指标体系。而辅导员的职业技能水平却是相对宽泛笼统的界定，未能形成标准化、统一化的格局。2012 年教育部思政司举办了全国高校辅导员职业技能大赛，此比赛将界定高校辅导员职业技能的统一标准体系，也将成为全国高校的参照体系，该体系必将纳入高校辅导员的考核体系中。

二、国家机关单位绩效考核体系的探究

（一）国家机关单位和国家机关单位人力资源

国家机关是指从事国家管理和行使国家权力的机关，包括国家元首、权力机关，行政机关和司法机关。国家机关中行使国家权力、管理国家事务的机关，包括国家权力机关、国家行政机关、审判机关、检察机关和军队等。如我国的全国人民代表大会、国务院、地方各级人民代表大会、人民政府、各级人民法院和人民检察院等，也叫政权机关。国家机关的人力资源主要称为公务员。

（二）国家机关单位的考核体系

公务员的考核在各国的称谓不一。有的称考评、考绩、鉴定，有的称绩效评估、工作评价等，但考核的内容和作用大致相同。在我国，公务员考核是指国家主管机关依据有关法律法规对公务员的工作表现和工作实绩进行考察的行政组织活动。它是公务员制度的重要内容，是评价和激励公务员的重要途径，是提高公务员整体素质和行政效率的重要手段。通过严格的考核，主管机关可以全面了解

公务员的政治表现、工作能力、文化专业知识和工作实绩，从而为公务员的奖惩、培训和晋级增资等提供科学依据，使这些工作科学、合理、公平，做到知人善任、适才适位，以充分调动公务员的工作积极性，建立一支稳定、廉洁、高效的公务员队伍。

公务员考核制度是指根据有关法律规定，按照一定的标准和程序对公务员的思想品德、工作成绩、工作能力和工作态度等进行考察，做出评价，并以此作为对公务员进行奖惩、培训、辞退以及调整职务、级别和工资等依据的制度。

（三）高校辅导员考核体系与公务员考核体系的比较

1. 相同之处

高校辅导员作为国家事业单位的人力资源，其考核体系与机关公务员考核体系属于一脉相承。参照考核要素也是大致相同。

2. 差别

公务员是国家机关工作人员，有国家执法权，而且都是行使国家权力的部门，工作绩效重在“执政”；高校辅导员作为事业单位工作人员，不具有国家权力的执行权，工作绩效重在服务。

3. 比较分析

公务员考核确定的优秀人员比例与单位工作目标完成情况挂钩，即先制定本部门的总体目标，然后按照本部门总目标的完成情况确定适当的比例。例如，较好地完成了（或超额完成了）总目标的单位，可按 20%的比例确定优秀人员，而没有完成目标的单位只能按 10%或更低的比例确定优秀人员，这样能达到奖优罚劣、评先促后的效果。较为强化绩效考核结果的使用，使考核结果的运用与考核目的相符，考核结果不仅主要应用于人员的升、降、奖、惩，这在一定程度上确实发挥了激励竞争的作用。而且注意，考核的目的是将考核结果转化为对公务员的进一步培养和发展的途径，不仅要切实与薪酬、晋升、培训、奖惩挂钩，还要与公务员的职业发展相联系。

第三节 高校辅导员绩效考核体系的深化研究

一、高校辅导员工作绩效考核的原则

（一）有利于调动积极性原则

考核评价指标要充分体现社会主义办学方向和人才培养的要求，体现大学生

思想政治教育的基本目标、指导思想、重要原则和主要任务，反映辅导员进行大学生思想政治教育的基本理念、基本规律及新形势下的观念、内容、方法和体制机制等方面的改进创新。通过考核评价，引导广大辅导员把思想认识统一到中央对大学生思想政治教育及其辅导员工作重要性的认识上来，统一到中央对加强和改进大学生思想政治教育的工作部署上来，统一到中央对辅导员队伍建设“政治强、业务精、纪律严、作风正”的要求上来，使广大辅导员充分认识到其工作在培养社会主义建设者和接班人过程中的重要意义和作用，调动广大辅导员做好大学生思想政治教育工作的积极性、主动性和创造性。

（二）从实际工作考评的原则

辅导员工作从目标到责任，从内容到方法，从时间到空间，与高校其他教师和其他党政管理人员都是不同的。辅导员要站在培养社会主义的建设者和接班人的高度，对大学生的成长成才负责。从德智体全面发展中德的培养上，发挥对大学生思想上引导、政治上向导、学习上指导和心理上疏导的作用。辅导员工作不是靠发文件、讲教科书去解决问题的，他们需要根据调查了解的情况，针对学生的思想实际，采取会议的方法、谈心的方法、活动的方法、示范的方法、激励与约束的方法和其他针对具体问题行之有效的方法，来解决学生心灵深处的问题。他们除了需要有足够的理论知识和实践能力外，还必须有长期形成的吸引学生的人格魅力对学生产生潜移默化的影响。他们工作的空间往往不在教室内，工作的时间大量在 8 小时外。这就决定了对辅导员的考核评价与对专业课教师和对党政管理干部考核评价内涵的不同，必须单独设定与辅导员工作相适应的考评指标体系，采取区别于其他人员的考评方法进行单独考评。只有这样，才能使考评更具有客观性、针对性、时效性和指导性。

（三）考评公开促进工作的原则

辅导员考评是工作考评，带有对辅导员工作的引导性和示范性作用，其目的是通过考评提高工作质量，调动辅导员工作积极性。为此，辅导员考评必须坚持公开的原则、透明的原则、民主的原则、组织评价和师生认可相结合的原则。通过自我总结找出不足，通过民主评论认识差距，通过学生评价总结对学生工作的有效性，通过组织的提示明确今后的努力方向，通过各方的肯定坚定今后工作的信心，从而促进自己努力学习，提高工作能力水平。也通过公平公正公开考评，增进同志之间的团结，工作中互相学习、互相帮助、互相进步，推进工作上层次上水平。要克服考评工作神秘化、考评过程“地下”化的不利学习、不利团结、不利提高和不利推进工作的做法。

（四）工作实绩和任务相结合的原则

辅导员工作有些是显性的，有些是隐形的，但无论哪种都必须脚踏实地真抓实干。考评不仅要看其工作的理念、工作的设计和工作的汇报，更主要看工作的行动、工作的效果和工作的实绩。要处理好岗位任务目标与特色创新的关系，创新必须是在扎实工作基础上的创新，在完成具体工作任务前提下的创新。没有扎实基础的创新是无本之木，不能称之为创新。同样，完成具体工作任务，做好基础工作也必须立足于工作方法和工作手段的创新，与时俱进，推陈出新。考评中首先要看是不是完成了应做的岗位任务，是不是很好地履行了岗位职责，工作是不是完全到位。然后再考评工作是否有创新，是否有新意，是不是有特色。只有坚持任务与创新考评相协调，鼓励实绩，考评才能收到推动工作的效果。

（五）过程考评和目标考评相统一原则

学生思想政治教育工作效果的显现，在时间上有一定的滞后性，不能立竿见影，有些工作有过程，但不一定都有工作结果。因此，考评辅导员工作不能简单地看一时一事，而是要对较长时间工作进行综合考察，即须采取系统的动态性考评。既要看现状，也要看历史；既要看水平，也要看发展。在具体考评中，要坚持目标考核与过程考核相统一，既要看是否达到确定的目标，又要看目标没实现的具体原因，更要看工作过程是否将应做的工作都做到了位。因为反映在学生身上的结果与过程并非都是线性的，如一个学生考四级外语没通过，可能包括学生学习的基础、学生学习的努力程度、英语课教师的教学效果和辅导员平时的思想工作等多方面的原因，简单地把辅导员所带学生四级外语通过率的目标作为对其工作评价的一个硬性指标是不科学的。这个指标必须结合辅导员平时工作精力的投入情况来分析、使用才有意义。

（六）定性考评与定量考评相结合原则

辅导员考评既是一项系统性的工作，又必须是一项简单易行具有可操作性的工作。无论是制定指标体系，还是具体考评过程，都要注意合理性和可操作性，并能经得起实践的检验。具体考评过程中，要坚持定性考评与定量考评相结合。对于辅导员的思想觉悟、政策水平和敬业精神等主要通过定性来考评。而所带学生的数量、具体工作完成的情况、开展活动涉及的范围、参加的人数和工作对象的成绩等可量化指标主要通过定量来考评，特别是对可比性较强的指标能量化则量化。通过考评，使每一个辅导员都能了解自己的工作在整个队伍中的相对情况，知道自己的优点和不足，明确自己的努力方向。

二、高校辅导员工作绩效考核的主要内容

（一）工作职责

工作职责是辅导员工作性质所决定的。辅导员的基本素质是完成工作职责的前提条件，认真履行工作职责是做好辅导员工作的基本要求，履职情况是对辅导员考核评价的主要内容。辅导员的工作职责主要包括以下几方面：

（1）思想教育。主要包括：开展思想状况调查，进行形势任务课教学，及时传达党和国家政策以及上级决定；适时通过活动进行理想信念教育、文明守纪教育、学习风气教育、热爱专业教育、心理健康教育和安全教育；组织好学生的党团组织活动，经常深入同学开展谈心交流，充分利用公寓、社团、网络等开展思想教育。

（2）骨干培养。主要包括：抓好大学生入党工作，发挥学生党员的先锋模范作用；延长工作手臂，抓好学生干部的选拔、培养和使用，引导学生自我教育、自我管理和自我服务；指导学生会、团支部、班委会和一些其他学生组织建设，不断提高学生组织的向心力、凝聚力和战斗力。

（3）日常管理。主要包括：有完善的规章制度并能严格执行；从学生的具体事件入手，抓学生的行为养成教育；维护学生正常的学习秩序、生活秩序和活动秩序；及时传达、布置、落实上级交给的工作，按时上报有关信息和材料，果断处理学生突发事件；搞好日常评奖和评优工作，加强文件、材料、学生档案和学生信息库管理等。

（4）学风建设。主要包括：经常开展有利于学风建设的活动，帮助所带学生有针对性地确定学习目标，加强学习典型培养，组织学习经验交流；鼓励学生报考研究生；开展优良学风班级创建，加强学习诚信教育，引导学生把主要精力用到学习上。

（5）特殊学生工作。主要包括：抓好特困生工作，通过落实国家政策、畅通绿色通道、鼓励勤工助学、帮助落实贷款等解决特困生的后顾之忧，特别是加强特困生的扶贫励志教育和心理疏导教育，引导他们贫困不失志，用学习成就未来；抓好学习困难生工作，通过特别关注、特别措施帮助那些由于种种原因致使学习上出现困难的同学，确保努力学习的学生不会因为学习困难而轻易掉队；抓好违纪生的工作，通过工作使他们吸取教训，不破罐子破摔，用努力学习的成绩弥补过去的过失。通过做好这些特殊学生的工作，维护稳定，促进学风。

（6）课外文化活动。主要包括：引导学生积极开展和参加校园课外文化活动，特别是思想性、知识性、学术性、艺术性活动；通过课外文化活动提高学生的人文素质、艺术素质、创新精神和实践能力。

（7）创新工作。要不断加强学生工作理论研究，不断创新学生工作的手段和方法，用特色工作提高学生工作的生机和活力。

（二）工作绩效

考评辅导员工作绩效与考评其他工作人员绩效有很大的区别，主要是因为影响辅导员工作绩效的非线性因素太多，培养人的效果往往不是立竿见影。但为了比较方便，这里提出一些相对、可比、定量的考评指标（供考评参考）：

（1）学生入党申请率、入党积极分子率和入党发展率；

（2）学生日常行为违纪率和考试违纪率；

（3）学生考研报考率和研究生考取率；

（4）学生可比科目的考试平均成绩；

（5）学生优秀获得奖励（含奖学金）人数占所带学生总数的比率；

（6）所带学生取得科技创新成果情况；

（7）学生宿舍建设优秀率和不合格率；

（8）集体活动学生贡献率（包括参加情况和取得成绩情况）；

（9）有无重大事件发生；

（10）所带范围获先进集体情况；

（11）其他可比因素。

（三）加减分项目

这里指的是辅导员自身成绩的加减分项目。加分项目主要包括：

（1）辅导员参加学生工作理论研究，有课题，有论文；

（2）辅导员上形势任务课或上相关学生思想教育课；

（3）辅导员获得先进个人称号；

（4）工作有明显特色项目。

减分项目主要有：

（1）有无故缺勤情况；

（2）有工作差错；

（3）有工作事故；

（4）非学生工作原因受到记过及其以下处分。

（四）一票否决项目

一票否决项目包括：

（1）基本素质不合格；

（2）严重违反学生工作纪律，造成不良后果；

（3）非学生工作原因受到留职察看及其以上处分；

（4）学生满意率在60%以下。

三、高校辅导员工作绩效考核的实施方法

（一）以评促建、评建结合的方法

这种方法较好地体现了考核评价的原则和目的。以评促建、以评促改、评建结合、重在建设的方法实施前提是：必须有一个科学而严密的考评体系，考评体系基本覆盖辅导员工作的全部内涵。考评体系必须提前下发，它不仅是考评的依据，更是辅导员日常工作的一个指挥棒。辅导员在平时的工作中，对照考评体系，巩固优势，发挥长处，弥补不足，边工作边建设，逐渐达到考评体系中的考评指标。这种考核需要加强平时的工作指导和检查，避免出现考评前突击应付指标体系的做法。这种方法要特别注意指标体系与人才培养目标的符合度，实际工作与指标体系的符合度，工作结果与工作目标的符合度，通过评估促进建设、评估与建设相结合。

（二）自我评价和组织评价相结合的方法

这种方法有利于调动辅导员与组织双方积极性，特别是通过辅导员的自我总结和自我评价，明确自己的成绩与不足，明确下一步的工作方向，对辅导员成熟是十分有利的。然而自我评价必须与组织评价结合进行，只有结合，自我评价才能更认真，更严肃，更有效果。自我评价主要通过个人撰写自我总结，在一定范围内交流自我总结，对照考核评价指标体系分析自我总结，对照同事总结修正自我总结等过程来进行。组织评价主要是通过考评组听取自我总结，开相关学生座谈会或进行学生问卷测评，同事之间互评和主管领导定性与定量评价等过程来进行。将学生测评结果、同事测评结果、领导测评结果和考评组测评结果进行综合，并结合个人自我评价形成最后考评意见。考评意见与被考核辅导员见面，客观评价辅导员的成绩与不足，提出努力方向，推动辅导员的工作。

（三）平时考核和集中评价相结合的方法

这种方法将结果考评与过程考评相结合，更有针对性和客观性，能纠正过程与结果非线性因素造成的结果与过程的偏差。没有结果的过程没有实际意义，偶然的结果也不能完全说明问题，因为人的成长是渐进的，有一个过程的，不是有工作就立竿见影的，工作效果往往是一个潜移默化的过程。所以，辅导员考核要将平时考核与集中评价相结合。平时考核主要考核阶段性工作、重点工作、临时工作和基础性工作。平时考核也要定期与不定期相结合。集中评价主要是在学期末和年末，通过对照考评体系进行系统性的综合评价，通过自我评价与组织评价相结合形成集中评价意见。最后将集中评价结果与平时考核的记录按一定的权重折合，形成最终考评结论。

（四）数量分析的方法

辅导员考评仅仅定性考评是不够的，必须与定量考评相结合。定量考评主要使用数量分析的方法，在必要时也可以通过建立数学模型进行数值分析。在实际考评过程中，能定量的应尽量定量考评。因为只有定量，才能客观地进行比较，才能分出高中低，才能最大限度地调动工作精力的投入。同时，因为做人的工作影响因素较多，在进行数量分析时，要充分考虑各种必然和偶然的影响因素，要将定量与定性考评的结果有机结合。采取数量分析的方法，必须加强平时数字的记录，加强数字的积累，注意数字的客观性和横向、纵向的可比性。辅导员考评不是目的，提高辅导员素质，推动辅导员工作才是考评的真正意义。为此，必须注意考评结果的使用，必须与辅导员的待遇、晋职晋级挂钩。只有这样才能发挥考评的作用，否则，将考评结果束之高阁，考评就会成为劳民伤财的形式主义的牺牲品。

四、高校辅导员工作绩效考核实例运行和创新

（一）高校辅导员绩效考核对象

本书确定的考核对象是开展大学生思想政治教育的专职辅导员，是大学生日常思想政治教育和管理工作的组织者、实施者和指导者。相对于专职辅导员，兼职辅导员或班主任虽然也在高校中担任了部分大学生思想政治教育工作，但工作时间和工作内容不确定，工作岗位不固定，考核方法和考核指标甚至考核主体亦不尽相同，难以为大学生思想政治教育效果定绩效，所以不适于本文所研究的绩效考核模型。因此，规定文中所研究的高校辅导员绩效考核模型仅限对高校在岗且专职于辅导员的工作人员进行考核。

（二）高校辅导员绩效考核方法

绩效考核方法众多，有关专家学者们也在此领域进行了大量研究和开发，推动绩效考核方法持续发展创新。目前在管理实践过程中应用较为普遍的绩效考核方法主要有目标管理考核法、关键事件法、行为尺度评定量表法、行为观察量表法、评级量表法和强迫选择法。

在比较以上六种常用的绩效考核方法过程中可以发现，每种方法都有其明显的优缺点。既有其独有的考核优势，又不可避免地在某一方面制约考核过程。因此，本文选用建立数学模型的方法来研究高校辅导员绩效考核。

建立数学模型是完善高校辅导员绩效考核研究的有效途径。数学模型是联系数学与现实生活实际的纽带和桥梁，任何科学要运用数学，就必须建立相应的数学模型。特别是对于社会系统问题的建模，通常没有普遍规律和一般方法，唯有

凭借一定的建模方法并结合对实际问题的探索，建立出符合实际情况的数学模型，才能使社会系统问题有规律可循，达到量化。数学模型具有高度的概括性，有些表面上看起来毫不相干的东西，却可以建立起相同的数学模型，便于统一起来进行分析和对比处理，认识事物的本质。

此外，数学模型修改方便，易于运算处理，能根据运算过程中的实际情况进行调节，不断优化模型。

（三）高校辅导员绩效考核指标

绩效考核指标应与绩效考核的目的和考核对象的系统运行目标相一致。因此，绩效考核的目的和被考核人员所承担的工作内容和绩效考核标准就成为绩效考核指标的设计依据。此外，考虑到考核过程实施的可操作性，考核指标的设计还应便于采集信息，以保证指标的客观性和准确性。

设计绩效考核指标的依据包括：

（1）依据绩效考核的目的设计指标。绩效考核的目的是选择绩效考核指标的一个重要依据。对辅导员岗位的考核不可能面面俱到，只有依据考核者的考核目的来设计考核指标才能体现考核的有效性。从掌握被考核人员的工作状态和提高其业绩的考核目的出发，高校辅导员的绩效考核指标须包含辅导员的职业素质及创新能力两个重要指标。

（2）依据考核人员所承担的工作内容和绩效考核标准设计指标。被考核人员应有明确的工作内容和绩效标准，以确保工作的顺利进行和工作目标的实现。绩效考核指标应体现这些工作内容和标准，从时间、数量和质量上赋予考核指标一定的内涵，使考核指标的名称与工作内容相符，指标的标度与绩效标准相符。根据《普通高等学校辅导员队伍建设规定》中对辅导员工作内容的界定，遵循高校辅导员绩效考核的两个标准，高校辅导员绩效考核的指标还应涉及思想政治教育、学风建设、学生日常事务管理和心理健康教育四个方面。

（3）依据采集信息的可操作性设计指标。设计考核指标时，应考虑到信息采集的可操作性，使考核过程简单可行，还应保证信息来源的可靠稳定，让被考核人员接受认可。因此，在设计过程中，需在模拟工作环境中反复运用指标来检测指标的可行性。如果描述指标的信息来源渠道不可靠或者相关资料呈现矛盾状态，就应及时对考核指标加以调整，最终使考核指标能够方便准确地得以应用。

遵循绩效考核指标设计的标准，结合高校辅导员工作实际情况进行指标体系设计。在指标设计过程中，广泛参考了国内众多高校的辅导员考核机制中的考核指标，与部分高校辅导员深入讨论，以突出大学生思想政治教育实施过程和教育效果为主导，以构建辅导员队伍可持续发展的考核体系为宗旨。

第八章　新时期高校辅导员职业化发展的机遇与挑战

第一节　高校辅导员面临的机遇

一、党和国家的重视，为辅导员工作提供了机遇

（一）加强和改进大学生思想政治教育的基本原则

思想政治教育指导方针的确立有助于辅导员尽早确立加强和改进大学生思想政治教育的基本原则。其包括：

（1）教书与育人相结合的原则。辅导员工作要坚持育人为本、德育为先，把人才培养作为根本任务，把思想政治教育摆在首要位置。

（2）教育与自我教育相结合的原则。辅导员要鼓励和辅助发挥全体专业课教师、思政课教师和党团组织的教育引导作用，也要充分调动大学生自身的积极性和主动性，利用各种课堂内外的主题教育和社会实践活动，引导他们进行自我教育、自我管理和自我服务。

（3）政治理论教育与社会实践相结合的原则。既重视课堂教育，又注重引导大学生深入社会，了解社会，服务社会。

（4）解决思想问题与解决实际问题相结合的原则。既讲道理又办实事，既以理服人又以情感人，增强思想政治教育的实际效果。

（5）教育与管理相结合的原则。把思想政治教育融于日常管理之中，建立长效工作机制，使自律与他律、激励与约束有机地结合起来，有效地引导大学生的思想和行为。

（6）继承优良传统与改进创新相结合的原则。在继承党的思想政治工作优良传统和中华民族传统文化精髓的基础上，不断探索新形势下大学生思想政治教育的新途径和新办法，努力体现时代性，把握规律性，富于创造性，增强实效性。

（二）课堂教学是推动大学生思想政治教育的主阵地

高等学校思想政治理论课成为大学生思想政治教育的主渠道。思想政治理论课是大学生的必修课，是帮助大学生树立正确世界观、人生观、价值观的重要途径，体现了社会主义大学的本质要求。

形势政策教育成为思想政治教育的重要内容。各高校陆续建立大学生形势政策报告会制度，形势政策教育宣讲提纲不断得以更新，形势政策教育资源库逐步完善。国家机关和地方党政负责人为大学生做形势报告已不再鲜为人知。辅导员可及时利用此契机紧密结合国际国内形势变化和学生关注的热点、难点问题，制订形势政策教育补充教学计划，认真组织实施。

高等学校哲学社会科学课程为思想政治教育承担重要职责。社会科学中的绝大部分学科都具有鲜明的意识形态属性，对于帮助大学生坚定正确的政治方向，正确认识和分析复杂的社会现象，提高思想道德修养和精神境界具有十分重要的作用。

高校各门课程都具有育人功能，全体教师共同承担育人职责。广大教师坚持以德育人、爱岗敬业、为人师表、教书育人，以自己的道德追求、道德情感、道德形象去引导教育学生。将思想政治教育融入大学生专业学习的各个环节，渗透到教学、科研和社会服务各个方面，成为广大高校的共识。各高校教学主管部门深入发掘各类课程的思想政治教育资源，强化专业教师在授课过程中进行思想政治教育的自觉意识；长期潜移默化的影响使学生在学习科学文化知识过程中，把加强思想修养、提高政治觉悟当成基本的功课，青年学生立志学有所成报效祖国成为主流意识；绝大多数专业课教师坚持做到师生互助无禁区，课堂讲授有水平，严管教育教学秩序，切实加强大学生人才培养管理；结合专业课的不同特点培养学生的不同特点，培养学生的创新力、协作力和领导力等素质。

（三）大学生思想政治教育途径的拓展

1. 深入开展社会实践

社会实践是大学生思想政治教育的重要环节，对于促进大学生了解社会，了解国情，增长才干，奉献社会，锻炼毅力，培养品格，增强社会责任感具有不可替代的作用。大学生社会实践保障体系已在部分高校逐渐形成，实践育人的长效机制探索得以推进，各类有力措施引导大学生走出校门，到基层去，到广大人民群众中去。

2. 大力建设校园文化

校园文化的育人功能不断得到凸显。多年来，各大高校坚持创建体现社会主义国家特点、时代特征和学校特色的校园文化。诲人不倦、启迪智慧的教风，学而不厌、勇于探索的学风，团结进取、严谨求真、勇于创新的校风成为大部分高校的共有特色。各高校大力加强大学生文化素质培养，开展丰富多彩、积极向上的活动，学术、科技、体育、艺术和娱乐等各类活动互相配合，将德育与智育、体育、美育有机结合起来，寓教育于文化和休闲活动之中。在各类传统节庆日、重大事件、开学典礼、毕业典礼和颁奖典礼等特定日期，开展特色鲜明、吸引力强的主题教育活动已成为国内高校的普遍行为。校园人文环境和自然环境建设重视程度增强，校园文化活动设施不断得到完善，大学生活动中心建设初见成效。校报、校刊和校内广播电视的建设，哲学社会科学研讨会、报告会和讲座的管理，都给主流价值观的传播提供更有力的保障。

3. 高校开展深入细致的心理健康教育

各高校心理健康中心和辅导员结合大学生实际，广泛深入开展谈心活动，有针对性地帮助大学生处理好学习成才、择业交友和健康生活等方面的具体问题，提高思想认识和心理素质。心理健康教育重视程度不断提高，心理健康教育和咨询的专门机构在各高校相继建立，大量的专兼职心理健康教育教师积极开展大学生心理健康教育和心理咨询辅导，针对每位学生的心理健康测评广泛开展。大学生心理健康教育课程计划、教育内容和教育方法得以确立，各类特色咨询和团队建设活动较好地适应广大学生的身心发展特点和高等教育的规律，很好地培养了大学生良好的心理品质和自尊、自爱、自律、自强的优良品格。大学生克服困难、经受考验、承受挫折的能力在心理辅导老师的帮助下有所增强，引导大学生健康成长成为高校各项工作中的重要部分。

4. 努力解决大学生的实际问题

现阶段的思想政治教育既能育人、引导人，又兼顾关心人、帮助人。高等学校在教育主管部门督促下从严治教，加强管理，改善办学条件，提高教育教学质量，为大学生成长成才创造条件。对经济困难大学生的资助工作不断加强。以政府投入为主，多方筹措资金，不断完善资助政策和措施，包括助学奖学金、勤工助学基金、特殊困难补助和学费减免在内的助学体系，帮助经济困难大学生完成学业。各高校就业指导部门以帮助大学生树立正确的就业观念为己任，引导毕业生到基层，到西部，到祖国最需要的地方建功立业。大学生就业指导机构和就业信息服务系统陆续建立，为全体高校在校学生提供高效优质的就业创业服务。通过服务育人和管理育人，把党和政府对大学生的关怀落到实处。

（四）国家和各级政府日益重视大学生思想政治教育

1. 大学生思想政治教育工作队伍建设不断得到重视

大学生思想政治教育工作队伍主体是学校党政干部和共青团干部，思想政治理论课和哲学社会科学课教师，以及辅导员和班主任。所有从事大学生思想政治教育的人员，都能坚持正确的政治方向，不断加强思想道德修养，增强社会责任感，成为大学生健康成长的指导者和引路人。广大教职员工已逐渐明确对大学生进行思想政治教育的重要责任。在正确的政策导向和自身要求下不断提高师德和业务水平，爱岗敬业，教书育人，为人师表，以良好的思想政治素质和道德风范影响和教育学生。形成教书育人、管理育人、服务育人的良好氛围和工作格局。

2. 大学生思想政治教育工作的良好社会环境日益成熟

各级各地政府为高等学校创建了良好的育人环境。把优化校园周边环境作为推进社会主义精神文明建设的重要任务，各地结合城市改造和社区建设不断改进城市规划，加强综合治理，为大学生思想政治教育提供了各种硬件、软件的支持。令社会逐渐形成关心大学生健康成长的氛围，大学生思想政治教育工作得到各方支持。宣传、理论、新闻和文艺等方面积极坚持弘扬主旋律，为大学生思想政治教育营造良好的社会舆论氛围，为大学生提供了丰富的精神食粮。

3. 对大学生思想政治教育工作的领导不断得到加强

各级党委和政府从战略和全局的高度，充分认识到加强和改进大学生思想政治教育的重大意义，把“培养什么人”“如何培养人”这一重大课题始终摆在重要位置，切实加强领导。教育部长期坚持对全国高等学校大学生思想政治教育工作统一规划、组织协调、宏观指导和督促检查。各地、各有关部门主动配合，共同做好大学生思想政治教育工作，民办高等学校党的建设和大学生的思想政治教育不断得以加强。高等学校充分发挥了大学生思想政治教育主阵地、主课堂和主渠道作用。大学生思想政治教育工作逐渐成为学校各项工作的首位，贯穿于教育教学的全过程。

（五）事业留人、政策留人、待遇留人机制确立

要完善辅导员队伍发展机制。要为辅导员的发展搭建平台，让更多优秀人才在这个岗位上有所作为，真正做到事业留人、政策留人和待遇留人。要鼓励一部分专职辅导员长期从事辅导员工作，成为思想政治教育方面的专门人才。要把专职辅导员队伍作为党政后备干部培养和选拔的重要来源，选拔高校党政领导干部，要重视辅导员的经历。对有愿望有条件从事教学、科研工作的辅导员，要积极向这些工作岗位输送。要畅通辅导员在校内外之间的流动渠道，既可以吸收一部分符合条件的优秀社会人员到高校从事辅导员工作，也要积极向社会其他岗位推荐、输送辅导员。总之，要通过政策设计、制度设计和机制设计，搭建辅导员队伍发展的“立交桥”，形成促进辅导员队伍成长的良好环境和氛围。

（六）职业化是高校辅导员的发展方向

1. 专门化职责的发展逐步完善

首先，学生事务管理、学生心理健康、学生职业咨询和学生生活园区管理等大学生的学习和生活可能涉及的重要方面已经成为辅导员工作的共同主题。同时，在这些领域中，学生工作专门化的职能还在不断申报。其次，目前我国这几个方面的专门化职责的发展，已经具备相应的学生工作理论基础，很多工作的开展已彰显高水平实力。

2. 专业化的队伍逐渐形成

伴随着学生工作的专业化范围和深度不断发展，相应的学生工作专业课程已经设立，相应充分的学生工作理论和科学的辅导员培训制度提供了相关的专业理论和技能知识保障，具备深入学生工作专业研究能力的专业化的高校辅导员队伍不断壮大。

3. 专门的职业认可机构和机制得以确立

各地方和学校陆续建立了自己的辅导员制度和培训、考核等制度，建立辅导员职业相关制度的地区越来越多。这些制度虽未形成完全统一的标准，但有关辅导员职业准则和道德规范等都能严格遵守党中央和教育部文件精神，专业化论证或认可已被提上日程。

4. 专业化学术水平不断提高

高校都设有学生处或学生工作部门，学生工作研究的教学和学术机构也相继成立，最有代表性的是心理健康和就业指导的教学和研究。学生工作人员的学术研究工作日益得到重视，相互间的交流和合作不断加强，学术上争先创优的风气日益浓厚。

二、高等教育的发展对辅导员工作提出了新课题

（一）高等教育改革的重要举措

1. 全面提高高等教育质量

高等教育承担着培养高级专门人才、发展科学技术文化、促进现代化建设的重大任务。提高质量是高等教育发展的核心任务，是建设高等教育强国的基本要

求。目前高等教育结构更加合理，特色更加鲜明，人才培养、科学研究和社会服务整体水平全面提升，建成一批国际知名、有特色高水平高等学校，若干所大学达到或接近世界一流大学水平，高等教育国际竞争力显著增强。

2. 不断提高人才培养质量

人才培养在高校工作中的中心地位得到牢固确立，各高校着力培养信念执著、品德优良、知识丰富、本领过硬的高素质专门人才和拔尖创新人才，教学投入不断得以加大。其中，可以从以下几点提高人才培养质量：

（1）教师把教学作为介入职业的首要任务，不断提高教育教学水平，实验室、校内外实习基地、课程教材等教学基本建设得以不断加强。

（2）各高校不断深化教学改革，推进和完善学分制、选课制和弹性学制，学科交叉、文理交融不断得到推进；学生参与科学研究的支持力度不断加大，实践教学环节进一步强化；创新创业教育在全国高校得以推进。

（3）各高校陆续创建高校与科研院所、行业企业联合培养人才的新机制，全面实施高校本科教学质量与教学改革工程，充分调动学生学习积极性和主动性，激励学生刻苦学习，奋发有为。

（4）社会诚信危机的各类主题教育不断出现，大学生诚信意识有所增强。

3. 提升科学研究水平

可以从以下几点提升科学研究水平：

（1）充分发挥高校在国家创新体系中的重要作用，鼓励高校在知识创新、技术创新、国防科技创新和区域创新中作出贡献；大力开展自然科学、技术科学和哲学社会科学研究。

（2）坚持服务国家目标与鼓励自由探索相结合，加强基础研究；以重大实际问题为主攻方向，加强应用研究。

（3）促进高校、科研院所和企业科技教育资源共享；推动高校创新组织模式，培育跨学科、跨领域的科研与教学相结合的团队，促进科研与教学的互动。

（4）加强高校重点科研创新基地与科技创新平台建设。

（5）完善以创新和质最为导向的科研评价机制，积极参与马克思主义理论研究和建设工程，深入实施高校哲学社会科学繁荣计划。

4. 增强社会服务能力

可以从以下几点增强社会服务能力：

（1）高校要牢固树立主动为社会服务的意识，全方位开展服务。

（2）推进产学研用结合，加快科技成果转化；开展科学普及工作，提高公众科学素质和人文素质；积极推进文化传播，弘扬优秀传统文化，发展先进文化；积极参与决策咨询，充分发挥智囊团、思想库作用。

（3）鼓励师生开展志愿服务。

5. 优化结构办出特色

适应国家和区域经济社会发展需要，建立动态调整机制，不断优化高等教育结构，优化学科专业和层次、类型结构，同时也要优化区域布局结构，设立支持地方高等教育专项资金，加大对中西部地区高等教育的支持，实施中西部高等教育振兴计划；鼓励东部地区高等教育率先发展，加大东部地区高校对西部地区高校对口支援力度。促进高等学校办出特色，政府就要实行分类管理、优化结构。办学特色是高等学校办学质量、办学活力与竞争力的重要体现，是一所高等学校经过长期积累形成的区别于其他高等学校的特征。高等学校走多样化发展之路和办出特色是高等教育大众化阶段的必然要求。

（二）人才培养体制改革的重要思想

1. 更新人才培养观念

深化教育体制改革，关键是更新教育观念，核心是改革人才培养体制，目的是提高人才培养水平。更新人才培养观念包括：

（1）树立全面发展观念，努力造就德智体美全面发展的高素质人才。

（2）树立人人成才观念，面向全体学生，促进学生成长成才。

（3）树立多样化人才观念，尊重个人选择，鼓励个性发展，不拘一格培养人才。

（4）树立终身学习观念，为持续发展奠定基础。

（5）树立系统培养观念，推进大、中、小学有机衔接，教学、科研和实践紧密结合，学校、家庭和社会密切配合，加强学校之间、校企之间、学校与科研机构之间合作，以及中外合作等多种联合培养方式，形成体系开放、机制灵活、渠道互通、选择多样的人才培养体制。

2. 创新人才培养模式

创新人才培养模式包括：

（1）遵循教育规律和人才成长规律，深化教育教学改革，创新教育教学方法，探索多种培养方式，形成各类人才辈出、拔尖创新人才不断涌现的局面。

（2）注重学思结合。

（3）倡导启发式、探究式、讨论式、参与式教学，帮助学生学会学习。

（4）激发学生的好奇心，培养学生的兴趣爱好，营造独立思考、自由探索的良好环境。

（5）适应经济社会发展和科技进步的要求，推进课程改革，加强教材建设，建立健全教材质量监管制度。

（6）深入研究，确定不同教育阶段学生必须掌握的核心内容，形成更新教学内容的机制。

（7）充分发挥现代信息技术作用，促进优质教学资源共享，注重知行统一，坚持教育教学与生产劳动、社会实践相结合。

（8）开发实践课程和活动课程，增强学生科学实验、生产实习和技能实训的成效。

（9）充分利用社会教育资源，开展各种课外、校外活动，加强中小学校外活动场所建设，加强学生社团组织指导，鼓励学生积极参与志愿服务和公益事业。

（10）注重因材施教，关注学生不同特点和个性差异，发现挖掘每一个学生的优势潜能。

（11）推进分层教学、走班制、学分制、导师制等教学管理制度改革，建立学习困难学生的帮助机制。

（12）改进优异学生培养方式，在跳级、转学、转换专业以及选修高一学段课程等方面给予支持和指导。

（13）健全公开、平等、竞争、择优的选拔方式，改进中学生升学推荐办法，创新研究生培养方法。

（14）探索高中、高等学校拔尖学生培养模式。

3. 改革教育质量评价和人才评价制度

在日趋激烈的国际科技竞争、人才竞争、教育竞争面前，在建设人力资源强国和创新型国家的迫切要求面前，突破人才培养的体制障碍，全面推进人才培养体制改革成为当务之急。按照形成体系开放、机制灵活、渠道互通、选择多样的人才培养体制的要求，教育规划纲要从更新人才培养观念、创新人才培养模式、改革教育质量评价和人才评价制度三个方面提出了人才培养体制改革的任务措施。其中，适应经济社会和教育发展的新趋势、新要求转变人才培养观念是关键，按照学思结合、知行统一、因材施教的原则创新人才培养模式是核心，遵循人才成长规律改革教育质量评价和人才评价制度是重要保证。

第二节 高校辅导员面临的挑战

一、辅导员自身面临的挑战

（一）现实对高校辅导员素质能力提出高要求

1. 教书与育人统一的要求

现代大学的功能中，教书育人的功能历来备受瞩目。而在新形势下，全员育人的理念被越来越多的高校吸收并得以逐步贯彻。专业课教师和学生管理人员需要集体担负起越来越多的育人责任，教师不仅要关注专业课教学，而且对学生的思想道德、心理健康、情感发展、综合能力和团队合作精神等方面的素质给予关心与指导；在学生需要的时候主动与学生保持频繁的交流与沟通，通过书信交往、集体讨论、单独辅导等形式，为学生的成长和发展提供各种力所能及的帮助与指引。然而，建设研究型高校的目标确立后，近 10 年来的高校教师考核体系与晋升标准，科研导向过重，育人比例偏轻，甚至在很多情况下，科研成果成为专业教师职称评定的唯一标准，传统意义下的师德师风、情感关怀被各项考核数据取代。为了应付越来越大的科研压力或者满足个人成长进步需要，专业课教师往往在授课结束后匆匆离去，无暇顾及学生的单独辅导渴求或者情感交流需要，使原本应由专业教师和辅导员共同承担的育人重担单一地落在辅导员身上。

2. 人才强国目标实现的需要

《国家中长期教育改革和发展规划纲要（2010—2020 年）》中明确指出高等教育要提高人才培养质量。为实施科教兴国战略培养人才，增强民族创新能力的历史任务，要求高校应责无旁贷地通过各种可行的途径，切实加大人才培养力度。与 20 世纪末期的辅导员相比，如今的辅导员必须通过各种努力，为本科生顺利进入深造或者就业领域创造机会，为社会、国家发展早日输送大量人才。辅导员需要在长期的工作实践中，牢固确立人才培养在学生工作中的中心地位，着力培养信念执著、品德优良、知识丰富、本领过硬的高素质专门人才和拔尖创新人才。配合教学投入加大的各项工作，努力开创校内外实习基地。鼓励学生多参与科学研究，通过开展各种校企合作、校区合作强化社会实践环节；引进社会有益资源着实推进创业教育。健全学生成长质量保障体系，充分调动学生学习积极性和主动性，激励学生刻苦学习，奋发有为，增强诚信意识。改进学生教育、服务水平，加强对学生的就业指导服务。

3. 国际化趋势

21 世纪的中国教育发展，尤其是中国进入“十二五”规划阶段之后，教育全球化将成为未来教育发展的主流之一。加强国际交流与合作，开展多层次、宽领域的教育交流与合作才能有助于提高我国教育国际化水平。不断借鉴国外高校先进的教育理念和教育经验，有利于促进我国教育改革发展，提升我国教育的国际地位、影响力和竞争力；有利于适应国家经济社会对外开放的要求，培养大批具有国际视野、通晓国际规则、能够参与国际事务与国际竞争的国际化人才。国家对于在教育领域不断引进境外优质教育资源、提高交流合作水平、加强内地与港澳台地区的教育交流和合作的需求与努力将不断得以强化。辅导员身处国际化的发展大潮中，将不可避免地受到各种文化的冲击以及可能带来的学生成长的矛盾挑战，如何顺利地应对将成为很大的挑战。

（二）高校辅导员面临的诸多问题

随着社会的发展和高等教育改革的深入，学生工作内容不断得到丰富，逐渐走向复杂化。目前高校辅导员身兼思想政治教育实践者、学生行为管理者、大学生人生发展指导者、学生日常生活关心者、心理健康辅导者、学生集体活动领导者和就业工作引导者等多重角色，同时还要从事一定的思想教育理论研究、困难学生帮助、党情国策上传下达、学生思想动态掌握和网络舆情监督等一系列复杂的角色和工作。这些与生俱来并伴随时代发展不断得到丰富和扩充的工作职责，给辅导员带来很大的角色冲突与困扰。

长期以来，变化多端的工作性质，纷繁复杂的工作内容，以及“多面手”的角色扮演，这一切给辅导员们带来巨大的职业压力。每一种角色扮演都需要有特定的知识、能力和素质。为顺利完成日益增多的工作内容，辅导员在辛苦的工作之余，必须不断地学习，充电，更需要时刻关注瞬息万变的流行元素。同一时间内不同工作内容之间的部分冲突或负面影响，可能直接导致辅导员对于自身工作性质的部分否定或对整个职业的质疑。多重任务、多个角色的压力势必使辅导员们在时间和精力上出现紧张感，直接导致工作效率的降低。而这种工作压力的长期积累以及工作高标准高要求带来的焦虑与恐惧，将直接威胁到辅导员的心理健康，导致职业认同度和幸福感直线下降。长此以往，将造成辅导员心力交瘁，从而引发职业倦怠。

（三）高校辅导员队伍发展与管理水平的困境

我国高校辅导员的发展虽然已经走过半个多世纪的发展历程，但至今为止，鲜有为辅导员工作出台的立法，有的只是各种纲领性的文件精神或者指令。而国家文件指导精神在全国各地的落实情况，更是因不同地域、不同高校之间的特殊情况，有着非常大的差异。整个辅导员队伍建设和工作能力水平，在整体上良莠不齐。

辅导员各项专门化职责的发展虽逐步走向完善，但在同一个辅导员身上多种职责的高度重合现象严重，专业化分工不够明确；专业化的队伍逐渐形成，本、硕、博三阶段的专业课程虽已建立，但接受此类专业教育的人员有限，真正的专业人才仍无法得到足够的保障，且仅靠传统意义上的思想政治教育专业无法解决现阶段的全部问题；专门的职业认可机构和机制得以确立，但在全国范围内的普及与标准统一仍需要很长的时间，目前在辅导员队伍中的大量人员没有比较明确而统一的职业发展方向；专业化学术水平虽不断提高，但辅导员工作仍需要大量的教育学、心理学、管理学、组织行为学、公共关系学、医学等专业理论作为支撑，在现实工作中获得这些理论支持的可能性不大，而入职前的知识储备已明显不能跟上日益复杂的工作需求。

二、多元化和复杂化的工作对象带来的挑战

（一）教育对象思想状况复杂化使教育难度加大

经济全球化的深入发展带来的教育国际化进程加速，已经使思想文化领域的交流、交融、交锋日益频繁，社会价值观日益多元、多样、多变，对用社会主义核心价值观体系引领学生思想提出更高要求。

当代大学生大多为“00后”，随着经济的快速发展，各种不同思想的熏陶和国外各种思潮的影响也在这一代学生身上留下深深的烙印，西方娱乐文化和快餐文化在他们身上的影响已日趋深入。在各种不同思潮熏陶和信息大爆炸氛围中成长起来的他们，大多数善于思考，崇尚理性，欣赏自主，不再是冲动和盲从的一代。当代大学生思想意识主流仍呈现积极、健康、向上的良好发展态势。他们拥护党的领导，热爱社会主义国家，具有较强的社会责任感、强烈的民族自信心和自豪感，关注国家大事，崇尚良好的社会公德，渴望良好的人际关系，呼唤诚实守信和懂得感恩。与此同时，随着改革开放以来社会体制的快速转型，少数不良社会风气日益盛行，在社会、家庭、同龄人等多种因素的影响下，部分大学生受多元化思潮影响，原有的人生观、世界观、价值观开始动摇，出现信仰危机和诚信缺失等现象，亟待辅导员队伍的高度关注。

（二）大学生群体的新特点提出了挑战

1. 大学生自身利益得到高度重视

新时期的大学生们自身利益得到高度重视，受各种因素影响，处世态度日趋

务实。同时由于经济快速发展引发的功利取向加剧，学生价值追求和行为选择的实用化倾向日益明显。他们在处理个人理想与国家理想关系上，更注重两者的有机结合，在理想的实现途径上，也更注重个人的努力奋斗。在面对个人发展方向时，选择考研、出国、进外企、自主创业的比率明显增多，而选择支援西部和参军入伍的比例明显下降。同时，当代大学生的物质观在错综复杂的市场环境中不断受到冲击甚至部分扭曲，一夜暴富的现实案例让大学生们原有自我奋斗的梦想显得黯然失色。少数大学生过早地开始盲目追逐权力、名誉和地位，物质财富在大学生中的重视程度达到前所未有的高度。

2. 大学生对传统文化的传承有待加强

中国传统文化在新中国成立之后经历了一段衰落的时期，对外开放和经济体制改革对于传统文化的继承与发扬也带来一定的不利影响。西方文化大量涌入中国，传统文化由于没有做到与时俱进，饱受冲击。如今众多的民族传统礼仪、节日、传统的儒家文化思想等在大学生中逐渐被淡忘。欧美国家通过直接接受我国名校毕业生出国留学、各种舆论强势影响和各种文化熏陶使得西方文化尤其是美国文化在年轻大学生心中形成不可忽视的影响，并有继续扩大的趋势。高等教育要想保护并复兴传统文化，就要通过各种教育与引导，帮助大学生更多地学习和传承民族传统文化。

3. 大学生消费观念明显超前

大学生是当代青年中的特殊消费群体，有着其特殊的消费行为和巨大的消费潜力。近年来，在巨大利益的诱惑下，专门刺激、吸引大学生群体消费的各种模式层出不穷。分析大学生的消费构成，主要分为生活消费、学习消费、休闲与娱乐消费和人际交往消费等几个方面。而从大学生的消费行为来分析，当代大学生的消费一般具有追求前卫性，崇尚个性化，讲究实用性和差异性明显的特点。近年来，生活消费和学习消费只在部分方面有所增加，而休闲及娱乐消费和人际交往消费则由于社会服务行业的迅速完善和对于大学周边环境的不断渗透而大举攀升。业余休闲、娱乐消遣、时尚用品、旅游开支、人情消费和恋爱消费等支出成为大部分学生无法避免的每月支出，成为众多学生家长难以承受的经济压力。过于频繁的各类消费，易于分散大学生在繁忙学业之外有限的业余精力，稍有不慎将容易滋生盲目攀比心理，养成好逸恶劳、不思进取的不良行为习惯。如何加强消费观教育，帮助大学生形成健康的金钱观，养成良好的理财习惯，引导合理的消费模式，也成为当下辅导员需要关注的重点话题。

4. 大学生面临着较大的市场竞争和就业压力导致的心理恐惧蔓延

身处市场经济大潮的当代大学生，尤其是最近几年入校的学生，从进入大学的第一天开始，就面临着各种竞争。大学四年的经历，很多学生都有过或大或小的失败经历，市场竞争的残酷、激烈和无情，影响部分学生对自身的认识，缺乏自信从而对未来发展深感忧虑。少数学生由于在大学初期适应性不强，在后期求职中，由于学业困难或者职业技能不足而无法胜出，部分学生在整个大学四年缺乏科学的生涯规划，在就业过程中带有或多或少的盲目性或者随意性。

5. 婚恋观

作为大学生活的一个重要组成部分，恋爱和婚姻始终是大学校园里比较现实而又敏感的话题。2005 年 9 月 1 日起全面实施的《普通高等学校学生管理规定》和《高等学校学生行为准则》中取消了“在校期间擅自结婚而未办理退学手续，做退学处理”的条文，这意味着大学生婚姻解禁的开始。但近年来，随着大学生婚恋观的价值多元化和情爱关系形式多样化的日益明显，有关大学生婚恋问题引发的各种矛盾也日益增多。如高消费问题、学习成绩问题和失恋后的心理问题等，越来越引起了社会各界的关注和重视。

三、教育目标与人才培养理念多元化的挑战

（一）教育目标多元化

教育目标多元化是指根据社会的需要和学生个体自身的状况将学生培养成为不同规格、不同层次、不同发展方向的现代公民。教育目标多元化有两层基本含义：

（1）无论学生的层次、规格、发展方向有多大差别，所有的教育目标都必须服从于合格的现代公民这一内容的要求与方向，即通常讲的培养现代化的建设者。

（2）结合社会需要与个体自身的状况和能力特长对学生的成长作出最佳选择，力争为每一个学生找到成长的最佳模式，力争使其中的部分学生通过长期不懈的努力成为未来各个行业的专家，即力争为社会培养未来的接班人。

为实现教育目标的多元化，传统的大学生培养、考核机制都必须不断地得以改进，越来越多的教育专家和管理者开始思考多样化的大学生选拔机制、培养机制、综合评价体系、生涯规划机制和成长引导体系等。分阶段、全方位地设计新的大学生教育、培养综合体系，近年来的高校自主招生、大学生创业计划、各类各级奖学助学条例的制定与修改，就是很明显的例子。

（二）人才培养理念的多元化

1. 重知识传授，轻能力培养，人才培养理念缺乏现代意识

传统教学模式是以教学为主导的授课方式，教师不停地讲解，学生被动地听

讲。在高校的课堂上，仍然是以知识传授为主的教学模式，教师还在扮演着传授者的形象，他们将专业知识与经验传授给学生，希望学生们能尽快地获得知识的积累和增长。从表面上看似乎提高了教学效率，但实质上教学效果却不理想，知识不能得到消化，更别说应用。这不利于学生创造性思维能力的形成，也不利于培养学生的学习能力。

人才培养理念陈旧，缺乏与时俱进的现代意识。人才培养最基本的问题就是学生在知识、能力和素质各个方面都得到发展。而当今的高等教育重视知识传授的系统性，却忽略了学生运用知识解决实际问题的能力，也没有培养出他们的创业和创新能力。欧美学生的实践能力和创新能力普遍强于我国学生。最主要的区别在于我们把人才培养简单地等同于知识的传授，而他们认为知识不是目的而是人发展能力的手段，只有运用知识来解决实际问题才是人才培养的关键。

2. 高校培养的人才不能适应经济社会发展的需求

自从大学扩招以来，大学生的数量在迅猛增长，2019 年全国普通高校毕业生达到了 834 万。但企业经常会出现 10 万高薪却找不到合适的高技能人才的现象。当前“技工荒”已成为经济发展的屏障。传统大学重视学科型人才的培养，强调知识的专和深，而我国在社会转型期间急需要大量高层次的技能型和应用型人才。从经济社会发展对人才的需求来讲，目前主要不表现在数量上，而是结构和质量的问题。在大众化高等教育发展阶段，不仅需要表现在数量上，还有结构和质量的要求。现在的大众化只是在规模上达到了要求，结构和质量方面没有得到根本的改变。因此培养出来的人才不能满足社会的需要，造成人力资源的浪费。

3. 高校没有把培养学生的创新精神当做使命

高校必须承担培养创新人才的责任。在新的形势下，面对不断变化的世界格局和错综复杂的国内形势，加强创新型人才培养是为社会可持续发展提供必要人力资本保障的重要举措。

市场经济要遵循市场经济的规律，紧跟社会对人才的需求，培养与社会接轨的人才。社会需求最突出的表现是对人才市场的需求，高校培养的人才必须适应科学文化发展的需求，适应经济结构变化的需求，国家发展战略的需求。大学是一个多元文化并存的地方，培养出来的人才也应是多样化。随着社会经济的发展，社会的需求逐渐多元起来，要求高校为各行各业培养各种专业人才。为妥善缓解高校人才培养和社会需求之间的矛盾，对于人才培养理念的多元化需求越来越明确，迫切要求高校树立培养多元化的人才理念，满足社会经济发展的需求。其多元化的需求主要集中在如下两个方面：

（1）人才培养方式多元化。我国现有的高等教育仍为统筹性教育，过分追求人才培养过程的统一性，过分追求规模效应，谈不上因材施教，不利于个性化人才的培养，因此迫切需要培养方式的多元化。此外，由于人才培养需要与市场需求接轨，市场对人才的需求并非一成不变，这就客观地要求高等院校采用多元化培养方式，培养基础扎实、知识面宽、能力强、素质高的不同类型的人才。比如工科类专业就可以采用前期拓宽专业口径，后期分设专门化方向进行分流培养的模式。

（2）人才培养规格的多元化。市场对人才规格的需求是多种多样的，有的需要基础型人才，有的需要应用型、职业型人才，有的需要复合型人才，有的需要外向型人才，这就要求高等教育人才培养规格要多元化。

四、工作环境与内容——面临深度和广度的挑战

（一）国内外环境与形势的变化，使辅导员的工作面临严峻的挑战

1. 全球化浪潮给辅导员工作带来的挑战

全球化给辅导员工作提出了新要求。我国在改革开放的推动下已汇入势不可挡的全球化浪潮。全球化进程改变了教育所处的大环境，也改变了教育的主体——学生。全球化有利于大学生增长见识，学习和借鉴世界优秀文化成果，但同时西方的政治主张、价值观念和生活方式也随之而来。传统与现代的相遇、新生与陈旧的交锋、先进与落后的对垒、东西方文化的碰撞，对当代大学生的生活方式、价值观念、伦理道德、交往方式、人际关系和社会心理等产生了巨大的冲击和深刻的影响，出现了许多前所未有的新情况和新问题。全球化使市场经济意识和等价交换等经济法则深入大学生的头脑，导致其自我发展、自我成才的价值取向具有功利化色彩，社会责任感淡化；全球化丰富的资讯使大学生的思想开放度扩大但文化选择能力薄弱，道德认知水平提高但自律性较差；社会上出现的贫富悬殊、官员腐败等现象给大学生带来思想困惑，甚至出现了信仰危机。全球化引发的这些问题使大学生思想政治教育受到了前所未有的挑战，给辅导员工作提出了新要求。

2. 新媒体技术推广给辅导员工作带来的挑战

网络信息化时代的新媒体技术给高校辅导员开展思想政治教育工作带来了新的挑战。随着网络技术和多媒体的迅猛发展，以互联网为基础平台，以博客、微博、秒杀、读图、娱乐、手机短信、手机报等为传播形式，以计算机、手机、平板电脑等为传播工具的新媒体已经成为大学生了解社会、获取信息、相互交流的主要渠道。它们为学习、生活和工作带来方便快捷的同时，其负面影响也令人担

忧。虽身处校园，但绝大多数大学生借助新媒体几乎无限制地接收来自全世界的信息，网络信息传播速度快，灵活性高，覆盖面广，群集传播和社会动员能力强。新媒体技术的普及和应用对高校辅导员工作提出了新的挑战。网络立法的滞后性和网络技术的欠完善性，给有害信息的传播以可乘之机，大学生鉴别能力和自制力不强，多元化价值取向容易引起大学生思想上的混乱，极易对其政治立场、价值观念、道德伦理、人生态度和行为方式等产生不良影响。网络的隐蔽性、欺骗性和虚拟性使得大学生思想变化难以预测，导致少数大学生沉溺于虚拟的网络世界之中不能自拔，从而荒废了学业，忽视了现实生活中的人际关系，身心受到很大的伤害。总之，网络信息和新媒体技术的运用对高校辅导员传统的教育方式和教育权威性提出了挑战。

3. 知识经济给辅导员工作带来的挑战

知识经济时代的到来对高校辅导员的工作带来了新冲击。知识经济需要创新精神的人才，而创新人才需要依靠高等教育的培养。一方面，知识迅速增长和快速更新，带来了许多新的教育和管理思想。不注重学习就跟不上时代潮流。另一方面，知识经济提高了对人才质量的要求。当今社会，高校不仅要培养学生具有丰富的自然科学知识、广泛的人文科学知识、科学的理论素养和思维方式，而且要培养健全的人格、高尚的品德以及创新精神与实践能力。高校思想政治工作作为高校人才培养系统工程的一部分，传统的思想政治工作的管理模式已经不适应时代的发展，其工作重心应放在学生素质的培养和提高上，这就要求辅导员根据知识经济的特点，高校的人才培养的新目标，探索符合时代特点的教育管理规律，构建新的教育管理模式。传统的思想政治教育手段和方法已不适应形势发展的需要，新形势下如何有效开展思想政治教育工作对辅导员来说极富挑战性。

（二）高等教育体制改革和发展出现的新情况新问题，给辅导员提出了新课题

1. 高等教育改革给辅导员提出了新课题

党和国家对辅导员工作的高要求，使辅导员的工作内容不断拓展。随着我国高等教育体制改革全面推进和高等教育事业的快速发展，高校招生规模和数量不断扩大，高等教育从精英化向大众化转变，从而导致辅导员的工作量增多和管理难度加大。一方面，学生数量增加，收费标准提高，学习和就业压力增大，经济困难、学习困难和心理困难的学生增多等方面情况的复杂化，导致辅导员的工作量和管理难度加大，辅导员长期处于超负荷的工作状态；另一方面，在大众化教育普及和学生个性张扬的时代，学生由单纯的受教育者变成了教育的权利主体，教育一定意义上变成了学生的文化消费，大学生和社会对办学条件和教育质量有

了更多、更高的期望和要求，大学生对学业、心理、生活、就业等方面的服务需求越来越多，因而随着辅导员工作量和工作难度的加大，高校辅导员面临着严峻的挑战。辅导员需要坚定信仰，不断提高知识结构和能力素质，提升学生培养、教育、管理、咨询、辅导等方面的工作能力，以适应学生思想政治工作的要求和教育体制改革的需要。高等教育快速发展出现的新情况新问题给辅导员工作提出了新课题。

2. 不断拓展的辅导员工作内容

辅导员的主要职责是开展思想政治教育和进行学生事务管理，思想政治教育是辅导员工作的核心内容。但在实际工作中辅导员往往身兼数职，忙于各种繁杂琐事，凡是与学生有关的事都要管。而且随着高校教育改革和教育环境的变化，辅导员的工作在时间、空间、内容上都有不断扩张和拓展的趋势。

辅导员传统的工作内容有：

（1）随时了解和关注国内外重大时事，并帮助学生透过现象认识本质，针对学生开展形势政策教育。

（2）督促学生刻苦学习，树立良好的学风。

（3）做好对学生的学业指导，尤其是学业困难学生的思想引导与帮助。

（4）做好学生的安全教育，通过防火防盗宣讲、常规教育、演习、安全提醒，教导学生维护人身和财务安全。

（5）组织学生进行党史和党章学习，引导学生树立正确的入党动机，培养和发展优秀青年加入党团组织，进行党员教育使其保持先进性，为党员学生服务，为党和国家培育合格建设者和接班人是辅导员重要的政治任务。

（6）认真做好各项班务工作，关心学生生活和健康，特别要重视关心和解决贫困生和有病学生的生活和就医问题。

（7）经常与家长联系，交流学生在学校和家里的表现情况，寻求家长给予配合，共同培育学生成才。

除此之外，辅导员有很多拓展了的工作内容，而且还在不断拓展，其分别为：

（1）将学生工作融入社区管理。社区是大学生学习生活的重要场所，辅导员的工作要进社区。辅导员要“驻楼”，与学生“三同”，随时了解学生状况，与学生保持密切联系；重视学生生活区域的引导、教育和精神文明建设，把思想政治工作融入学习生活的方方面面，在点滴中育人。

（2）突发事件的应对与处理。高校各类突发事件发生率呈上升趋势。突发事件影响正常的教学秩序，影响校园安全稳定，甚至危害社会安定和政治稳定。所以辅导员必须具备处理复杂事件、突发事件的能力，在高校突发性事件的应对中发挥积极作用。

(3) 实践育人。除在一些重大的实践如奥运、世博志愿服务等发挥作用，还要组织带领学生参与各类日常的社会实践活动、志愿服务活动以及党团班级活动。培养学生的社会责任感和综合能力，为其踏入社会做好准备。

(4) 依法办事及法制教育。随着我国依法治国的实行和各项法律法规的不断健全，大学生、家长及社会各阶层人士的法律意识不断增强。这要求辅导员依法履行辅导员职责，学习法律法规和规章制度，不仅要对学生进行法治教育，还要依法维护学生、个人和组织的正当权益。

(5) 职业生涯教育。大学是学校到社会的过渡阶段，大学生最终要成为社会的“职业人”。辅导员需要学习职业生涯规划的相关知识，要具备对学生进行职业生涯指导与规划的能力，引导学生选择适合的职业，做好毕业生就业教育，帮助学生为实现美好的职业而努力。

(6) 创新创业教育。创新力是国家和民族自立于世界民族之林的基础，大学生需要培育创新能力。辅导员不仅自身要解放思想，发散思维，也要引导和培育学生的创造性，通过创新创业教育、创新项目建设等途径培育学生的创新能力。

第三节　高校辅导员应对机遇与挑战的措施

一、加强学习锻炼，不断提高综合素质

(一) 加强理论学习和思想修养

1. 辅导员要加强道德修养，立德树人

辅导员是品德的树立和传承者，要培养学生具有优秀的品德，必须自身首先具有高尚的品德。辅导员与学生接触频繁，其言行举止和为人处世都会对学生产生潜移默化的影响。所以辅导员需提高自身思想道德水平，成为高素质的学生指导者，才能让学生信服，才能真正引导教育学生，传承优秀的品德。辅导员要具备较高的道德水准，需要加强自身修养，自尊，自爱，追求积极健康的生活情趣，文明礼貌，明礼诚信，养成良好的生活作风；弘扬社会正气，以高度的责任感为学生的成长成才服务，廉洁自律，内强素质，外树形象，做学生的好榜样。

2. 辅导员要敬业爱生

辅导员要有敬业精神。新形势下，受多种因素的影响，辅导员的工作具有任务多、责任重、难度高的特点，众多学生的思想、困惑、发展、问题需要辅导员

了解、指导、服务和解决。导航青春是辅导员的职责，而要做好工作需要投入大量的精力和时间，没有对工作价值的认同和对学生高度负责的态度，不可能做好学生工作，纷繁复杂的辅导员工作要靠辅导员的责任感、觉悟、良知和境界来实现。同时，辅导员的地位、待遇、发展和工作职责与实际付出有时不相称，更需要提高辅导员对当前思想政治教育工作重要性的认识，培养敬业奉献意识和职业荣誉感。辅导员要面对工作压力大、工作量大、工作时间不确定等情况，辅导员需要有一定奉献精神。

热爱学生是辅导员巨大的力量源泉。辅导员要贴近实际、深入学生；思学生所思，想学生所想；尊重学生、理解学生、关爱学生，以学生为本，真心实意地为学生的进步和成才着想。辅导员根据特点分层分类指导学生，努力提高思想政治教育的针对性、实效性、吸引力和感染力，帮助大学生解决深层次的思想认识问题。

3. 辅导员要力学笃行

辅导员岗位不仅需要很高的政治素养和道德水平，还需要具备语言、心理、思想和政治等多方面的知识技能才能胜任。同时，随着高等教育改革的深入推进，国内外环境复杂多变，以及大学生思想状况复杂等情况，辅导员要做好教育、培养、管理和指导学生的工作，必须在学习和实践中不断提高自己的综合素质和能力，具备相应的知识结构、学术水平和研究实践能力，在职业化法制中努力实现专业化，才能适应新形势下人才培养要求。

辅导员要提高综合能力与素质，要勤于学习，善于读书，主动学习教育学、管理学、心理学、哲学、法学、伦理学、社会学、职业指导和法律等方面的知识。不断提高自身的文化修养、心理素质、综合分析能力、决策计划能力和创新能力等业务素质和能力，丰富和充实自己的知识结构，提高自身的人文修养。辅导员还要积极参加社会实践，通过学习考察和实践锻炼，开阔视野，拓展思路，增加社会阅历，提高解决实际问题的能力，尤其是处理复杂事务的能力。这样才能用丰富的学识和阅历引导教育学生，用高尚的人格感染学生，在实际工作中回答、解决学生提出的各种各样的问题，做好辅导员工作，促进自我价值的更好实现。

（二）参加网络思想政治教育和心理咨询等培训和实践

1. 网络培训

面对信息化社会的机遇和挑战，特别是网络时代开展学生思想政治教育工作的需要，辅导员还要掌握新媒体技术，善于利用网络捕捉学生思想动态，具有使用现代信息技术的科技手段与有效利用其实施德育教育的能力，开辟网络思想政治教育阵地。

当前，网络思想政治教育有很多载体，包括班级公共邮箱、QQ、辅导员个人网页、微信和微博等。辅导员通过这些载体，能够建立起与学生互动交流的平台；能够答疑解惑，指点迷津，开展管理服务；通过网络痕迹，随时了解学生的行踪与思想动态，给予有针对性的引导，牢牢把握住正确的政治方向；能够通过发帖或群发信息，与学生保持迅速便捷的联系；能够通过网上班级延伸课堂空间；通过开展主题活动，丰富课余生活；能够借助网络的虚拟空间，打造网络思想家园，增强集体凝聚力。总之，网络时代的到来使高校思想政治教育工作丰富了载体和手段，也给传统的思想政治教育带来了极大的挑战。

辅导员要适应新形势，把握新变化，研究新情况，探索新思路，解决新问题，总结新规律，充分发挥高校网络文化的载体作用，应用网络技术来加强和改进大学生思想政治教育工作，引导大学生合理使用网络，占领网络思想教育阵地，才能从容面对网络时代的挑战，开创思想政治教育的新局面。

2. 心理健康教育与咨询培训

当代大学生面临着学业、情感、竞争、求职等各方面的压力，造成大学生心理问题多发，精神疾病也有不小的比例，甚至发生自杀和伤害他人的意外事件。大学生的一些错误思想与不良品德，甚至违法乱纪的行为，往往与学生的心理健康状况分不开。这要求辅导员具备心理健康知识和心理咨询方面的技能，能够对学生进行心理健康教育和引导，解答学生的心理问题，促进大学生人格完善和全面发展。同时，心理健康培训还可以使辅导员学会自我心理调节，以应对高压力和职业倦怠。

加强辅导员的心理健康教育与培训，使辅导员具备心理问题的识别能力，初步应对能力，以及简单心理问题的咨询处理能力。辅导员可参加国家心理咨询师资格培训，以及一些心理咨询方面的日常培训，学习一些基本的心理问题辨别、指导的知识。面对学生的错误或者不当行为，辅导员需能把已经内化于心的思想政治信念，通过外化的行为和语言表达出来，辅导员的这种教育能力能将自身的优秀素质转化为学生的素质要求。

辅导员要抓好学生的心理咨询工作，提高大学生的心理素质。具备了一定的心理健康教育与指导能力，可以通过开设“大学生心理健康教育”课程，有针对性的心理知识讲座，如学术报告、心理健康电影、读书沙龙、主题班会、心理知识竞赛、心理剧创作和表演大赛等载体，传播心理健康知识。重视利用心理三级网络发现学生的心理问题，对有心理问题的学生重点关注及有针对性地引导，发挥好朋辈心理辅导的作用。

3. 职业生涯规划与就业指导培训

随着高等教育改革和高校扩招，大学毕业生的就业竞争日趋激烈，形势不容乐观。大学生就业工作意义重大，不仅关系到个人、家庭，甚至关系到社会的稳定。所以，要求辅导员对大学生职业生涯进行规划，对大学生进行职业素质的培养，在了解有关创业教育和就业等政策的基础上，积极做好学生就业的引导工作。

加强辅导员的职业指导能力。通过组织辅导员参加职业规划和就业指导相关的专题培训，听取专家的报告和讲座，增强辅导员职业指导的意识和能力，掌握职业指导的方法与艺术，在实践中对学生进行职业规划和指导。对学生的职业规划和指导应从大一开始，可利用班会、主题团日活动、谈心、职业能力测试等途径，把各专业培养方向、行业和企业对人才的要求、就业信息等传达给学生。结合学生的兴趣和特征，帮助他们进行职业规划，并指导其通过各种途径不断提高相关能力，为职业发展打好基础。

4. 日常事务管理培训

日常事务管理占据了辅导员工作的大部分时间。虽然学业指导、党建、团建、班级建设、评优、组织活动、社区生活指导、请假、发布通知等日常事务繁杂琐碎，但这些日常事务是辅导员开展思想工作的重要依托，通过这些事务接触学生，了解学生，发现问题并给予指导。做好事务管理对培养青年大学生成长成才有重要意义。所以日常事务管理也很重要，需要辅导员通过培训和实践不断摸索，积累，总结经验。

二、注重思考研究，不断提高工作实效

（一）研究工作规律及方法

1. 研究学生工作的规律

虽然辅导员从事的工作琐碎繁杂，具体事务成堆，经常忙得团团转，很难有时间静下来思考研究，但是工作中不断出现的新问题、新情况需要辅导员去深入研究。只有研究才能把握学生工作的规律，沉淀、提炼工作方法，提升工作效率。

学生工作是有规律可循的。大学期间青年大学生的主要任务是学习知识和综合素质锻炼，为继续深造和走上社会做好准备。辅导员要着重抓好思想引导、学业、党团建设和职业生涯规划等内容，具体到不同年级，工作重点也不同。大一年级学生的主要任务是适应大学的学习和生活，所以大一年级辅导员的中心工作

是新生适应性教育，解决新生的各种困惑和疑虑；大二大三分别是为专业学习打基础的阶段，针对学生思想、学习、生活、工作等各方面的困惑，采取有针对性的培养措施；大四充分考虑学生专业知识和个人素质的积淀，根据学生的兴趣方向和就业需求，为就业做好准备。

辅导员要在实践的基础上对学生工作进行总结和反思。总结是以鼓舞斗志和明确方向为目的，对工作的理性思考、分析与归纳，找出存在的问题并分析原因，对未来工作深入思考和展望。反思是对自身的实践，进行多视角、多层次的思考，是辅导员积极主动研究和探索意识与能动性的体现和反映。反思既有对过去工作批判性的思考，也有对未来工作的积极尝试与探索。总结和反思使得辅导员的工作行为逐渐趋于理性化和科学化。

2. 研究辅导员工作方法

辅导员作为大学生日常思想政治教育和管理工作的组织者、实施者和指导者，要具备扎实的专业技能，努力成为学生思想教育和学生事务管理的专家。辅导员既要掌握思想政治教育的理论，又要与工作实际紧密结合改进方法。工作方法需要学习和积累。从书本上学，不仅要向有经验的领导同事学，还要靠自己长期在工作中的经验积淀和摸索。

辅导员需通过科研探讨问题来提升自我。辅导员应善于在工作中发现问题，并通过深入的调查研究，找出解决问题的途径与措施，改进工作，提高工作效率。科研工作枯燥辛苦，需要有攻坚克难的勇气和毅力，要注意在科研实践中的积累、创新。鼓励辅导员开展科研，可以通过课题立项，围绕工作实践中遇到的问题和难点展开理论研究。组织专家对辅导员理论研究进行专业培训和辅导，包括选题技巧、研究方法和研究成果公开发表等。通过各种渠道为辅导员争取更多的研究资源，精心设计科研课题，公开招标、平等竞标，让辅导员拥有锻炼和成长的空间。此外，还可以设立辅导员研究基金，建立辅导员研究年会等方式，搭建辅导员科研平台，把辅导员科研水平与辅导员职称评定、职务认定等结合起来，营造辅导员队伍良好的研究氛围，促使辅导员不断思考。

（二）探索恰当有效的工作方法

1. 分层分类的教育方法

社会经济的快速发展，促使社会对人才需求呈现多样化。针对人才需求的多样化，辅导员在工作中要实事求是，充分考虑学生的不同特点。因人而异采取个性化的教育原则和方式，根据学生的个性发展需要，对不同层次和需求的学生采取不同的培养方式，为每一位学生的成长成才提供优质、高效的服务，对学生要分层分类指导。

对于优秀学生群体，如学生干部、优秀学生等要更加严格要求，让他们发挥先进的示范作用和骨干分子的带动作用。对于中间的学生群体，在实际工作中这部分是容易被忽略的，其实这部分同学也特别需要辅导员的关注和指导，让他们扬长避短，走向优秀，同时也要避免其因自控力差和无人引导而变成后进生。对于在经济、心理、学习、行为、就业等方面有困难的学生群体即需要特别关注的学生群体，辅导员要用爱心和耐心去做好他们的工作，化解他们的焦虑和困惑，解决他们的实际困难。例如大学生身心发展呈不平衡状况较为普遍，心理成熟滞后于生理成熟，阅历浅、经验少，在人生观、价值观和社会适应等心理发展基础方面还带有很大的盲从性，经常产生这样那样的心理冲突和心理困惑。针对心理问题较突出的情况，辅导员要探索大学生心理问题产生的原因，根据其群体心理特点，帮助他们解决心理发展过程中和日常生活中经常遇到的心理行为问题，开发他们的心理潜能，优化他们的心理素质，使他们全面、充分、和谐、主动地发展。

对学生的分层分类培养要贯穿在整个大学阶段。大一新生除普遍的适应性教育外，要对学生分类，如经济困难学生、学业困难学生和心理需要特别关注学生等分别对学生进行指导。大二大三期间，学生由于思想、学习、生活、工作等各方面因素的影响，不可避免地会产生新的困惑和迷茫。这时要根据不同学生群体，采取有针对性的培养措施，帮助学生尽快走出困惑，健康成长。还要充分考虑学生专业知识和个人素质的积淀，根据学生的兴趣方向和就业需求，把学生分为出国继续深造、国内读研和就业三个类别，采取不同的方式进行日常管理和前程指导，以帮助学生选择适合自己的未来并为之努力。

2. 优质高效的管理方法

思想政治教育的基本方法主要包括正面教育法、实践教育法、批评与自我批评、疏导教育法、比较教育法、典型教育法、自我教育法、情理交融法、艺术感染法和激励教育法等。思想政治教育的特殊方法主要包括预防教育法、心理咨询法、思想转化法、冲突缓解和综合教育法等。在管理工作中，抓两头、带中间，以严管生、以情带生、以行带生，贴近生活、贴近学生、贴近实际，着重发挥学生干部的作用等，都是经过思想政治教育工作者长期实践总结出的科学有效的教育方法。

学生管理三级网络是行之有效的管理方法。新形势下的学生管理工作，充分发挥学生的内因作用，发挥学生骨干队伍的作用。学生管理三级网络是辅导员联系学生干部，学生干部联系固定数量的学生，借助学生骨干的协助，及时掌握学生的思想、学习和生活中的动态，是学校与学生之间形成上情下达、下情上传的畅通信息渠道。学生管理三级网络是维护稳定、各项事务处理和辅导员工作开展传达的有效机制。

朋辈辅导也是一种有效的管理方式。朋辈辅导是由学生担任的同辈辅导人员，他们是学生，有时却又扮演老师的角色，协助辅导员在班级建设、学习辅导、心理健康及思想教育等方面开展具体的工作，成为开展学生思想政治教育工作和日常事务管理的有益补充。朋辈辅导员通过做一些日常基础性工作，可以将学校各项育人措施贯彻到学生中去，实现思想政治教育的全覆盖和无缝对接，创新情感教育模式，满足大学生多层次的需要，充分发挥大学生的主体作用。同时，朋辈辅导员自身也得到了锻炼和提高。

参考文献

[1] 陈方辉，王志凤. 高校辅导员职业化成长中的关键因素［J］. 学校党建与思想教育，2013（3）：92-93.

[2] 陈秀慧. 高校辅导员职业化专业化问题研究［J］. 青春岁月，2013（24）：166.

[3] 程德华，CHENGDe-hua. 职业自我效能感：辅导员职业化的心理保障［J］. 四川理工学院学报（社会科学版），2010，25（1）：110-114.

[4] 崔益虎. 高校辅导员职业化、专业化、专家化的现状与出路［J］. 教育与职业，2015（29）.

[5] 龚春蕾. 高校辅导员职业化专业化问题研究［D］. 华东师范大学，2011.

[6] 胡金波. 高校辅导员职业化发展研究［M］. 苏州：苏州大学出版社，2010.

[7] 李洪波. 基于演化视角的高校辅导员管理研究［M］. 江苏：江苏大学出版社，2011.

[8] 李洪杨. 终身学习视域下的高校辅导员职业化发展［J］. 黑龙江教育（高教研究与评估），2019（8）：56-59.

[9] 李辉. 高校辅导员制度的发展对辅导员职业化的启示［J］. 商，2016（30）：36.

[10] 林岚峰. 浅谈高校辅导员职业化、专业化研究［J］. 科技创新导报，2010（11）：115-118.

[11] 刘芳，刘忠驷. 对高校辅导员职业化的思考［J］. 淮南职业技术学院学报，2010，10（3）：100-102.

[12] 刘漫中. 试论高校辅导员职业化进程中的角色转变［J］. 内蒙古农业大学学报（社会科学版），2010，12（1）：181-183.

[13] 马琳，任敏. 基于职业承诺视角下的辅导员职业化问题探析［J］. 教育与教学研究，2010，24（9）：33-35.

[14] 毛宇锋. 基于职业认同的高校辅导员职业化建设［J］. 绍兴文理学院学报（教育版），2014，34（1）：78-81.

[15] 纳学梅，王芬，余红珍. 高校辅导员职业化建设的路径选择与保障体系［J］. 人力资源管理，2010（6）：87-88.

[16] 潘晴雯. 高校辅导员职业化的路径选择［J］. 江苏高教，2010（1）：123-124.

[17] 秦天堂. 高校辅导员职业化建设生态论［J］. 扬州大学学报（高教研究版），2013（6）：20-23.

[18] 滕云. 高校辅导员职业化研究［M］. 上海：上海交通大学出版社，2013.

[19] 肖静. 高校辅导员职业化刍议［J］. 江汉大学学报（社会科学版），2010，27（1）：96-99.

[20] 谢小玉. 高校辅导员职业化趋势下的职业倦怠研究［D］. 华东师范大学，2010.

[21] 谢志芳，朱丽花. 实现高校辅导员职业化的途径思考［J］. 高校教育管理，2010，4（4）：59-61.

[22] 熊芬，王建伟. 对高校辅导员职业化、专业化建设的思考［J］. 湖北财经高等专科学校学报，2009，21（5）：61-64.

[23] 徐泉辉. 高校辅导员职业化建设的研究［J］. 赤峰学院学报（自然科学版），2011，27

(9)：247-248.

[24] 杨兴防. 高校辅导员职业化与专业化探析 [J]. 中国成人教育，2013 (13)：53-55.

[25] 岳宁. 高校辅导员职业化研究——以 H 大学为例 [D]. 河北大学，2013.

[26] 张敏. 高校辅导员职业化的几点思考 [J]. 山海经，2015 (17)：105-107.

[27] 张文强. 高校政治辅导员职业化研究 [M]. 开封：河南大学出版社，2007.

[28] 郑柏松. 高职院校辅导员职业化发展的瓶颈及对策 [J]. 中国成人教育，2014 (16)：69-71.

[29] 周琴，秦自强. 四川省高校辅导员职业化现状窥探 [J]. 成人教育，2011 (7)：35-36.